Xpert.press

Springer

Berlin
Heidelberg
New York
Hongkong
London
Mailand
Paris
Tokio

Die Reihe **Xpert.press** des Springer-Verlags vermittelt Professionals in den Bereichen Softwareentwicklung, Internettechnologie und IT-Management aktuell und kompetent relevantes Fachwissen über Technologien und Produkte zur Entwicklung und Anwendung moderner Informationstechnologien.

Gerhard Versteegen (Hrsg.)

Pressearbeit in der IT-Branche

Erfolgreiches Vermarkten von Dienstleistungen und Produkten in der IT-Presse

Unter Mitarbeit von
Andreas Esslinger und Cornelia Versteegen

Springer

Herausgeber
Gerhard Versteegen
High Level Marketing Consulting
Säntisstr. 27
81825 München

Mit 37 Abbildungen

Bibliografische Information Der Deutschen Bibliothek
Die Deutsche Bibliothek verzeichnet diese Publikation in der Deutschen Nationalbibliografie; detaillierte bibliografische Daten sind im Internet über <http://dnb.ddb.de> abrufbar.

ISSN 1439-5428

ISBN 3-540-40252-7 Springer-Verlag Berlin Heidelberg New York

Springer-Verlag ist ein Unternehmen der Springer Science+Business Media
springer.de

Printed in Germany

Umschlaggestaltung: KünkelLopka Werbeagentur, Heidelberg
Satz: Word-Daten vom Autor, Belichtung: perform, Heidelberg
Gedruckt auf säurefreiem Papier 33/3142SR – 5 4 3 2 1 0

Vorwort

Ziele dieses Buches

Dieses Buch soll den Leser in die „Geheimnisse" der Pressearbeit einführen. Es gibt einerseits einen Überblick darüber, wie innerhalb der IT-Branche Pressearbeit betrieben wird (unabhängig davon, ob man sich dabei einer Presseagentur bedient oder nicht), und stellt auf der anderen Seite dar, welche Anforderungen und Bedürfnisse auf Seiten der Redakteure und Journalisten innerhalb der Redaktionen existieren.

Wir stellen dar, wie Pressearbeit eigentlich funktioniert, welche Regeln zu beachten sind und wie man auch mit einem kleineren Budget erfolgreich in der Presse vertreten sein kann. Der Schwerpunkt des Buches liegt in der Erläuterung, wie man die diversen Ergebnistypen der Pressearbeit (Artikel, Interviews, Success Stories usw.) erstellt und erfolgreich in den entsprechenden Medien platziert.

Die Auswahl und Zusammenarbeit mit einer Presseagentur ist ein weiterer wichtiger Punkt, der in diesem Buch angesprochen wird; schließlich arbeiten die meisten Unternehmen innerhalb der IT-Branche mit Presseagenturen zusammen.

Wer dieses Buch lesen sollte

Dieses Buch richtet sich an alle Mitarbeiter eines Unternehmens, die mit Marketingaufgaben und Öffentlichkeitsarbeit betraut sind. Aber auch das Management ist eine typische Zielgruppe dieses Buches, da durch die Lektüre ein generelles Verständnis für die internen Geschäftsprozesse der Pressearbeit entsteht. Letztendlich ist natürlich auch die Forschung und Lehre mit diesem Buch angesprochen.

Das Buch eignet sich sowohl für Neueinsteiger, die erste Schritte innerhalb der Pressearbeit gehen möchten, als auch Profis, die bereits seit Jahren mit der Presse zusammenarbeiten. Für Mitarbeiter von Presseagenturen sollte dieses Buch zur Pflichtlektüre gehören, da hier zahlreiche Tipps und Hinweise enthalten sind.

Die Autoren

Die Autoren dieses Buches verfügen alle drei über jahrelange Erfahrungen in der Pressearbeit:

- Gerhard Versteegen (Herausgeber des Buches) ist seit 12 Jahren freier Journalist und leitet seit drei Jahren erfolgreich die Presseagentur Guerilla-PR, die sich auf Unternehmen der IT-Branche spezialisiert hat. Ferner ist er freier Analyst bei IT-Research und Herausgeber einiger Studien im Bereich Software-Werkzeuge. Er schreibt aus Sicht der Presseagenturen und Unternehmen, die Artikel in den Medien zu platzieren versuchen.
- Cornelia Versteegen war jahrelang Chefredakteurin zweier IT-Zeitschriften und gleichfalls freie Journalistin innerhalb der IT-Branche. Sie schreibt aus Sicht der Redaktionen, die eine Auswahl an Artikeln vornehmen müssen und mit den Unternehmen, die Artikel platzieren wollen, zusammenarbeiten.
- Andreas Esslinger ist Marketingleiter eines IT-Unternehmens und arbeitet seit Jahren mit Presseagenturen und freien Journalisten zusammen. Er schreibt aus Sicht der Unternehmen, die Artikel platzieren wollen und mit Presseagenturen zusammenarbeiten.

Somit werden alle drei Sichten der Pressearbeit abgedeckt – die Sicht der Zeitschriften und Magazine bzw. der Redaktionen; die Sicht der Unternehmen, die Pressearbeit betreiben; und die Sicht der Presseagenturen, die Unternehmen dazu verhelfen, erfolgreich in der Presse vertreten zu sein.

Inhalte dieses Buches

Das vorliegende Buch gliedert sich in die folgenden Kapitel:

- Kapitel 1 gibt eine allgemeine Einführung in die Pressearbeit und stellt dar, wie sich die Pressearbeit besonders in der IT-Branche gestaltet. Dabei liegt der Schwerpunkt in der Darstellung, welche Arten von IT-Magazinen und -Zeitschriften es gibt, wie sich diese voneinander unterscheiden bzw. wie sie sich finanzieren und welche Auswirkungen die derzeitige IT-Krise auf die Pressearbeit hat.
- Kapitel 2 geht auf die wesentlichen Hilfsmittel der Pressearbeit ein. Dabei behandeln wir den Presseverteiler, die Clippingliste und den Publikationskalender. Letzterer ist von zentraler Bedeutung, da er sowohl ein internes als auch ein externes Kommunikationsmittel für die Pressearbeit darstellt.
- Kapitel 3 ist das Hauptkapitel dieses Buches und stellt die wesentlichen Ergebnistypen der Pressearbeit vor, angefangen von der Pressemitteilung über den Fachartikel bis hin zur Success Story. Aber auch kleinere Ergebnistypen, wie zum Beispiel die Kurznotiz oder der Veranstaltungshinweis, sind Gegenstand dieses Kapitels.
- Kapitel 4 stellt diese unterschiedlichen Ergebnistypen in Form von Nutzwertanalysen gegenüber. Dabei unterscheiden wir zwischen Nutzwertanalysen für Dienstleistungsunternehmen und Produktanbieter. Ferner werden in dem Kapitel das Thema Analyse und Statistiken sowie die daraus resultierenden Hochrechnungen besprochen.
- In Kapitel 5 behandeln wir die wachsende Bedeutung des Internets und die Auswirkungen auf die Pressearbeit. Das Internet verdrängt zunehmend den Printbereich, zumindest was die Aktualität der Informationsbereitstellung betrifft. Schwerpunkt dieses Kapitels sind die unterschiedlichen Presseportale und wie man das Internet nutzen kann, um Informationen für die Presse bereitzustellen.
- Kapitel 6 behandelt den Einsatz von Presseagenturen. Immer mehr Unternehmen neigen dazu, die Pressearbeit mit Hilfe einer Presseagentur durchzuführen. Wir gehen darauf ein, wie man eine Presseagentur aussucht und welche Anforderungen an sie zu stellen sind und wer letztendlich welche Aufgaben wahrnehmen muss bzw. welche Zuständigkeiten bei wem liegen.

- Kapitel 7 stellt eine besondere Form der Pressearbeit dar, die aus dem amerikanischen Markt kommt: Guerilla-PR! Gerade in Zeiten engerer Budgets wird diese Form der effektiven Pressearbeit immer notwendiger.
- Im Anhang werden nochmals die wesentlichen Begriffe der Pressearbeit in einem Glossar zusammengefasst.

Danksagungen

Dieses Buch ist an zahlreichen Abenden, Wochenenden und Feiertagen entstanden, wie man das so kennt von Autoren, die Bücherschreiben nicht zu ihrem Hauptberuf erkoren haben. Dementsprechend danken wir all denen aus unserem Verwandten- und Bekanntenkreis, die während dieser Zeit auf uns verzichten mussten, aber die dafür notwendige Geduld und vor allem das entsprechende Verständnis aufgebracht haben.

Inhaltsverzeichnis

1 Einführung in die Thematik

1.1 Allgemeines

Tragende Säule des Marketings

Pressearbeit ist eine tragende Säule des Marketings. Daher wird die Pressearbeit (zumindest in der IT-Branche) auch meist innerhalb einer Marketingabteilung angesiedelt.

Besonders in der IT-Branche wird der Pressearbeit eine große Bedeutung zugemessen, da es sich hier um eine sehr junge Branche handelt, wo noch sehr viel Fachwissen über entsprechende IT-Magazine und -Zeitschriften vermittelt wird. In diesem einleitenden Kapitel behandeln wir zunächst grob die allgemeinen Anforderungen, die an die Pressearbeit gestellt werden; im weiteren Verlauf des Buches gehen wir dann darauf ein, wie diese Anforderungen von den Presseverantwortlichen und den Presseagenturen gelöst werden.

Besonderheiten der Pressearbeit

Im Anschluss gehen wir auf die Besonderheiten der Pressearbeit in der IT-Branche ein und stellen die unterschiedlichen zur Verfügung stehenden Medien vor. Zum Schluss betrachten wir die derzeitige Situation auf dem Markt und welche Konsequenzen daraus für die Zeitschriften und Magazine der IT-Branche entstehen. Ebenso stehen die Auswirkungen auf die Unternehmen der IT-Branche im Mittelpunkt unserer Betrachtungen.

1.2 Allgemeine Anforderungen an die Pressearbeit

Die wesentliche Aufgabe der Pressearbeit ist es, den Bekanntheitsgrad eines Unternehmens zu erhöhen. Wie diese Erhöhung des Bekanntheitsgrades vorgenommen wird, ist jedoch unterschiedlich – hier sind verschiedene Ansätze zu finden.

Große Bandbreite

So existiert hier eine Bandbreite von „Tue Gutes und rede darüber" bis „Even bad news are good news". Das soll bedeuten, dass manche Unternehmen ausschließlich darauf bedacht sind, positiv und seriös in der Presse dargestellt zu werden, andere Unternehmen hingegen sehen ausschließlich die kontinuierliche Nennung des Produktnamens oder des Firmennamens als das oberste Ziel an. Dementsprechend unterschiedlich sind natürlich auch die Anforderungen, die an die Pressearbeit gestellt werden.

So existieren in vielen Unternehmen Zielvereinbarungen mit dem Presseverantwortlichen, in denen die Anforderungen an die Pressearbeit festgehalten werden. Typische Inhalte solcher Zielvereinbarungen sind:

Inhalte von Zielvereinbarungen

- Die Anzahl der Erwähnungen des Unternehmens oder der Produkte des Unternehmens in der Presse allgemein. Hier spricht man auch von Clippings.
- Die Anzahl der produzierten Case Studies und vor allem Success Stories (dabei handelt es sich um die beiden wichtigsten Elemente der Pressearbeit, auf die wir im übernächsten Kapitel ausführlich eingehen werden).
- Die Anzahl von abgedruckten Fachartikeln (es sind dabei mehrere Arten von Artikeln zu unterscheiden, auch hiermit beschäftigen wir uns im übernächsten Kapitel).
- Die Anzahl von abgedruckten Produkttests oder Produktberichten.
- Die Anzahl der Journalisten und Redakteure, die an den unterschiedlichen im Jahr durchgeführten Pressekonferenzen teilnehmen.
- Die Anzahl der durchgeführten Redaktionsbesuche.
- usw.

Messbare Kenngrößen

Aus dieser Auflistung wird deutlich, dass es sich hier jeweils um messbare Kenngrößen handelt. In der Regel wird auch das Gehalt der/des Presseverantwortlichen anhand dieser vereinbarten Größen ausgerichtet[1]. Beschäftigt ein Unternehmen eine Presseagentur, so gehen diese Kennzahlen in die Vertragsverhandlungen mit ein und der Erfolg der Presseagentur wird anhand dieser durchgereichten Vorgaben gemessen.

---

[1] Wir werden in Kapitel 3.6.6.2 genauer auf sich an Erfolgen der Pressearbeit orientierende variable Anteile von Gehältern eingehen.

Es gibt neben diesen messbaren Größen jedoch auch noch weitere Anforderungen an die Pressearbeit, die nicht so eindeutig messbar sind. Folgende sind hier aufzuzählen:

Weitere Anforderungen

- Man möchte gerne häufiger in der Presse erwähnt werden, als dies beim Wettbewerb der Fall ist.
- Man möchte gerne im Zusammenhang mit bestimmten Themen automatisch mit genannt werden, so wie das zum Beispiel Microsoft geschafft hat, wenn es um das Thema Betriebssysteme geht.
- Man möchte gerne so positiv wie nur irgend möglich in der Presse genannt werden.
- Man möchte den Erfolg des Unternehmens in der Presse wiederfinden.
- Man möchte den persönlichen Kontakt zu den Journalisten und Redakteuren kontinuierlich pflegen und verbessern.
- usw.

Diese Anforderungen sind allesamt langfristiger Natur und nur sehr schwer messbar. Sie haben jedoch allesamt eins gemeinsam: Sie stellen sich bei einer gewissenhaft und professionell durchgeführten Pressearbeit nahezu alle von alleine ein. Die wichtigsten Bedingungen dafür sind:

Wichtige Bedingungen

- Zeit
- Budget
- Erfahrung
- Kontakte

1.3 Zeitschriften und Magazine in der Informationstechnologie

1.3.1 Einführung

Besonderheiten sind an der Tagesordnung

Jede Branche hat ihre Besonderheiten – so natürlich auch die Informationstechnologie. In diesem Abschnitt betrachten wir die unterschiedlichen Typen von Zeitschriften und Magazinen, die es derzeit auf dem Markt gibt, und welche Bedeutung diese für die Pressearbeit haben.

In der IT-Branche sind die folgenden unterschiedlichen Typen von Zeitschriften und Magazinen zu unterscheiden:

Unterschiedliche Typen von Zeitschriften

- Zeitschriften und Magazine, die einen festen Abonnentenkreis haben und sich im Wesentlichen über die Anzahl der Abos finanzieren.
- Zeitschriften und Magazine, die an bestimmte (wechselnde) Verteiler verschickt werden und sich nahezu ausschließlich über Anzeigen und Advertorials[2] finanzieren.
- Zeitschriften und Magazine, die am Kiosk erhältlich sind und solche, die es nicht sind. Hierbei gilt, dass die Zeitschriften und Magazine, die über einen großen Abonnentenkreis verfügen, meist auch am Kiosk erhältlich sind.
- Zeitschriften und Magazine, die neben der herkömmlichen Printform auch über einen umfangreichen Webauftritt verfügen, in dem regelmäßig (tagesaktuell) News verfügbar sind und die wesentlichen Heftinhalte dargestellt werden.
- Zeitschriften und Magazine, die von Unternehmen selber in Form einer Hauszeitschrift oder eines Newsletters herausgegeben werden und damit natürlich keinen Unabhängigkeitsstatus vorweisen können.

Im Folgenden wollen wir diese unterschiedlichen Typen von Zeitschriften und Magazinen einer genaueren Betrachtung unterziehen. Der Schwerpunkt liegt dabei weniger im Nutzen für die Verlage (auf diesen wird nur am Rande eingegangen), sondern im Nutzen für Unternehmen, die in diesen Zeitschriften und Magazinen Artikel publizieren oder auch Anzeigen schalten[3].

Internetpublikationen außen vor

Reine Internetpublikationen, also Magazine, die über keine Printform verfügen, sollen hier nicht betrachtet werden, da es hierzulande noch zu sehr an der Akzeptanz sowohl hinsichtlich der Leserschaft als auch der Kunden, die diese Internetpublikationen für Werbezwecke nutzen, mangelt. Es ist jedoch zu erwarten, dass sich hier künftig einiges tun wird.

---

[2] Mehr zum Thema Advertorials ist dem weiteren Verlauf dieses Kapitels zu entnehmen.

[3] Wir werden im weiteren Verlauf dieses Buches mehrfach auf das Thema Anzeigenschaltung zu sprechen kommen. An sich ist die Anzeigenschaltung völlig losgelöst von der Pressearbeit zu sehen, doch letztendlich existiert in irgendeiner Form immer ein Zusammenhang. Die Begründung liegt auf der Hand: Nahezu alle Magazine leben vom Anzeigengeschäft. Das bedeutet nichts anderes als: Keine Anzeigen => keine Artikel => keine IT-Magazine und Zeitschriften.

1.3.2
Zeitschriften und Magazine mit festem Abonnentenkreis

Deutliche Kenngröße für die Qualität

Die Anzahl der Abos ist eine deutliche Kenngröße für die Qualität einer Zeitschrift oder eines Magazins (natürlich nur, wenn es sich um bezahlte Abos und nicht um so genannte Freiabos handelt). Sie bringt zum Ausdruck, wie gut eine Zeitschrift wirklich gelesen wird bzw. wie viel die Zeitschrift dem Leser wert ist. Hier gilt auch die alte Regel: „Wenn ich schon für etwas bezahlt habe, dann lese ich es auch."

Ferner haben Magazine, die von Unternehmen oder auch Privatpersonen abonniert werden, die Eigenschaft, dass sie häufig archiviert[4] werden. Eine weitere Kenngröße für die Qualität von Zeitschriften und Magazinen ist die Angabe, wie viele Leser im Durchschnitt ein Exemplar in die Hand bekommen. Besonders bei Zeitschriften und Magazinen, die in firmeninternen Verteilern sind, ist dies von Bedeutung.

Für Unternehmen, die Artikel oder Anzeigen in diesem Typ von Zeitschriften und Magazinen publizieren, ergeben sich die folgenden Vorteile:

Archivierung

- Durch die Archivierung besteht die Möglichkeit, dass der Artikel dann gelesen wird, wenn er für den Leser wirklich von Interesse ist. Beispiel: Ein Unternehmen publiziert einen Artikel über die gute Performance der angebotenen Datenbank. Leser X sieht den Artikel zwar, da aber in seinem Unternehmen derzeit keine Investition in eine (neue) Datenbank geplant ist, liest er ihn nicht. Wird einige Monate später ein solches Investitionsvorhaben aktuell, kann wieder auf den archivierten Artikel zurückgegriffen werden[5].

Hohe Leserzahl

- Durch eine hohe Anzahl an Lesern je einzelnem Exemplar erreicht das Unternehmen eine breitere Masse, als wenn nur ein Leser je Exemplar existieren würde.

---

[4] Dabei sind unterschiedliche Formen der Archivierung festzustellen, manche Unternehmen legen die Zeitschriften lediglich in einem dafür vorgesehenen Regal (zum Beispiel in einer Bibliothek) ab, manche Unternehmen erfassen zumindest die Überschrift, Autor und Themengebiet elektronisch in einem Knowledge Management System und manche Unternehmen archivieren die gesamten Artikel, die für das Unternehmen jetzt oder auch künftig von Bedeutung sind, elektronisch.

[5] Sofern er sich noch an den Artikel erinnert oder der Artikel über ein Knowledge Management System erfasst worden ist.

Geringe Streuverluste

- Dadurch, dass unterschiedliche Leser ein und dasselbe Exemplar lesen, wird der Streuverlust deutlich reduziert. Die Wahrscheinlichkeit, dass man mit der jeweiligen Ausgabe den richtigen Ansprechpartner erreicht, steigt.

Seriöser Ruf

- Zeitschriften und Magazine mit einem festen Abonnentenkreis genießen meist zugleich einen seriösen Ruf[6], dieser überträgt sich dann automatisch auf den Artikel und damit auch auf das Unternehmen, das in diesem Artikel genannt wird bzw. das Produkt, das in diesem Artikel beschrieben wird.

Nachteilig wäre aufzuführen: Dadurch, dass es sich mehr oder weniger um einen festen Leserkreis handelt, werden auf die Dauer keine neuen Kontakte erreicht, denn die Anzahl der Leser, die ein und dasselbe Exemplar lesen, beschränkt sich natürlich immer nur auf ein Unternehmen, sie ist nicht firmenübergreifend. Hier ist man auf die Kreativität des Verlages angewiesen, neue Leserkreise zu erschließen. Gerade hier lassen sich derzeit die Verlage jedoch einiges einfallen, angefangen von Kongressen und Fachveranstaltungen bis hin zu umfangreichen Marketingaktivitäten, um den Bekanntheitsgrad der Zeitschrift oder des Magazins zu erhöhen.

1.3.3 Zeitschriften und Magazine mit wechselnden Verteilern

Für den Leser kostenlos

Alle Zeitschriften und Magazine, die an einen von Ausgabe zu Ausgabe wechselnden Verteiler versendet werden, sind für den Leser kostenlos. Damit ist natürlich auch gleich in Frage gestellt, ob sie überhaupt gelesen werden, da sie ja vom Adressaten nicht bewusst ausgesucht bzw. bestellt wurden. Hier hängt also viel von der Aufmachung der Zeitschrift oder des Magazins ab.

Die Verlage, die auf diese Art und Weise verfahren, versuchen hier durch die Anpassung des Verteilerkreises an den jeweiligen Themenschwerpunkt der versendeten Ausgabe die Bereitschaft zum Lesen zu erhöhen. Somit hängt der Erfolg dieser Vorgehensweise in starkem Maße neben der Aufmachung auch mit dem Ad-

[6] Dies liegt im Wesentlichen daran, dass solche Zeitschriften und Magazine erwiesenermaßen nicht so abhängig von Anzeigenkunden sind. Sie können es sich somit leisten über das ein oder andere Unternehmen auch mal in kritischer Weise zu berichten, ohne dass die Finanzierung der Zeitschrift gleich in Frage gestellt wird, wenn als Konsequenz auch mal Anzeigen ausbleiben, weil ein Kunde durch einen eher negativ formulierten Artikel verprellt wurde. Es herrscht also eine wesentlich größere Unabhängigkeit.

ressmaterial zusammen, über das der Verlag verfügt. Eine Möglichkeit dieses Adressmaterial zu verbessern besteht darin, dass ein Unternehmen dem Verlag die eigenen Kontaktdaten zur Verfügung stellt. Damit ist jedoch auch der Nachteil verbunden, dass redaktionelle Beiträge oder Anzeigen des Wettbewerbs, die in dieser oder auch in künftigen Ausgaben des Magazins enthalten sind, ebenfalls dieses Adressmaterial erreichen.

Qualifizierung des Adressmaterials

Ein weiterer Aspekt besteht in der Qualifizierung des Adressmaterials, also was ist die Position und Aufgabe des Lesers in seinem Unternehmen? Nur wenn man das möglichst genau weiß, kann man auch eine zielgruppengerechte Verteilung vornehmen. Manche Verlage arbeiten hier mit so genannten Qualifizierungsbögen, die der potentielle Leser zunächst ausfüllen und dem Verlag zusenden muss, bevor er sein Freiabo erhält. Dieses ist dann meist auch auf ein Jahr beschränkt.

Für Unternehmen, die in solchen Zeitschriften oder Magazinen Artikel publizieren oder Anzeigen schalten, bestehen die folgenden Vorteile:

- Sie erreichen genau die Leser, für die der publizierte Artikel (sofern er zum jeweiligen Schwerpunkt gehört) auch von Interesse ist.
- Sie erreichen ständig neue Leser, da ja mit jeder Ausgabe auch die Leserschaft wechselt.

Viele Nachteile

Diese Vorteile relativieren sich jedoch ziemlich schnell, wenn man auf die Nachteile blickt. So werden diese Zeitschriften nur in den seltensten Fällen archiviert und sind kaum in Verteilern enthalten. Hinzu kommt, dass die Wahrscheinlichkeit, dass das Magazin überhaupt gelesen wird, deutlich geringer ist als bei Zeitschriften mit festem Abonnentenkreis.

Ferner gilt hier hinsichtlich der Seriosität natürlich genau das Gegenteil, was für Zeitschriften und Magazine mit einem festen Abonnentenkreis gilt: Da sich der Verlag hier ausschließlich über Anzeigen und Advertorials finanzieren muss, steigt natürlich die Abhängigkeit von den Anzeigenkunden. Man kann es sich hier definitiv nicht leisten, einen regelmäßig Anzeigen schaltenden Großkunden durch eine negative Berichterstattung zu verprellen. Die Auswirkungen einer Stornierung von Anzeigen wären zu drastisch für den wirtschaftlichen Fortbestand des Verlages.[7]

---

[7] Dies gilt natürlich besonders in Krisenzeiten, wo Anzeigenkunden ohnehin sehr rar sind.

1.3.4
Am Kiosk erhältliche Zeitschriften und Magazine

Hohe Auflage erforderlich

Nicht alle Zeitschriften und Magazine sind am Kiosk erhältlich. Dies hängt mit der damit verbundenen Erfordernis einer hohen Auflage und den entsprechenden Kosten für den Verlag zusammen. Der Verlag reicht diese Kosten natürlich dann an seine Anzeigenkunden weiter.

Natürlich ist es von Vorteil, wenn eine Zeitschrift oder ein Magazin nicht nur über den Direktversand, sondern auch am Kiosk erhältlich ist. Auf diese Art können dann Unternehmen potentielle Kunden darauf hinweisen, dass ein Artikel über die angebotene Dienstleistung oder das Produkt soeben in der Zeitschrift xy erschienen ist und sie mögen sich diese doch am Bahnhof oder Flughafen kaufen. Nachteile für Unternehmen, die hier Artikel publizieren, gibt es keine. Allenfalls für Anzeigenkunden, die hier deutlich höhere Anzeigenpreise zahlen müssen, als dies bei anderen Zeitschriften, die nicht am Kiosk erhältlich sind, der Fall ist.

Seriöser Ruf

Generell gilt auch hier, dass Zeitschriften und Magazine, die am Kiosk erhältlich sind, einen wesentlich seriöseren Ruf genießen, als solche, die über irgendwelche Verteiler versendet werden.

1.3.5
Zeitschriften und Magazine mit zusätzlichem Webauftritt

Webauftritt ist sehr vorteilhaft

Allgemein ist es sehr positiv zu bewerten, wenn ein Verlag seine redaktionellen Beiträge nicht nur in einer Printversion, sondern auch zusätzlich online im Web bereitstellt. Nachteile gibt es keine. Besonders solche Unternehmen, die viele Pressemeldungen aussenden, können von dieser aktuellen Informationsbereitstellung per Web profitieren[8].

Etwas zögerlich sind hier jedoch die meisten Unternehmen, wenn es darum geht, solche Webauftritte als Werbeplattform (zum Beispiel durch die Schaltung von Bannern) als Alternative zum Schalten von Anzeigen in der Printform zu nutzen. Hier ist ein deutlicher Rückschritt festzustellen – waren im Jahr 1999 und 2000 dies noch beliebte Werbeträger, so ist hier aufgrund sinkender Werbeetats ein signifikanter Rückgang festzustellen. Eine Änderung zum Positiven ist zumindest zu dem Zeitpunkt, wo dieses Buch entsteht, leider nicht in Sicht.

---

[8] Sofern sie denn auch dort berücksichtigt werden.

Bekanntheitsgrad ist ein entscheidendes Kriterium

Natürlich ist der Bekanntheitsgrad des Onlineauftrittes hier ein entscheidendes Kriterium, also wie viele Besucher pro Tag auf der Seite verweilen. Was nützt der beste und aktuellste Onlineauftritt, wenn niemand die Seite besucht? Hier hängt natürlich viel davon ab, in welchem Maße der Verlag den Onlineauftritt bewirbt. Querverweise im Heft auf den Onlineauftritt sind hier besonders geeignet, schließlich bieten sich hier die unterschiedlichsten Möglichkeiten. Angefangen vom Download von in einem Artikel dargestellten Softwarelistings, über weiterreichende Informationen, die auf der Webseite dargestellt werden, bis hin zur Möglichkeit, sich eine kostenlose Demoversion eines im Artikel getesteten Produktes herunterzuladen. Die wohl drastischste Variante der Bewerbung des Internetauftrittes besteht im Weglassen des Newsteils innerhalb eines Printmediums und dem alleinigen Verweis auf die Webseite. Hierzu hat sich jedoch leider noch kein Verlag hinreißen lassen können.[9]

Risiko: Artikelbereitstellung

Interessant ist weiterhin, in welcher Form redaktionelle Beiträge online zur Verfügung gestellt werden. Für eine Zeitschrift oder ein Magazin, das in erster Linie von den Einnahmen der Abonnenten lebt, besteht hier natürlich die latente Gefahr, dass je mehr Informationen auf der Webseite enthalten sind, umso weniger Zeitschriften verkauft werden. Daher findet man meistens nie einen vollständigen Artikel auf einem Webportal, sondern in der Regel nur den Aufmacher, sozusagen als Appetitanreger. Eine Ausnahme bildet hier die *Computerwoche* (siehe Abbildung 1), hier erhält man jeden Beitrag online dargestellt. Allerdings gehört die *Computerwoche* zu den Zeitschriften, die nicht am Kiosk erhältlich sind, daher muss der Verlag hier nicht mit rückgängigen Verkaufszahlen rechnen.

Recherchemöglichkeiten

Auch die Recherchemöglichkeiten für die Besucher einer Webseite, die Informationen zu einem bestimmten Themengebiet suchen, ist bei einem Onlineauftritt einer Zeitschrift oder eines Magazins von Bedeutung. Er muss komfortabel eingerichtet sein und auch eine gewisse Suchtoleranz erlauben. Ist dies gewährleistet, so kann das Portal als Ersatz für das im Abschnitt zuvor beschriebene

[9] Obwohl diese Vorgehensweise ausgesprochen sinnvoll wäre, wenn man berücksichtigt, dass die Aktualität abgedruckter Neuigkeiten bei weitem der Aktualität von Neuigkeiten innerhalb eines Internetauftrittes nachhinkt. Von der Veröffentlichung einer Neuigkeit durch ein Unternehmen bis zum Abdruck innerhalb einer Zeitschrift oder eines Magazins können Wochen vergehen – die Platzierung der News auf dem Onlineauftritt des Verlages hingegen bedarf nur weniger Sekunden!

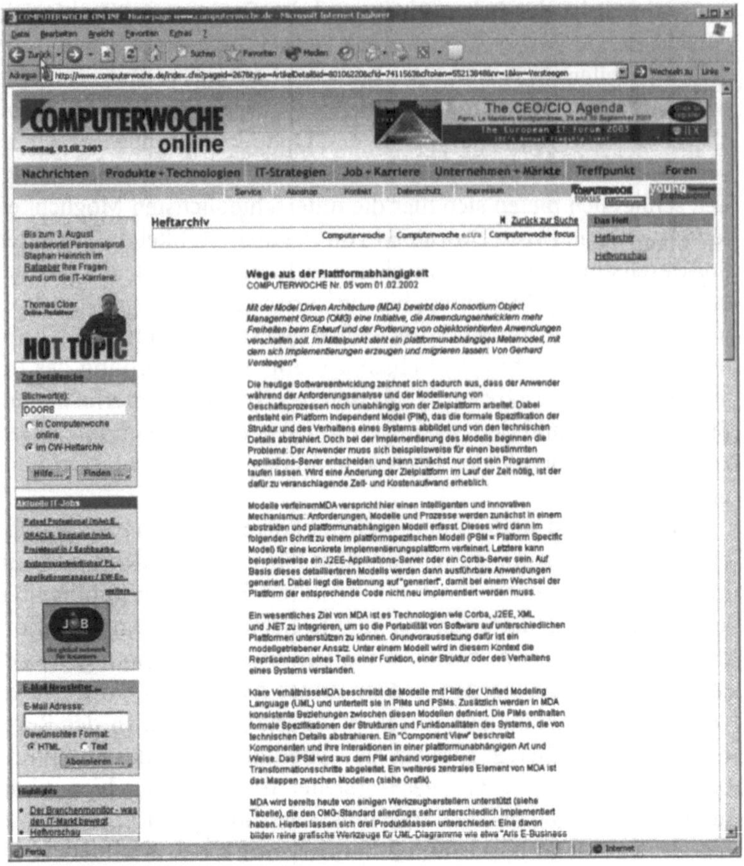

Abbildung 1: Der Webauftritt der Computerwoche ermöglicht das Betrachten vollständiger Artikel

Knowledge-Management-Archivierungssystem innerhalb von Unternehmen verwendet werden[10].

Diskussionsforen erhöhen den Traffic

Der Software & Support Verlag hat hier ein übersichtliches und informatives Informationsportal für die Leser der Zeitschrift „Der Entwickler“ bereitgestellt. Abbildung 2 vermittelt einen Eindruck. Das Portal ist übersichtlich aufgebaut und unterteilt sich in mehrere Bereiche, angefangen von den üblichen News, über den jeweiligen Inhalt der gerade aktuellen Ausgabe bis hin zu Diskussionsforen. Gerade letztere sind hervorragend dazu geeignet, den Traffic auf einer Webseite zu erhöhen.

---

[10] Oder das Portal des Verlages wird innerhalb des firmeneigenen Knowledge-Management-Systems integriert, was die elegantere Lösung wäre. In diesem Fall bietet es sich natürlich an, gleich alle wesentlichen Verlagsseiten zu integrieren.

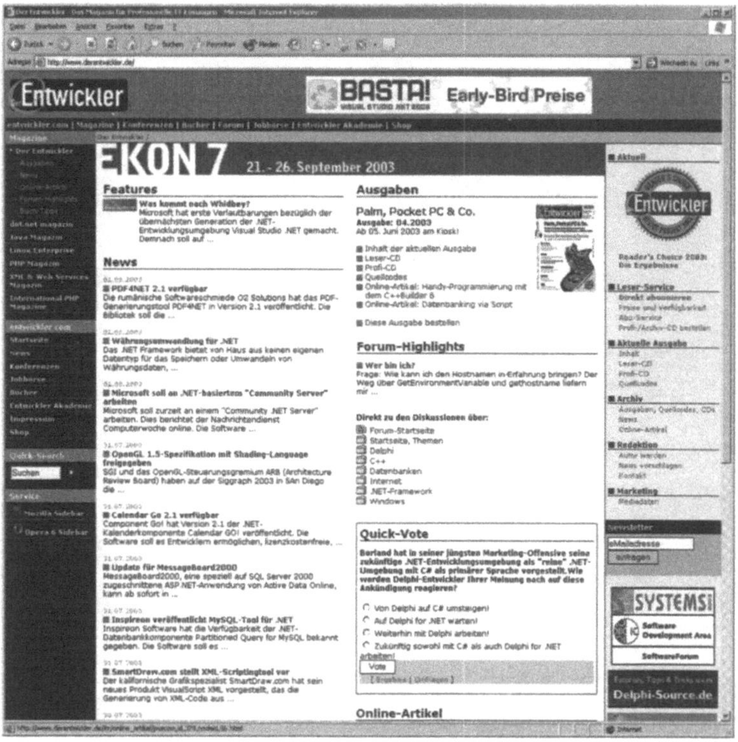

Abbildung 2: Der Webauftritt des Software & Support Verlages

Informatives und umfangreiches Portal

Auch der Heinz Heise Verlag stellt für seine beiden Zeitschriften *iX* und *c't* ein sehr informatives und umfangreiches Portal zur Verfügung, wie Abbildung 3 verdeutlicht. Hier sind besonders die hervorragenden Recherchemöglichkeiten hervorzuheben. Bis zur ersten Ausgabe der *iX* vor über 10 Jahren ist jeder Artikel und jede Meldung erfasst. Ebenfalls hervorzuheben ist der Veranstaltungskalender, der sehr gut gepflegt wird.

Eine Übersicht mit einer Vielzahl von Links zu den Webseiten der bekanntesten IT-Magazine und -Zeitschriften ist der Webseite www.guerilla-pr.de/webseiten.html zu entnehmen.

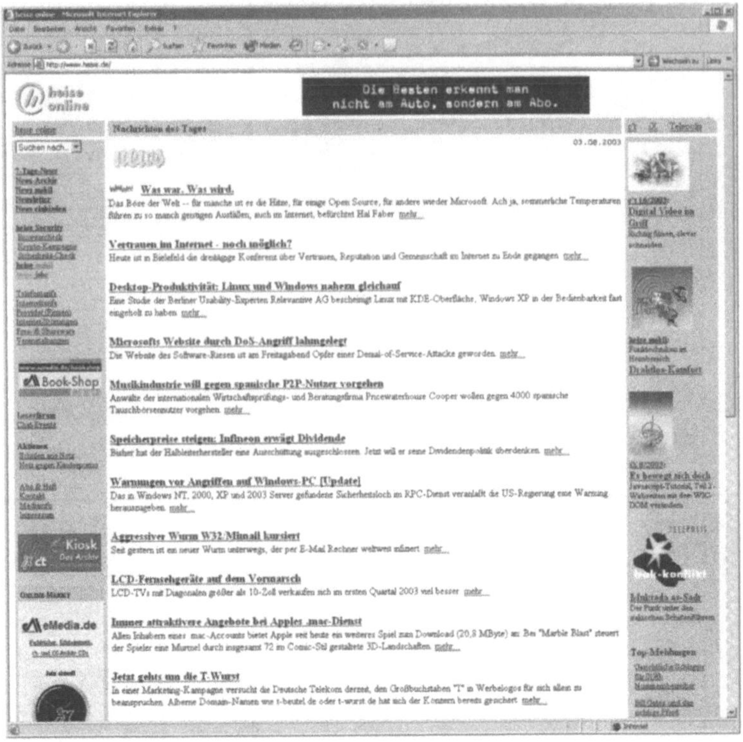

Abbildung 3: Der Webauftritt des Heinz Heise Verlages

1.3.6 Zeitschriften und Magazine, die von Unternehmen selbst herausgegeben werden

Luxus eigene Hauszeitschrift

Manche Unternehmen leisten sich den Luxus über eine eigene so genannte Hauszeitschrift zu verfügen. Diese wird meistens von der Marketingabteilung des Unternehmens herausgegeben. Dabei sind die unterschiedlichsten Formen von Hauszeitschriften festzustellen, angefangen von einem elektronischen Newsletter, der zwar nicht in gedruckter Form sondern nur digital veröffentlicht wird, dafür aber umso aktueller ist, bis hin zur mehrseitig gedruckten Hochglanzbroschüre. Wie so oft im Marketing ist hier einzig und alleine das Budget entscheidend.

Begrenzter Verteilerkreis

Der Verteilerkreis solcher Hauszeitschriften ist natürlich sehr begrenzt, er reduziert sich ausschließlich auf die Kunden und Interessenten des Unternehmens. Daher dient ein solches Medium primär der Kundenpflege und nicht der Neukundengewinnung. Allenfalls ein Cross Selling[11] kann hiermit unterstützt werden.

Anders sieht dies natürlich bei den Partnerunternehmen des herausgebenden Unternehmens aus. Für diese stellt eine solche Hauszeitschrift ein geeignetes Medium dar, um an Neukunden (eben die Kunden des Unternehmens, das die Zeitschrift publiziert) zu gelangen. Sowohl die Anzeigenschaltung als auch die Platzierung von Artikeln ist hier sehr sinnvoll, da der Leserkreis der Hauszeitschrift sich aus einem potentiellen Kundenumfeld zusammensetzt. Die Streuverluste sind hier deutlich geringer als dies bei anderen Zeitschriften und Magazinen der Fall ist.

Für die „Allgemeinheit" der Unternehmen sind solche firmeneigenen Zeitschriften natürlich weniger von Interesse, meist fehlt der Kontext zum eigenen Angebotsportfolio.

1.3.7 Fazit

Aus diesem Abschnitt wurde ersichtlich, dass die unterschiedlichen Typen von Zeitschriften und Magazinen jeweils Vor- und teilweise auch Nachteile haben. Das optimale Magazin zum Publizieren von Artikeln würde die folgenden Eigenschaften haben:

Das optimale Magazin

- Es verfügt über einen großen Abonnentenkreis, der kontinuierlich wächst
- Es wird zusätzlich an eine bestimmte Zielgruppe (themenabhängig) versendet
- Jedes Exemplar wird von mehreren Mitarbeitern eines Unternehmens gelesen
- Es ist am Kiosk erhältlich
- Der Verlag verfügt über einen umfangreichen Webauftritt

[11] Unter Cross Selling versteht man, dass ein Unternehmen, das über eine umfangreiche Produktpalette verfügt, über einen bestimmten Zeitraum an einen Kunden mehrere dieser (meist miteinander verwandten) Produkte verkauft.

1.4 Die derzeitige Situation auf dem Markt der IT-Magazine und -Zeitschriften

1.4.1 Einführung

Die Krise ist überall

Derzeit unterliegt der Markt der IT-Magazine und IT-Zeitschriften einer vergleichbaren Krise wie die IT-Branche selber. Dies drückt sich unter anderem in einer Vielzahl von Insolvenzen und ständig dünner werdenden Zeitschriften aus. Am meisten betroffen sind solche Verlage und Zeitschriften, die einen Teil ihrer Finanzierung über Stellenanzeigen vorgenommen haben. Diese sind in den letzten Jahren nahezu auf Null reduziert worden, da die entsprechenden Stellen nicht mehr existierten.

Unterschiedliche Einnahmequellen

In diesem Abschnitt wollen wir zunächst aufzeigen, welche unterschiedlichen Einnahmequellen Verlage haben und welche neuen sie sich schaffen, um profitabel arbeiten zu können. Im Einzelnen beschreiben wir:

- Anzeigenschaltung
- Freianzeigen
- Beilagen
- Sonderdrucke
- Advertorials
- Abos
- Studien und Analysen

Im Anschluss gehen wir darauf ein, welche Auswirkungen dies auf die Pressearbeit der einzelnen Unternehmen hat.

1.4.2 Das Geschäft mit der Anzeigenschaltung

Haupteinnahmequelle

Die Haupteinnahmequelle der meisten Magazine sind Anzeigen. Diese können in unterschiedlichen Größen von Unternehmen gebucht werden. Differenziert wird auch nach Anzahl der Farben, es ist aber heutzutage mittlerweile üblich, dass nur noch farbige Anzeigen geschaltet werden. Eine Ausnahme bilden die so genannten Seminaranzeigen, auf die wir später noch zu sprechen kommen.

Die meisten Zeitschriften und Verlage verfügen über so genannte Mediaberater (es handelt sich dabei um Anzeigenverkäufer). Mediaberater sind dafür zuständig, dass in jeder Ausgabe ausreichend Anzeigen geschaltet werden, um die finanzielle Grundlage für den Verlag sicherzustellen. Wir werden im nächsten Kapitel auf das Thema Mediadaten zu sprechen kommen, hierbei handelt es sich um eine Art Preisliste für alle möglichen schaltbaren Anzeigen. Sie stellen das Hauptwerkzeug des Mediaberaters dar.

Mediaberater sind für die Finanzierung verantwortlich

Die Anzeigenpreise der unterschiedlichen Zeitschriften und IT-Magazine differieren zum Teil erheblich. Wichtige Einflussfaktoren auf den Anzeigenpreis sind:

Einflussfaktoren auf den Anzeigenpreis

- Die Positionierung der Anzeige, am teuersten (und am werbewirksamsten) sind die drei Umschlagseiten (U2, U3 und U4). Die U1, also das Titelblatt, ist natürlich nicht für Anzeigen vorgesehen, allenfalls für Einklinker.
- Die Größe der Anzeige, meistens fangen Anzeigen bei einer 1/9-tel Seite an und enden bei Doppelseiten. Manche Magazine, wie zum Beispiel die *iX* vom Heinz Heise Verlag, haben hier richtig ausgefallene Ideen hinsichtlich der Formate, wie Abbildung 4 zeigt.
- Die Anzahl der Farben; viele Unternehmen benötigen noch für ihr Logo die ein oder andere Sonderfarbe[12].
- Die Häufigkeit, mit der die Anzeige in ein und derselben Ausgabe geschaltet wird.
- Die Häufigkeit, mit der innerhalb des Jahres in ein und demselben Magazin Anzeigen geschaltet werden.
- Falls ein Verlag über mehrere Magazine und Zeitschriften verfügt, so wirkt es sich auch hier auf den Preis einer einzelnen Anzeige aus, wenn man in den „Schwestermagazinen" ebenfalls aktiv wird.
- Die Tatsache, ob die Zeitschrift und das Magazin am Kiosk erhältlich ist.
- Die Auflage der Zeitschrift; so macht es einen deutlichen Unterschied, ob eine Zeitschrift nur einen Mindestverteiler von ca. 10.000 Exemplaren hat oder mit über 60.000 Exemplaren auf den Markt geht.

[12] Das gilt besonders für amerikanische Unternehmen, die ja bekanntermaßen ein ganz besonderes Verhältnis zur Farbgebung haben.

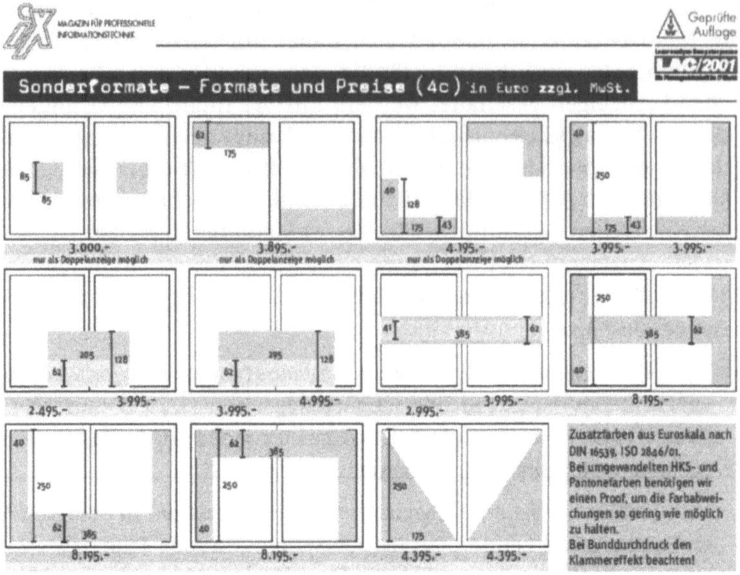

Abbildung 4: Ausgefallene Anzeigenformate erhöhen die Bereitschaft zur Werbung

Verhandlungsgeschick des Marketingmanagers

Der wichtigste Einflussfaktor ist jedoch eins: Das Verhandlungsgeschick des Marketingmanagers bzw. der im Unternehmen für die Anzeigenschaltung zuständigen Person! So sind (je nach wirtschaftlicher Situation des Verlages) bei einigen Zeitschriften und Magazinen Rabatte jenseits der 70% durchaus realistisch. Es stellt sich jedoch die Frage, ab wann selbst die Anzeige defizitär wird, also ab welchem Rabatt die Druckkosten für die Anzeige die Mediaeinnahmen übersteigen.

Das regelmäßige Schalten von Anzeigen ist Aufgabe des Marketings. Je nach Budget arbeitet das Marketing hierbei mit einer Mediaagentur zusammen. Aufgabe der Mediaagentur sind dann sowohl die Preisverhandlungen mit den Mediaberatern der einzelnen Verlage als auch die grafische Aufbereitung der Anzeige und termingerechte Versendung an den Verlag. Mediaagenturen werden üblicherweise nicht vom beauftragenden Unternehmen bezahlt, sondern vom Verlag über eine Anzeigenprovision (üblicherweise 15% vom Anzeigenpreis).

Die Pressearbeit ist oft verknüpft mit der Mediaarbeit, auch wenn dies eigentlich mit dem Pressegesetz nicht zu vereinbaren ist. So ist Ziffer 7 des Kodex des Deutschen Presserats zu entnehmen:

Ziffer 7 des Kodex des Deutschen Presserats

Die Verantwortung der Presse gegenüber der Öffentlichkeit gebietet, dass redaktionelle Veröffentlichungen nicht durch private oder geschäftliche Interessen Dritter oder durch persönliche wirtschaftliche Interessen der Journalistinnen und Journalisten beeinflusst werden. Verleger und Redakteure wehren derartige Versuche ab und achten auf eine klare Trennung zwischen redaktionellem Text und Veröffentlichungen zu werblichen Zwecken.

Wenig Wert auf Einhaltung gelegt

Doch wird heutzutage hier nur noch wenig Wert auf die Einhaltung gelegt [Braun2002]. So lässt sich mittlerweile so mancher Verlag durch die Buchung einer umfangreichen Anzeigenschaltung davon überzeugen, den ein oder anderen Artikel im redaktionellen Teil mit aufzunehmen. Letztendlich bedeutet dies, dass Unternehmen, die Awareness Marketing betreiben (also ohnehin umfangreiche Anzeigenkampagnen schalten), auch im redaktionellen Bereich sehr schnell Erfolge verzeichnen können.

Stornierung von Anzeigen als Druckmittel

Die Stornierung von Anzeigen ist mittlerweile ein beliebtes Druckmittel, das ebenfalls häufig angewendet wird, um den redaktionellen Teil eines Magazins zu beeinflussen. Erscheint ein allzu negativer Artikel über ein Unternehmen, das ansonsten in dem gleichen Magazin gewohnt ist, Anzeigen zu schalten, so ist es schon öfters vorgekommen, dass plötzlich zumindest in den darauf folgenden zwei oder drei Ausgaben keine Anzeigen dieses Unternehmens mehr zu finden waren.

Diese Situation bewirkt häufig einen Interessenkonflikt zwischen Anzeigenabteilung und Redaktion. Da in Krisenzeiten die Anzeigenabteilung für die finanzielle (Überlebens-) Grundlage sorgt, kann man sich vorstellen, wer des Öfteren diesen Konflikt siegreich übersteht. Es liegt also eindeutig eine Wechselwirkung zwischen Anzeigengeschäft und redaktioneller Erwähnung vor.

1.4.3 Das Geschäft mit Freianzeigen

Sinn von Freianzeigen

Unter Freianzeigen versteht man eine Anzeige, die zwar für einen Kunden geschaltet, von diesem aber nicht bezahlt wird. Jetzt wird sich der Leser die Frage stellen, wo denn da das Geschäft sei – gar nicht so zu Unrecht. Doch es gibt eine Reihe von Gründen, warum manche Zeitschriften und Magazine ihre Kundschaft mit Freianzeigen beglücken:

- Viele Verlage verfahren mittlerweile so, dass ein Kunde, wenn er in einem renommierten (und damit natürlich teuren) Magazin eine Anzeige schaltet, in einem weniger renommierten (und billigeren) Magazin desselben Verlages eine Anzeige umsonst erhält. Damit hat dann der Verlag zwei Fliegen mit einer Klappe geschlagen:
  - Der Kunde schaltet in dem teuren Magazin seine bezahlte Anzeige.

Wettbewerb verwirren

  - Auch in dem billigen Magazin erscheint eine Anzeige (wenn auch nicht bezahlt), die vielleicht andere Unternehmen (zum Beispiel Wettbewerber des schaltenden Unternehmens) dazu motivieren könnte, ebenfalls eine Anzeige zu schalten (die dann natürlich bezahlt ist).

- Wenn ein Magazin nur die Anzeigen schalten würde, die wirklich bezahlt sind, dürfte es den wenigen verbliebenen Anzeigenkunden allmählich einsam zumute werden, anders ausgedrückt: So manches Magazin versucht dadurch zu verbergen, wie gering eigentlich das Interesse der Unternehmen ist, in dem Blatt eine Anzeige zu schalten.

Gegengeschäfte sind wichtig

- Zeitschriften leben heutzutage oft auch von Gegengeschäften, insbesondere wenn es um Veranstaltungen wie zum Beispiel Fachkongresse geht. Hier hat sich mittlerweile der Begriff des Mediasponsorings eingebürgert. Dabei sind unterschiedliche Modelle denkbar:
  - Der Verlag wird als Mediasponsor der Veranstaltung aufgeführt und der Veranstalter erhält im Gegenzug eine kostenlose Anzeige für die Veranstaltung in einer Zeitschrift oder einem Magazin. Größe und Platzierung sind dabei verhandelbar. Meist wird dann an die Teilnehmer der Veranstaltung ein Exemplar der Zeitschrift verteilt und innerhalb des Programmheftes besteht für den Verlag die Möglichkeit eine Aboanzeige zu integrieren.

Verlag als Mediasponsor

  - Der Verlag tritt als Mediasponsor auf der Veranstaltung auf und alle Teilnehmer erhalten ein einjähriges Freiabo, das der Veranstalter bezahlt. Im Gegenzug wird eine zu vereinbarende Anzeigenserie geschaltet (Umfang ist abhängig von der zu erwartenden Teilnehmerzahl).
  - Der Verlag tritt als Mediasponsor auf und bewirbt selber die Veranstaltung[13]. Er wird an den Einnahmen der Veranstaltung beteiligt. Auch hier werden im Gegenzug Anzeigen geschaltet.
  - Der Verlag übernimmt die gesamte Veranstaltung selber und führt sie unter seinem Namen durch.

- Viele Verlage verfügen über mehr als eine Zeitschrift oder sind bereits aktiv im Veranstaltungsgeschäft tätig. Sie nutzen dann die zur Verfügung stehenden Mittel zur gegenseitigen Bewerbung. Man spricht in diesem Kontext auch von Eigenanzeigen.

- usw.

---

[13] Zum Beispiel durch Bereitstellung von entsprechendem Adressmaterial für Mailings.

Es kann durchaus noch mehr Gründe geben, die einen Verlag zur Schaltung von Freianzeigen motivieren, alle Gründe haben jedoch eins gemeinsam: Sie sorgen kurzfristig für keinen Umsatz und nehmen zunächst Platz in der Zeitung weg, doch mittel- bis langfristig sind sie durchaus dazu geeignet, Umsatz zu generieren.

Weitere Gründe möglich

1.4.4 Das Geschäft mit Beilagen und Beiheftern

Beilagen sind eine besondere Form von Anzeigen. Wir sind bereits im Abschnitt zuvor auf Fachveranstaltungen wie zum Beispiel Kongresse zu sprechen gekommen. Derartige Veranstaltungen können sicherlich über Anzeigen innerhalb eines Heftes beworben werden, doch meist reicht das Platzangebot nicht aus, um dem Interessenten alle notwendigen Informationen zukommen zu lassen.

Besondere Form von Anzeigen

Daher bietet es sich an, hier mit Beilagen zu arbeiten. Da die Preisgestaltung sich hier nach Gewicht orientiert und nicht nach Seiten, können durch die Verwendung von sehr dünnem Papier zahlreiche Informationen bereitgestellt werden.

Preisgestaltung anhand des Gewichts

Eine Alternative zu den Beilagen sind die so genannten Beihefter, die in die Zeitschrift oder das Magazin fest integriert sind. Der Vorteil von Beiheftern ist, dass diese nicht so schnell aus der Zeitschrift herausfallen. So ist zum Beispiel die CeBIT-Ausgabe der *Computerwoche* (die ja vor Ort kostenlos verteilt wird) häufig mit einer Vielzahl von Beilagen versehen. Der kundige Leser nimmt sich zunächst die Zeitschrift, sucht sich einen Mülleimer und schüttelt dann die Zeitschrift über diesem ordentlich durch. Danach hat er erstens nur noch die Hälfte an Gewicht über die Messe zu tragen und zweitens ein nahezu werbungsfreies Informationsmedium. Diese Vorgehensweise ist leider sehr häufig zu beobachten und relativiert den Wert von Beilagen erheblich.

Der Vorteil der Verwendung von Beiheftern oder Beilagen für den Kunden ist darin zu sehen, dass es bei den meisten Verlagen möglich ist, solche Beilagen nicht für die Gesamtausgabe vorzusehen, sondern nur für einen bestimmten Bereich. Damit können die Kosten deutlich reduziert werden. Abbildung 5 gibt ein Beispiel aus den Mediadaten der *c't*, wie Beilagen von den Verlagen gehandhabt werden.

Viele Vorteile

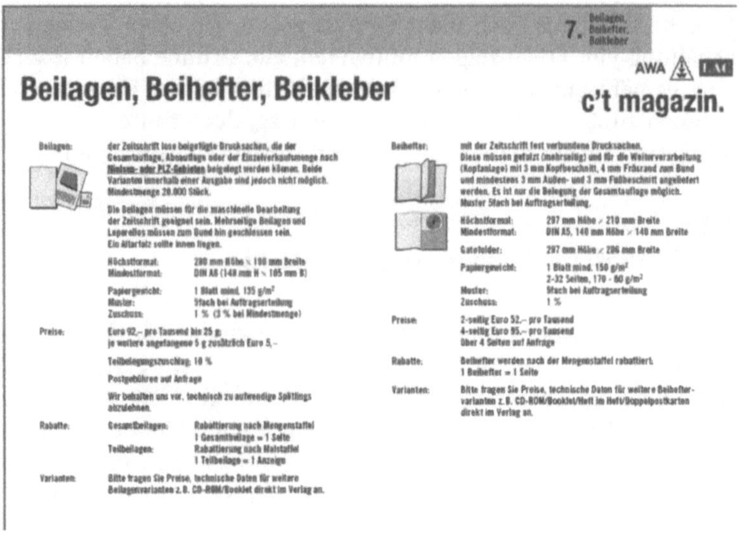

Abbildung 5: Beispiel für Beilagen, Beihefter und Beikleber aus den Mediadaten der c't

1.4.5 Das Geschäft mit Sonderdrucken

Artikel als Sonderdruck

Wir werden im Laufe dieses Buches des Öfteren auf Sonderdrucke eingehen. Sonderdrucke können bei jedem Verlag bestellt werden; sobald ein Artikel in einer Zeitschrift erschienen ist, kann dieser als Sonderdruck bestellt werden.

Nicht alle Zeitschriften lassen es zu, dass ein Unternehmen von einem beliebigen Artikel, zu dem das Unternehmen eigentlich keinen Bezug hat, Sonderdrucke bestellt. Das hat den folgenden Hintergrund: Angenommen, es erscheint ein negativer Produktbericht über das Werkzeug A. Nun möchte ein konkurrierender Hersteller Sonderdrucke von diesem Artikel bestellen, um bewusst negative Werbung für dieses Wettbewerbsprodukt zu machen. Seriöse Zeitschriften und IT-Magazine schieben einer solchen Vorgehensweise einen Riegel vor und verzichten auf diesen zusätzlichen Umsatz zu Gunsten des guten Rufes.

Wertvolle Hilfe im Marketing

Des Weiteren kann man festhalten, dass Sonderdrucke besonders für Unternehmen, die ihren Stammsitz im Ausland haben, eine wertvolle Hilfe im Marketing darstellen. So ist das meiste Marketingmaterial in englischer Sprache verfasst und eine Übersetzung und Neuauflage würde erhebliche Marketingkosten in Anspruch nehmen. Die Kosten für einen Sonderdruck hingegen halten sich deutlich in Grenzen und somit stellen Sonderdrucke eine echte Alternative dar. Besonders zu erwähnen sind hierbei die Sonderdrucke von Advertorials, auf die wir im folgenden Abschnitt eingehen wollen.

1.4.6 Das Geschäft mit Advertorials

Konsequenzen und Auswirkungen

Die Marktkrise hat natürlich ihre Konsequenzen und Auswirkungen auf die Pressearbeit in der IT-Branche. Wir haben bereits erwähnt, dass sich Stellenanzeigen nahezu auf Null reduziert haben, Imageanzeigen drastisch gesunken sind und Produktanzeigen auch immer weniger geschaltet werden.

Einige Zeitschriften gehen daher „neue“ Wege und versuchen das ausbleibende Anzeigengeschäft anderweitig zu kompensieren. Eine beliebte Vorgehensweise ist das so genannte Advertorial. Hierbei handelt es sich um einen gekauften redaktionellen Beitrag, der mit dem Hinweis Advertorial versehen ist. Dieser Hinweis soll dem Leser vermitteln, dass es sich um Werbung handelt und nicht um die Meinung der Redaktion.

Begriff ist meist unbekannt

Problematisch ist dabei nur, dass die meisten Leser einer Zeitschrift diesen Begriff nicht kennen und somit auch nicht einzuordnen wissen. Ein Edi**torial** ist bekannt, die Übersetzung von Werbung **Advert**isement ebenfalls – dass jedoch die Zusammensetzung dieser beiden Begriffe (Advertorial) ebenfalls ein Hinweis auf Werbung ist – das ist nur wenigen bekannt.

Für den Verlag bzw. das Magazin ist die Verwendung von Advertorials in zweierlei Hinsicht lukrativ:

- Zum einen steht mit dem Advertorial eine neue Einnahmequelle zur Verfügung, wenn sie auch nicht die Umsätze erzielt, wie das bei einer herkömmlichen Printwerbung der Fall ist. In der Regel ist das Verhältnis hier 4 zu 1. Das bedeutet, dass ein vierseitiges Advertorial ungefähr den Umsatz einer ganzseitigen 4c[14]-Anzeige erzielt.
- Zum anderen sieht es für die Redaktion so aus, dass mit dem Advertorial ein zusätzlicher Artikel zur Verfügung steht. Man spart also Zeit und natürlich damit auch Geld im redaktionellen Bereich.

Zusätzliche Einnahmequelle

In erster Linie stellt also ein Advertorial eine zusätzliche (wenn auch nicht besonders lukrative) Einnahmequelle für einen Verlag dar, die zusätzlich noch die Redaktion entlastet, so dass hier eventuell weiteres Einsparungspotential vorliegt. Doch sind die negativen Auswirkungen von Advertorials auf die „Kultur“ der Pressearbeit beträchtlich; wir werden in Kapitel 1.5.3 näher darauf eingehen.

[14] Vierfarbige Anzeige

1.4.7 Das Geschäft mit Abos

Nur wenigen Zeitschriften vorbehalten

Wir haben bereits eingangs erwähnt, dass es nur wenige Zeitschriften gibt, die über einen großen und festen Abonnentenkreis verfügen, der auch wesentlich zur Finanzierung der Zeitschrift beiträgt. Für eine Zeitschrift sind Abonnenten natürlich eine sehr sichere und planbare Finanzierungsgrundlage[15], daher unternehmen mehr und mehr Zeitschriften und Magazine hier den Versuch, die Abonnentenzahl zu erhöhen. Dazu stehen die folgenden Möglichkeiten zur Verfügung:

Möglichkeiten zur Aboerhöhung

- Die Schaltung von Eigenanzeigen entweder in der Zeitschrift selber oder in Schwestermagazinen.
- Das Auftreten als Mediasponsor von Veranstaltungen.
- Das Auftreten bei Messen und Kongressen mit einem eigenen Messestand.
- Der Einsatz von Call Centern.
- usw.

Sehr wertvoll

Für Unternehmen, die hier Anzeigen schalten oder Artikel platzieren, ist es natürlich von hohem Wert, wenn die Anzahl an Abonnenten steigt. So ist es auch denkbar, dass hier die Unternehmen dem Verlag hilfreich zur Seite stehen, indem sie beispielsweise Abos an ihre Kunden verschenken oder bei Veranstaltungen verlosen. Ein typisches Beispiel für eine Win-Win-Situation.

1.4.8 Das Geschäft mit Studien und Analysen

Zweites Standbein zur Finanzierung

Einige Verlage haben sich neben dem eigentlichen Printmedium ein zweites Standbein zur Finanzierung aufgebaut: Die Veröffentlichung von Studien und Analysen in Anlehnung an die Reports von „reinrassigen“ Analysten wie Ovum, Gartner, IDC oder Yphise.

Die Vorgehensweise ist durchaus ähnlich wie bei obigen Analysten, es wird ein Thema gesucht, das gerade aktuell ist und zu dem einige Unternehmen eine entsprechende Produktunterstützung

[15] So ist es ein signifikanter Unterschied, ob ein Verlag einen Anzeigenkunden verliert oder einen Abonnenten. Die Auswirkungen sind wesentlich drastischer. Die Fluktuation von Abonnenten wird bei den meisten Verlagen durch Neuabonnenten wieder ausgeglichen, was sich bei Anzeigenkunden wesentlich schwieriger gestaltet.

anbieten, Beispiel: CRM (Customer Relationship Management). Eine Studie setzt sich dann aus den folgenden drei Teilen zusammen:

Drei Teile einer Studie

- Einem allgemeinen Teil, der das Thema methodisch und von der Technik her beleuchtet.
- Einem produktspezifischen Teil, der die einzelnen Produkte vorstellt.
- Einem bewertenden, analysierenden und prognostizierenden Teil, der den eigentlichen Schwerpunkt der Studie bildet.

Ergänzt werden diese drei Teile meist noch durch eine Managementsummary, die gleich zu Beginn der Studie aufgeführt wird, und durch umfangreiche Anhänge.

Autoren dieser Studien sind entweder die eigenen Redakteure oder freie Analysten. Letztere haben meist im Umgang mit den Produkten umfangreiche Erfahrungen gesammelt und sind hauptberuflich Mitarbeiter eines Consultinghauses.

Interessant ist die Betrachtung der Finanzierung, hier sind die unterschiedlichsten Modelle feststellbar:

Unterschiedliche Finanzierungsmöglichkeiten

- Finanzierung über den Verkauf der Studie; derartige Studien sind meist hochpreisig (1.000,00 Euro und mehr). Es ist also eine entsprechend aufwändige Bewerbung notwendig. Hier haben jedoch die Verlage über Eigenanzeigen in den Zeitschriften gute Möglichkeiten.
- Finanzierung über die Hersteller der in der Studie untersuchten Produkte. Etwas unseriös, da auf diesem Wege natürlich auch nur Produkte untersucht werden, deren Hersteller bereit sind, dafür zu zahlen. In diesem Fall wird die Studie dann wesentlich günstiger auf den Markt gebracht.
- Finanzierung über ein Projekt, das für einen speziellen Kunden durchgeführt wurde. Das bedeutet, dass ein Unternehmen den Verlag konkret mit der Erstellung einer solchen Studie beauftragt. Hier sind zwei Modelle zu unterscheiden:

  Zwei unterschiedliche Modelle

  – Die Beauftragung erfolgt über ein Unternehmen, das sich gerade mit der Thematik auseinander setzt und nun ein entsprechendes Werkzeug sucht. Dieser Fall ist eher selten, weil Verlage nicht die typischen Auftragnehmer für die Erstellung solcher Studien sind, sondern eher die einschlägig bekannten Consultingunternehmen.
  – Die Beauftragung erfolgt über einen einzelnen Hersteller der in der Studie untersuchten Werkzeuge. Extrem unseriös, da dieser Hersteller bzw. dessen Produkt dann erwartungsgemäß als „Testsieger“ abschneiden wird.

- Finanzierung über eine Mischform der beiden ersten Ansätze; diese Art der Finanzierung ist am häufigsten auf dem Markt anzutreffen.

Finanzierungsart entscheidet über Seriosität

Je nach Art der Finanzierung ist natürlich auch der Stellenwert und die Seriosität der Studie einzuordnen. Generell ist das Geschäft mit Studien jedoch eher als rückläufig zu bezeichnen, eben wegen der damit verbundenen Kosten. Trotzdem liegt hier eine zusätzliche Einnahmequelle vor, die das rückläufige Anzeigengeschäft kompensieren kann.

Der IT Verlag aus Sauerlach hat beispielsweise hier schon vor Jahren die Zeichen der Zeit erkannt und mit IT Research eine Tochter gegründet, die sich hauptsächlich um das Geschäft mit Studien kümmert. Auch die Informationweek war hier nicht untätig, wie aus Abbildung 6 zu erkennen ist. Eine Vielzahl von Studien können direkt über die Webseite des Verlages bestellt werden.

1.4.9 Fazit

Finanzierung als Differenzierungsmerkmal

Innerhalb der Informationstechnologie haben sich in den letzten Jahren unterschiedliche Magazine und Zeitschriften etablieren können. Ein wesentliches Differenzierungsmerkmal ist dabei die Art und Weise, wie sich die jeweiligen Verlage finanzieren – ob über Anzeigen, Studien oder Abonnenten.

Die Krise in der Informationstechnologie hat auch ihre Auswirkungen auf den Markt der IT-Magazine und IT-Zeitschriften. So sind einige Magazine vom Markt verschwunden, andere Magazine haben sowohl den Seitenumfang als auch die Auflage drastisch reduziert und letztendlich sind neue Formen der Werbung (Advertorials) entstanden.

Verlage werden vom Aufschwung profitieren

Auf der anderen Seite ist zu erwarten, dass die Verlage mit als erste davon profitieren können, wenn die Marketingbudgets wieder anwachsen. Schließlich ist die Anzeigenschaltung neben der Pressearbeit eine weitere tragende Säule des Marketings.

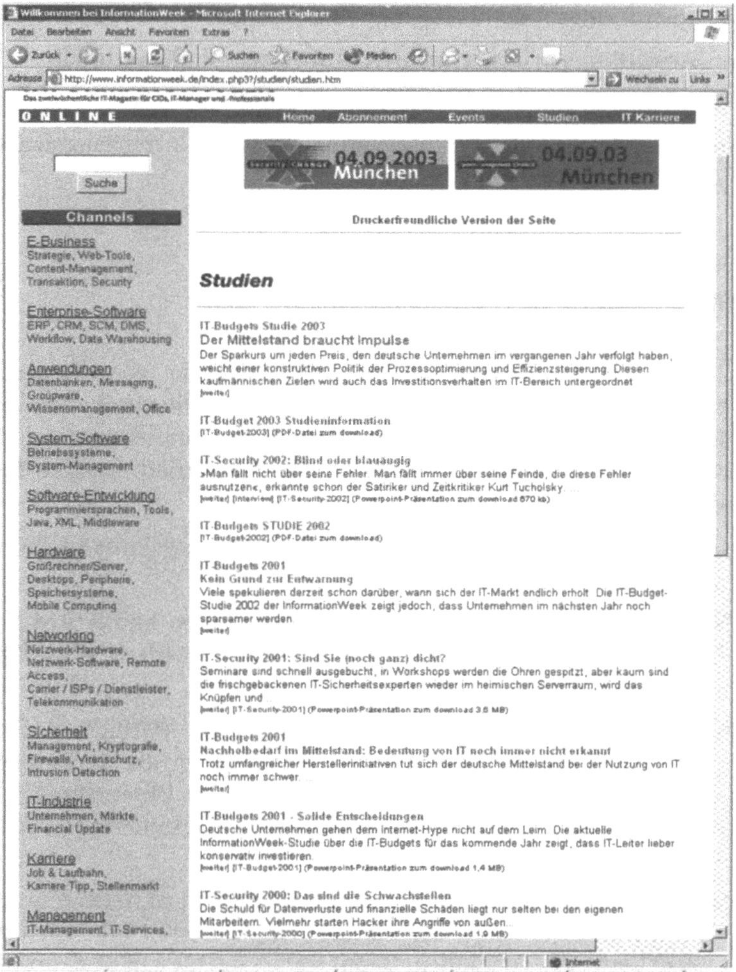

Abbildung 6: Beispiel für von einem Verlag angebotene Studien

1.5 Auswirkungen auf die Pressearbeit

1.5.1 Einführung

Die obigen Ausführungen haben natürlich ihre Auswirkungen sowohl auf die Anzeigenschaltung als auch auf die Pressearbeit der einzelnen Unternehmen. In diesem Abschnitt betrachten wir die folgenden Aspekte:

Unterschiedliche Auswirkungen

- Auswirkungen des Rückgangs von Anzeigen
- Auswirkungen des vermehrten Auftretens von Advertorials
- Auswirkungen von Freianzeigen und Eigenanzeigen
- Auswirkungen der Wechselwirkung zwischen Anzeigengeschäft und redaktioneller Erwähnung

1.5.2 Auswirkungen des Rückgangs von Anzeigen

Das rückläufige Anzeigengeschäft hat erhebliche Auswirkungen auf die Pressearbeit der Unternehmen. Die signifikanteste Auswirkung: Der Umfang[16] nahezu aller Zeitschriften und Magazine hat sich drastisch – teilweise um bis zu 50% – reduziert. Und das bedeutet letztendlich:

Newsteil wird kleiner

- Der Newsteil wird kleiner, also kommen weniger Pressemeldungen zum Abdruck.

Redaktioneller Teil wird kleiner

- Der redaktionelle Teil wird kleiner, es werden immer weniger redaktionelle Artikel abgedruckt, die Pressearbeit wird also noch schwieriger.

Redaktion wird personell verkleinert

- Die Redaktion wird personell verkleinert, die jeweiligen Anfragen je Redakteur erhöhen sich, damit haben die Redakteure letztendlich immer weniger Zeit, sich mit den Unternehmen zu beschäftigen. Redaktionsbesuche oder Pressekonferenzen werden immer schwieriger zu vereinbaren.

Konkurrenz

- Die zuvor fest angestellten Redakteure werden zu freien Journalisten und reichen fleißig Beiträge ein, um ihren Lebensunterhalt bestreiten zu können. Damit stehen sie quasi in Konkurrenz zu den Unternehmen, die ihre Presseartikel platzieren wollen.

Hinzu kommt, dass einige Zeitschriften und Magazine gänzlich vom Markt verschwunden sind; damit reduziert sich die Pressearbeit auf ca. 2/3 der Magazine vor der IT-Krise. Besonders betroffen sind Magazine und Zeitschriften, die einen Schwerpunkt im Bereich E-Business hatten.

---

[16] Gemeint ist die Seitenzahl einer Zeitschrift; es ist zu beachten, dass die Anzahl der Seiten einer Zeitschrift oder eines Magazins sich einerseits aus Anzeigen und andererseits aus einem redaktionellen Teil zusammensetzt, der in einem ausgewogenen Verhältnis zum Anzeigenteil stehen muss. Reduzieren sich nun die Anzeigenseiten, wird automatisch der Gesamtumfang des Heftes dünner.

Fassen wir zusammen: Es gibt weniger Magazine mit weniger Seiten Platz für redaktionelle Beiträge und mehr Artikel, die eingereicht werden! Das Ergebnis: Ein zunehmend härterer Wettbewerb um jede einzelne Seite in jedem Magazin und in jeder Zeitschrift. Tendenz: Keine Änderung in Sicht.

Keine Änderung in Sicht

Aus Sicht des Lesers ist das Ausbleiben von Anzeigenschaltungen unterschiedlich zu werten, einerseits erhöht ein geringer Werbeanteil die Lesbarkeit, andererseits aber haben Anzeigen auch für den Leser immer irgendwo noch einen informativen Charakter. Dies gilt besonders für Stellenanzeigen, die ja quasi auf Null gegangen sind. Zusammenfassend kann man also festhalten, dass der Rückgang der Anzeigenschaltungen sich nicht nur für den Verlag, sondern auch für die Pressearbeit der Unternehmen und den Leser selbst nachteilig auswirkt.

1.5.3 Auswirkungen des vermehrten Auftretens von Advertorials

Die Tatsache, dass sich derzeit immer mehr Zeitschriften und Magazine über Advertorials mitfinanzieren, hat zur Folge, dass der Werbungsanteil innerhalb der Zeitschriften signifikant gestiegen ist. Das heißt, dass die objektive und unabhängige redaktionelle Berichterstattung immer weiter abnimmt[17].

Hoher Werbungsanteil

Nimmt man noch die im nächsten Abschnitt aufgeführten Auswirkungen von Freianzeigen hinzu, so stellt sich die Frage, ob demnächst überhaupt noch zwischen bezahlten Anzeigen, Freianzeigen, Eigenanzeigen und Advertorials Platz für redaktionelle Berichte existieren wird. Kurz: Die Pressearbeit und vor allem die Glaubwürdigkeit leidet hier erheblich.

Besonders kritisch wird es, wenn manche Magazine mittlerweile sogar darauf verzichten, Advertorials als Werbung darzustellen, um das Verhältnis zwischen Werbung und Redaktion zu schönen. Dann wird nämlich auf kurz oder lang beim Leser der Eindruck entstehen, dass er ein Magazin vor sich hat, das sich ausschließlich aus Werbung zusammensetzt, und die wenigen „echten" Artikel gehen unter und verlieren an Glaubwürdigkeit. Damit wird dann diese Zeitschrift für jedes Unternehmen uninteressant - und zwar sowohl für die Pressearbeit als auch für die Mediaarbeit.

Die Glaubwürdigkeit leidet

Damit soll jetzt nicht gesagt werden, dass automatisch jede Zeitschrift, die mit Advertorials arbeitet, dazu verdammt ist, irgend-

[17] Und damit natürlich automatisch auch die Seriosität der Zeitschrift und des Verlages.

wann als uninteressantes Werbeblatt zu enden – es muss jedoch seitens der Redaktion peinlich genau darauf geachtet werden, dass die folgenden Regeln eingehalten werden:

Wichtige Regeln für Advertorials

- Jedes Advertorial muss auch als ein solches gekennzeichnet werden.
- Der Anteil an Werbung muss signifikant geringer sein als der redaktionelle Inhalt.
- Wenn schon mehr als ein Advertorial in einer Ausgabe enthalten ist, sollte in dieser Ausgabe zumindest der Anteil an Freianzeigen und Eigenanzeigen verschwindend gering sein.
- Das Unternehmen, das im Advertorial Werbung betreibt, sollte möglichst nicht mehr im redaktionellen Teil einen Artikel publizieren, ansonsten liegt der Verdacht nahe, dass es sich hier eigentlich um zwei Advertorials handelt: Ein bezahltes und ein Gefälligkeitsadvertorial.
- Auch die Advertorials sollten journalistisch redigiert und dem Stil der Zeitschrift angepasst werden.

Werden diese Grundregeln beachtet, ist die Verwendung von Advertorials zur Finanzierung der Zeitschrift durchaus zulässig und schadet nicht dem Renommee des Verlages.

1.5.4 Auswirkungen von Freianzeigen

Freianzeigen nehmen Platz weg

Freianzeigen nehmen zunächst einmal Platz weg, der sonst für redaktionelle Beiträge zur Verfügung gestanden hätte. So muss man es aus Sicht der Pressearbeit sehen, denn wenn es eine bezahlte Anzeige wäre, würde sie zwar ebenfalls Platz wegnehmen, andererseits wieder Budget und damit Platz für zusätzliche redaktionelle Beiträge schaffen.

Betrachten wir die obigen Ausführungen zu Freianzeigen, so wird auch klar, dass hier kein Ende in Sicht ist, da sie in vielerlei Hinsicht eine Art Rettungsanker für die Verlage darstellen. Daher wird nach wie vor der Platz für redaktionelle Beiträge enger und enger. Eigenanzeigen (zum Beispiel für vom Verlag veröffentlichte Studien) verschärfen diese Situation noch zusätzlich.

Schwierigkeiten für kleine Unternehmen

Des Weiteren wird die Pressearbeit für kleinere Unternehmen schwieriger, denn leider liegt es in der Natur der Sache bzw. hängt es von der Größe des Marketingbudgets ab, welches Unternehmen Freianzeigen zugesprochen bekommt. Dies sind derzeit leider nun mal diejenigen, die ohnehin Anzeigen schalten und somit ohnehin schon gut in der Presse vertreten sind.

1.5.5
Auswirkungen der Wechselwirkung zwischen Anzeigengeschäft und redaktioneller Pressearbeit

Schwerwiegende Auswirkungen

Die nicht mehr zu verleugnende Wechselwirkung zwischen Anzeigengeschäft und redaktioneller Pressearbeit hat schwerwiegende Auswirkungen auf die Pressearbeit. Da werden schon manchmal Redakteure selber zu Anzeigenverkäufern und fragen offen und direkt, ob denn der redaktionelle Beitrag, den man soeben angeboten hat, durch eine Anzeige flankiert wird. Dies hätte sicherlich dann einen positiven Effekt auf die Abdruckswahrscheinlichkeit.

Die Großen profitieren

Letztendlich leiden darunter mal wieder die kleineren Unternehmen, die, wenn überhaupt, nur ein minimales Anzeigenbudget zur Verfügung haben, das vielleicht für einige wenige 1/9-tel Anzeigen ausreicht. Auf der anderen Seite profitieren die Großen wie IBM, HP, Microsoft und so weiter, die nach wie vor mit ganzen Kampagnen die ja nun kleiner gewordene IT-Medienlandschaft überschütten.

Doch eins soll an dieser Stelle ganz klar gesagt werden: Ohne diese Anzeigenkampagnen der Großen gäbe es überhaupt keine Zeitschriften mehr – und damit dann auch keine Pressearbeit! Der hehre Ansatz der völligen Unabhängigkeit zwischen Anzeigenschaltung und redaktionellen Inhalten ist jedoch schon längst nicht mehr Realität, dafür ist die Krise in der Branche einfach zu groß.

Verlängerter Arm der Marketingabteilungen

Natürlich wird die Gefahr immer größer, dass in einem schleichenden Prozess die Verlage mehr und mehr zum verlängerten Arm der Marketingabteilungen werden. Renommierte Verlage mit seriösen Zeitschriften und Magazinen werden aber auf die Dauer mit ihrer Art der halbwegs unabhängigen Berichterstattung überleben, da letztendlich der Leser entscheidet – und der mag neben der ganzen Werbung ab und zu auch einmal etwas Inhalt!

1.5.6
Fazit

Qualität setzt sich durch

Die Krise innerhalb der Medienlandschaft hat erhebliche Auswirkungen auf die Pressearbeit der IT-Unternehmen. Doch trotz aller negativer Aspekte – einen Vorteil hat die derzeitige Situation: Jetzt setzt sich die wirkliche Qualität durch. Es hat in den letzten Jahren zu viele schlechte Artikel in schlechten Magazinen gegeben – heutzutage werden sowohl die Qualität der Artikel (seitens der Redakteure) als auch die Qualität der Zeitschriften und Magazine (seitens der Anzeigen schaltenden Unternehmen) genauestens geprüft. Man kann auch sagen, dass eine gesunde Marktbereinigung stattfindet, die irgendwo auch notwendig war.

1.6 Ausblick

Im nächsten Kapitel wollen wir zunächst auf die elementaren Hilfsmittel eingehen, die für die Pressearbeit zur Verfügung stehen. Danach gehen wir auf die unterschiedlichen Ergebnistypen der Pressearbeit innerhalb der IT-Branche ein, deren gesunder Mix ein Optimum an Erfolg für die Pressearbeit darstellt. Um dies zu untermauern stellen wir einige Nutzwertanalysen vor.

Im Anschluss betrachten wir ein heikles Thema innerhalb des Marketings: Das Führen von Statistiken! Sie sind eine wichtige Grundlage für die vorausschauende Planung der Pressearbeit, können jedoch auch zu Missbrauch führen.

2 Elementare Hilfsmittel der Pressearbeit

2.1 Einführung

Viele Hilfsmittel verfügbar

Für die Pressearbeit – unabhängig davon, ob sie von einem Unternehmen selbstständig durchgeführt wird oder ob man eine Presseagentur hinzuzieht – stehen eine Reihe von Hilfsmitteln zur Verfügung. Zu unterscheiden sind dabei einmal externe Hilfsmittel, also solche, die bereits existieren und die man benutzt, und einmal interne Hilfsmittel, die man sich erst erstellen muss.

Interne und externe Hilfsmittel

In diesem Abschnitt betrachten wir zunächst die Mediadaten als externes Hilfsmittel. Wir hatten ja bereits im vorherigen Kapitel die Mediadaten und deren Inhalte unter dem Aspekt der Anzeigenschaltung kurz erwähnt. Danach gehen wir auf den Presseverteiler (internes Hilfsmittel) ein und darauf, in welcher Form (also mit welchen Attributen) Redakteure und Journalisten dort gespeichert werden müssen, wie man an die entsprechenden Daten herankommt und mit welchem Tool ein derartiger Presseverteiler gepflegt werden kann.

Clippingliste

Die Clippingliste ist ein weiteres internes Hilfsmittel, das dazu genutzt wird, um eine Übersicht über sämtliche redaktionellen Erwähnungen zu erhalten. Wir stellen vor, wie eine solche Clippingliste zu führen ist und welche Attribute hier gespeichert werden müssen.

Im Anschluss gehen wir auf den Publikationskalender ein, der eine Jahresübersicht über alle erscheinenden Clippings gibt, also:

- Artikel
- Meldungen
- Marktübersichten
- Interviews
- Anzeigen
- usw.

Publikationskalender ist das zentrale Steuerungselement

Der Publikationskalender ist das zentrale Steuerungselement der Pressearbeit und dient nicht nur der internen, sondern auch der externen Kommunikation, zum Beispiel mit einer Presseagentur oder freien Journalisten.

2.2 Die Mediadaten

2.2.1 Einführung

Mediadaten werden von jedem IT-Magazin veröffentlicht. Sie geben Auskunft über alles Wissenswerte hinsichtlich der Publikation, angefangen von der Auflage über Anzeigenpreise bis hin zu kommenden Themenschwerpunkten. Mediadaten sind meist in gedruckter Form oder als PDF erhältlich.

Informationsmedium: Mediadaten

Die meisten Verlage versenden ihre Mediadaten automatisch an die Marketingabteilungen der jeweiligen Unternehmen[18]. Man kann sie aber auch von nahezu jeder Webseite des entsprechenden Verlages herunterladen. Der einfachste Weg, sich Mediadaten zu beschaffen, ist über die Webseite der LAC[19] möglich. Unter der Adresse http://www.lac.de/bestellen/fsmdorder.htm können die Mediadaten aller LAC-geprüften Magazine bestellt werden. Wir werden im weiteren Verlauf dieses Buches noch öfter auf die LAC näher eingehen.

---

[18] Dabei sind aber weniger die Presseverantwortlichen als Zielpersonen gedacht, sondern vielmehr die Mediabeauftragten, also diejenigen Mitarbeiter im Marketing, die für die Schaltung von Anzeigen verantwortlich sind. Häufig ist das der Marketingmanager selbst.

[19] Ein wichtiges Hilfsmittel, um sich einen Überblick über die doch recht umfangreiche Landschaft an IT-Zeitschriften zu machen, ist die Arbeitsgemeinschaft LAC. Die LAC wurde 1989 gegründet, um den Wunsch von Werbungtreibenden und Agenturen nach Leistungsnachweis und Planungsdaten für den Computermarkt umzusetzen. Sie ist eine zeitlich befristete Arbeitsgemeinschaft zum Zweck der Durchführung der Markt- und Leseranalyse Computerpresse. Die Arbeitsgemeinschaft LAC hat – nach einigen Vorerhebungen und Pretests – im Jahr 1994 erstmals eine vergleichende Markt-Media-Studie vorgelegt. Die LAC besteht derzeit aus 14 Trägerverlagen mit 30 teilnehmenden Titeln.

2.2.2
Unterschiedliche Arten von Mediadaten und deren Inhalte

2.2.2.1
Einleitung

Je nach Erscheinungsweise (wöchentlich oder monatlich) eines IT-Magazins existieren auch unterschiedliche Mediadaten. Generell sind dabei zu unterscheiden:

Zwei unterschiedliche Arten

- Mediadaten, die einmal jährlich veröffentlicht werden,
- Mediadaten, die in regelmäßigen Abständen (meist quartalsweise) publiziert werden.

Im Folgenden wollen wir kurz auf die Inhalte dieser beiden unterschiedlichen Mediadatentypen eingehen.

2.2.2.2
Jährlich erscheinende Mediadaten

Die jährlich erscheinenden Mediadaten werden meist in Form einer DIN-A5-Broschüre veröffentlicht und beinhalten die folgenden Informationen[20]:

Inhalte jährlicher Mediadaten

- Eine allgemeine Beschreibung des Magazins – wo es im breit gefächerten Themenkomplex der Informationstechnologie einzuordnen ist, welche typische Leserschaft es hat, usw.
- Terminliche Angaben – zu unterscheiden sind dabei die folgenden Termintypen:
  - Redaktionsschluss – bis zu diesem Termin müssen alle Inhalte bei der Redaktion eingetroffen sein, die redaktioneller Natur sind, also Artikel, Pressemeldungen, dazugehöriges Bildmaterial usw.
  - Anzeigenschluss – bis zu diesem Termin müssen alle Anzeigenbuchungen vorliegen. *Anzeigenschluss*
  - Druckunterlagenschluss (DUS) – bis zu diesem Termin müssen alle gebuchten Anzeigen in reprofähiger Form bei der Druckerei des Verlages vorliegen. *Druckunterlagenschluss*
- Themenschwerpunkte – hier wird für jede Ausgabe ein Themenschwerpunkt definiert. Leider geben nicht alle Zeitschriften ihre Themenschwerpunkte bereits ein Jahr im Voraus an, um sich ein gewisses Maß an Flexibilität zu bewahren. Dies er- *Themenschwerpunkte*

[20] Natürlich veröffentlicht jeder Verlag seine Mediadaten in einer eigenen Art und Weise, die hier beschriebenen Inhalte sind jedoch in nahezu allen Mediadaten zu finden.

schwert sowohl Presse- als auch Mediaagenturen die langfristige Planung und erhöht zusätzlich den Rechercheaufwand.

Anzeigenformate

- Anzeigenformate – hier werden alle möglichen Anzeigenformate, die das Magazin zur Verfügung stellt, in einer Übersicht (mit Anschnitt) dargestellt. Gerade hier waren einige Magazine in den letzten Monaten recht phantasievoll und bieten außergewöhnliche Formate an, wie bereits in Abbildung 4 dargestellt, (angefangen von einem T über ein großes Dreieck über 2 Seiten bis hin zu einem Kasten in der Seitenmitte einer Doppelseite). Was tut man nicht alles, um Kunden zu halten oder neue Kunden zu finden...

Anzeigenpreise

- Anzeigenpreise und Preisstaffeln – hier wird die Preisgestaltung dargelegt, die Erfahrung hat jedoch gezeigt, dass diese Übersicht oft von Mondzahlen geprägt ist. Mit ein wenig Verhandlungsgeschick ist man sehr schnell jenseits der 50%-Marke angelangt. Auch bei den Malstaffeln ist durchaus noch Spielraum.

Messeübersichten

- Messeübersichten – viele Magazine fügen die gängigsten Messen in ihre Mediadaten mit ein, um ihren Anzeigenverkäufern gleich die richtigen Verkaufsargumente mitzuliefern, da Messen immer beliebte Anlässe zum Schalten von Anzeigen sind.

LAC-Ergebnisse

- LAC-Ergebnisse – um den Stellenwert des Magazins zu erhöhen und sich gegenüber dem Wettbewerb abzugrenzen, veröffentlichen einige Magazine Ergebnisse der letzten LAC-Analyse. Es erübrigt sich zu erwähnen, dass das jeweilige Analyseergebnis das Magazin überaus positiv erscheinen lässt. Mehr zum Thema LAC, Statistiken und Analyse ist dem weiteren Verlauf dieses Kapitels zu entnehmen.
- Kontaktadressen – die wichtigsten Ansprechpartner der Magazine – allen voran die Anzeigenverkäufer – werden in diesem Abschnitt vorgestellt. Einige Magazine publizieren hier auch ihre Redakteure, was sehr zu begrüßen ist.

Layout ist wichtig

Die Verlage legen auf das Layout – also das äußere Erscheinungsbild der Mediadaten – großen Wert, schließlich handelt es sich hier um Verkaufsmaterial. Dementsprechend aufwändig ist die Gestaltung. Die meisten Mediadaten sind auch noch mit Grafiken versehen, die der LAC entnommen wurden und Vergleiche mit anderen Zeitschriften und Magazinen vornehmen, wo man besonders positiv abgeschnitten hat.

2.2.2.3
Monatlich oder quartalsmäßig erscheinende Mediadaten

Angabe von Themenschwerpunkten

Die von einigen Magazinen versendeten monatlichen/quartalsmäßigen Mediadaten hingegen beschränken sich meist auf eine Art Zusammenfassung der nächsten redaktionellen Themenschwerpunkte und sind eher nüchtern und thematisch ohne irgendwelche Layoutaspekte verfasst. Sie dienen dazu, noch „im letzten Moment" die Mediaplanung zu überdenken und vielleicht eine bisher nicht geplante Anzeige zu schalten.

Da zu diesem Zeitpunkt die redaktionellen Inhalte bereits feststehen und viele (eigentlich die meisten) Artikel und Beiträge bereits beauftragt sind, ist es hier für die Presseverantwortlichen relativ schwierig, noch einen redaktionellen Beitrag zu integrieren. Dies wird ersichtlich, wenn man den im weiteren Verlauf dieses Buches dargestellten zeitlichen Ablauf einer Artikelplatzierung betrachtet.

2.2.3
Auswertung von Mediadaten

Statistische Informationen

Wir werden am Ende von Kapitel 4 nochmals genauer auf das Thema Auswertungen, Analysen und Statistiken hinsichtlich der gesamten Pressearbeit eingehen. An dieser Stelle möchten wir uns nur auf die Auswertung der Mediadaten konzentrieren. Welche statistischen Informationen können aus Mediadaten gewonnen werden?

Es wird ziemlich schnell offensichtlich, welche Themen im nächsten Jahr Schwerpunkt sein werden. Zu unterscheiden sind dabei Modethemen, die jedes Jahr behandelt werden, weil sie eine Art „Dauerbrenner" darstellen (wie zum Beispiel Total Cost of Ownership (TCO) oder Projektmanagement) und Themen, die bisher eher im Hintergrund der Berichterstattung standen und nun mehr Aufmerksamkeit erhalten. Natürlich ist damit auch immer ein gewisser Blick in die Glaskugel seitens der Redaktion verbunden (besonders dann, wenn es sich um jährlich erscheinende Mediadaten handelt), aber es lässt sich auf alle Fälle ein Trend erkennen.

Übereinstimmung zwischen eigenem Portfolio und der künftigen Berichterstattung

Somit besteht nun die Herausforderung für die Presseverantwortlichen eines Unternehmens und die Presseagentur, eine Übereinstimmung zwischen dem eigenen Portfolio und der künftigen Berichterstattung der Presse zu finden. Dabei kann man durchaus etwas Phantasie an den Tag legen. Häufig werden die Schwerpunktthemen der Redaktionen sehr weit gefasst, um sich eine gewisse Flexibilität bei der letztendlichen Heftgestaltung zu bewahren. Beispiel: Qualitätssicherung – hier können Artikel platziert werden, die entweder nur Teilbereiche der Qualitätssicherung betreffen, wie zum Beispiel ein Beitrag oder Anwenderbericht über das Thema „Testen von Software“ oder auch übergeordnete Beiträge, wie zum Beispiel ein Artikel über Prozessmodelle, in denen Qualitätssicherung ja auch eine Rolle spielt.

Wir kommen weiter unten noch auf den Publikationskalender zu sprechen. Der wesentliche Input für den Publikationskalender stammt aus den Mediadaten, da hier als Meilensteine die jeweiligen Redaktionsschlusstermine zu entnehmen sind. Unabhängig davon, ob nun das Schwerpunktthema derzeit für das Unternehmen von Interesse ist oder nicht – ist das Magazin für das Unternehmen interessant, so muss der Redaktionsschluss jeder Ausgabe in den Publikationskalender übernommen werden. Das hat mehrere Gründe:

Unterschiedliche Gründe für die Aufnahme der Redaktionsschlusstermine

- Themenschwerpunkte von Magazinen können sich aus aktuellem Anlass ändern.
- In den Mediadaten stehen meist nur die Schwerpunktthemen, es werden aber in jeder Ausgabe weitere Themen behandelt.
- Auch das Angebotsportfolio eines Unternehmens kann sich im Laufe eines Jahres durchaus ändern. Plötzlich werden dann Themenschwerpunkte interessant, die bisher nicht im Mittelpunkt standen.
- Bei der Versendung von wichtigen Pressemitteilungen kann der Redaktionsschluss eines „Schlüsselmagazins“ durchaus eine Rolle spielen.
- usw.

Erstverkaufstag ist wichtig

Neben dem Redaktionsschluss spielt natürlich auch der Erstverkaufstag, also der Termin, an dem das Magazin am Kiosk erhältlich ist, eine Rolle. Schließlich ist das der Tag, an dem Kunden und Interessenten einen redaktionellen Beitrag zu lesen bekommen. Ebenfalls von Bedeutung ist der DUS (Druckunterlagenschluss); dies ist definitiv der letzte Termin, an dem ein Verlag noch irgendwelchen Input für die aktuelle Ausgabe integrieren kann. Allerdings betrifft dieser Termin in der Regel keine redaktionellen Beiträge mehr, sondern nur noch die Anzeigen[21]. Typisch dafür ist,

---

[21] Nur in Ausnahmefällen ist es möglich, hier noch einen redaktionellen Beitrag abzuliefern. Voraussetzungen: Man kennt den Redakteur extrem gut und es handelt sich um ein Thema, das WIRKLICH wichtig und von allgemeinem Interesse ist. Ferner ist der „Platzbedarf“, den dieser Beitrag innerhalb des Magazins in Anspruch nehmen wird, klar

dass die Anzeigen auch nicht an den Verlag, sondern direkt an die Druckerei geliefert werden.

Publikationskalender wird unübersichtlich

Die oft in den Mediadaten enthaltenen Angaben über Messetermine sind ebenfalls für die Pressearbeit von Bedeutung, allerdings ist hier darauf zu achten, ob diese wirklich in den Publikationskalender mit übernommen werden, oder ob es sinnvoller ist, hier eine Schnittstelle zum Eventkalender zu haben. Je nach Anzahl der Events, die ein Unternehmen durchführt, wird dann nämlich der Publikationskalender schnell unübersichtlich.

Aber auch ohne die Übernahme der Messetermine ist der Publikationskalender nach der Analyse aller relevanter Mediadaten schon sehr voll: Geht man von ca. 4 für ein Unternehmen relevanten Zeitschriften aus mit durchschnittlich 12 Ausgaben im Jahr, so hat man hier schon alleine für den jeweiligen Redaktionsschluss, den Erstverkaufstag und den Druckunterlagenschluss insgesamt 144 Einträge im Publikationskalender.

2.2.4 Fazit

Entscheidungsgrundlage für die Anzeigenschaltung

Die Mediadaten von IT-Zeitschriften und -Magazinen dienen in erster Linie als Entscheidungsgrundlage für die Anzeigenschaltung eines Unternehmens. Es sind jedoch auch eine Reihe von nützlichen Angaben für die Pressearbeit enthalten, die die Grundlage für den Publikationskalender darstellen. Eine gewissenhafte Analyse der Mediadaten und die damit verbundene Auswertung ist für die erfolgreiche Pressearbeit unerlässlich. Die wichtigsten Erkenntnisse, die aus den Mediadaten gewonnen werden können, sind:

- Die zukünftigen Themen der redaktionellen Berichterstattung der Magazine
- Die preisliche Entwicklung der Anzeigen, Beilagen und Beihefter
- Alle relevanten Termine, besonders der jeweilige Redaktionsschluss der unterschiedlichen Ausgaben

---

definiert. Üblicherweise funktioniert so etwas nur bei Pressemeldungen, nicht bei Artikeln. In der Regel sollte man von einer Ablieferung eines Beitrages zu diesem Zeitpunkt definitiv absehen, da er einen erheblichen Arbeitsaufwand für den Redakteur bedeutet.

2.3
Der Presseverteiler

2.3.1
Einführung

Grundlage jeder Pressearbeit

Der Presseverteiler ist die Grundlage jeder Pressearbeit. Vereinfacht ausgedrückt, ist der Presseverteiler die Datenquelle für Serienbriefe (Pressemeldungen) an Redakteure und Journalisten. In diesem Abschnitt wollen wir darauf eingehen, wie ein Presseverteiler aufgebaut wird, welche Möglichkeiten bestehen, um an die notwendigen Daten der Redakteure und Journalisten zu gelangen und in welcher Form ein Presseverteiler gespeichert wird, um eine professionelle Arbeitsweise zu gewährleisten.

2.3.2
Aufbau eines Presseverteilers

Den Aufbau eines Presseverteilers kann man sich zunächst als einfache Exceldatei vorstellen. Beschäftigen wir uns zunächst einmal mit den wichtigsten Attributen, die über einen Journalisten oder Redakteur in einem Presseverteiler festgehalten werden sollten. Diese wären im Einzelnen:

Wichtige Attribute von Journalisten oder Redakteuren

- Name und Vorname sowie Titel des Journalisten oder Redakteurs
- Der Verlag, bei dem der Redakteur beschäftigt ist
- Das Magazin, für das der Redakteur verantwortlich ist
- Die Ausrichtung des Magazins (technisch oder Management, Fachartikel oder Erfahrungsberichte)
- Das Ressort, in dem der Redakteur angesiedelt ist (sofern vorhanden)
- Der Themenschwerpunkt, der dem Redakteur zugeordnet ist (sofern eine solche Zuordnung existiert)
- Die Anschrift des Redakteurs (Postanschrift)[22]
- Telefon (dienstlich, privat und Handy)
- Die E-Mail-Adresse

[22] Diese muss nicht unbedingt mit der Verlagsanschrift übereinstimmen

- Ein Bemerkungsfeld, dieses ist hauptsächlich für Journalisten vorgesehen, die nicht für eine bestimmte Zeitschrift oder ein bestimmtes Magazin schreiben, sondern für unterschiedliche Organe. Hier ist dann aufzuführen, für welche Zeitschriften der Journalist tätig ist.

Bemerkungsfeld nicht vergessen

Abbildung 7 gibt ein Beispiel, wie eine entsprechende Dateneingabemaske aussehen könnte:

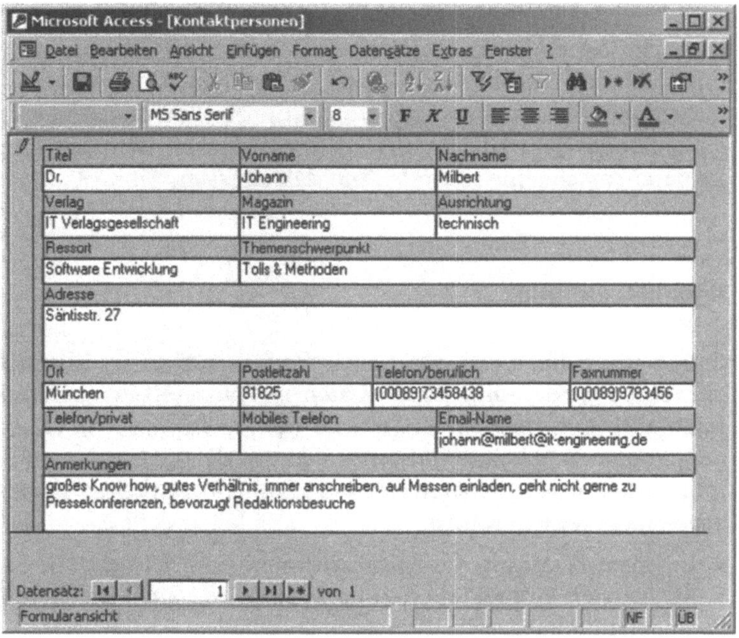

Abbildung 7: Beispiel für die Datenerfassung eines Redakteurs (Stammdaten)

Aber diese Daten sind nur die Kerndaten (Stammdaten), wichtig sind auch Erfahrungs- und Gesprächsberichte. Im Einzelnen sollten die folgenden zusätzlichen Informationen über jeden Journalisten und Redakteur geführt werden:

Zusätzliche Informationen

- Letzter Kontakttermin
- Art des Kontaktes, hier wäre zu unterscheiden zwischen:
  - Telefonischem Kontakt
  - Kontakt per E-Mail
  - Persönlichem Gespräch
  - Interview
  - Teilnahme an einer Pressekonferenz

- Kurze Personenbeschreibung, hier sollten Angaben stehen bezüglich:

Was macht der Redakteur?

  - Zuständigkeit im Verlag
  - Einstellung zum Unternehmen
  - Fachlichem Hintergrund
  - Ob er zu Pressekonferenzen geht
  - Ob er öfters über einen Wettbewerber schreibt
  - In welchen Mailings er integriert werden soll
  - usw.

Kontaktinformationen im Bemerkungsfeld ausreichend

Es reicht jedoch in der Regel aus, solche Kontaktinformationen innerhalb des in Abbildung 7 dargestellten Bemerkungsfeldes zu integrieren. Nur für Presseagenturen, die ein und denselben Redakteur oder Journalisten aus unterschiedlichen Gründen kontaktieren, macht eine separate Datenfelderfassung Sinn.

2.3.3 Datenbeschaffung

Entscheidend für die Qualität eines Presseverteilers ist einerseits die Aktualität der enthaltenen Daten und andererseits die Vollständigkeit der erfassten Redakteure und Journalisten. Doch wie gelangt man an die notwendigen Daten von den Redakteuren und Journalisten? Hier existieren eine Reihe von Möglichkeiten, die alle angewendet werden sollten:

Verschiedene Möglichkeiten

- In jedem IT-Magazin existiert ein Impressum, oft auch in den Mediadaten. Anhand dieses Impressums kann man sich bereits eine sehr umfangreiche Kontaktliste aufbauen.
- Nahezu jedes IT-Magazin hat auch eine entsprechende Webpräsenz. Hier findet man alle notwendigen Kontaktdaten, viele Verlage sind hier sehr professionell und bieten neben den üblichen Kontaktdaten auch weitereichende Beschreibungen der Journalisten und Redakteure an. Ein Beispiel der Zeitschrift *Elektronik* gibt Abbildung 8.

Abbildung 8: Vorbildliche Darstellung der Redaktion durch ein IT-Magazin

- Auf Messen und Kongressen hat man die Gelegenheit zahlreiche Journalisten und Redakteure persönlich kennen zu lernen und Visitenkarten auszutauschen[23]. Hier ist in erster Linie die CeBIT zu nennen, denn die meisten Verlage sind auf der CeBIT vertreten, auch wenn hauptsächlich die Anzeigenverkäufer am Stand anzutreffen sind, ein Probeexemplar erhält man immer. Aus dem Impressum können dann die entsprechenden Kontaktdaten übernommen werden. Im Idealfall kann direkt auf der Mes-

[23] Dabei ist aber zu berücksichtigen, dass die Journalisten und Redakteure auf Messen stets unter massivem Stress stehen, da sie oft nur kurz vor Ort sind und dann von Pressekonferenz zu Pressekonferenz eilen, um die wichtigsten Informationen zu sammeln. Zeit für einen gemütlichen Plausch bleibt da allenfalls abends.

se bereits ein erster Kontakt hergestellt werden, sofern der Redakteur vor Ort ist.

Austausch des Presseverteilers

- Eine weitere Möglichkeit der Optimierung des Presseverteilers ist darin zu sehen, dass man mit seinen Partnerunternehmen diese gegenseitig austauscht[24].
- Das konkrete Kaufen von Redaktionsadressen ist die schnellste, aber auch kostspieligste Möglichkeit des Aufbaus eines individuell zugeschnittenen Presseverteilers. Möglichkeiten dazu findet man unter: www.guerilla-pr.de/presseverteiler.html. Dabei ist darauf zu achten, dass man sich nicht einfach eine Excelliste besorgt, sondern wirklich einen auf sich persönlich angepassten Verteiler erstellen lässt. Es ist also auf keinen Fall mit dem alleinigen Zukauf der Adressen getan, ein gewisser Consultingaufwand existiert zusätzlich.

Artikelverfolgung ist sehr aufwändig

- Eine ziemlich aufwändige Rechercheart ist die Artikelverfolgung über einen längeren Zeitraum; hierbei handelt es sich um eine mühselige akribische Kleinarbeit, die aber notwendig ist, um auch an die Kontaktdaten der freien Journalisten zu gelangen. Viele Magazine arbeiten hauptsächlich mit freien Journalisten[25], erscheint also ein Artikel, der zu dem Dienstleistungs- oder Produktportfolio des Unternehmens passt, so ist der freie Journalist in die Kontaktdatenbank mit aufzunehmen. Meist ist jedoch ein Anruf bei der Redaktion erforderlich, da die Kontaktdaten nicht dem Artikel zu entnehmen sind. Ob die Redaktion dann auch die entsprechenden Kontaktdaten bekannt gibt, ist unsicher.

Individueller Aufbau ist wichtig

Es sei an dieser Stelle erwähnt, dass der individuelle Aufbau eines Presseverteilers in jedem Fall zu Beginn der Pressearbeit vorgenommen werden muss – unabhängig davon, ob man nun mit einer Presseagentur zusammenarbeitet oder nicht. Eine Presseagentur verfügt zwar über einen bzw. mehrere Presseverteiler, doch die optimale Lösung für ein Unternehmen ist immer ein spezifischer, auf das Portfolio des Unternehmens angepasster Presseverteiler.

---

[24] Dies ist dann gleich auch ein guter Test für die Qualität der Partnerschaft.

[25] Der IT Verlag beispielsweise hat für seine Publikationen IT Fokus, IT Management und IT Security jeweils nur einen Chefredakteur beschäftigt. Die Artikel werden in erster Linie von freien Journalisten gestellt.

2.3.4
Datenhaltung und Einsatz des Presseverteilers

Mehr als „nur" Datenquelle

Die meisten Unternehmen (und auch Presseagenturen) nutzen den Presseverteiler lediglich als Datenquelle für die Versendung von Pressemeldungen. Doch ein Presseverteiler kann noch wesentlich umfangreichere Hilfestellungen leisten, sofern er entsprechend flexibel gestaltet ist und über eine entsprechende Datenhaltung verfügt. Bereits zuvor wurde differenziert zwischen den Stammdaten von Redakteuren und Journalisten, die für die Versendung von Pressemitteilungen benötigt werden, und erweiterten Daten, die eine vollständige Kontaktverfolgung gestatten.

Vertriebsinformationssystem

Im Prinzip ist es möglich, den Presseverteiler derart zu gestalten, dass er einem Vertriebsinformationssystem (VIS) entspricht. Man kann also anstatt der Excelliste auch ein derartiges System, wie zum Beispiel Act, zum Einsatz bringen oder – mit etwas mehr Aufwand – man erweitert seine Excelliste zu einer Access-Datenbank mit den entsprechenden Eingabemasken und automatisierten Auswertungsmechanismen.

Eine Besonderheit hinsichtlich der Führung des Presseverteilers liegt vor, wenn das Unternehmen einen branchenorientierten Fokus hat. In diesem Fall ist zumindest die Excel-Datei, die zur Versendung der Pressemitteilungen genutzt wird, zweidimensional zu führen. Das bedeutet, dass alle Journalisten und Redakteure ein zusätzliches Attribut erhalten, in welcher Branche das entsprechende Magazin anzusiedeln ist.

Branchenorientierte Pressemeldung

Diese Vorgehensweise hat den Vorteil, dass bei einer branchenorientierten Pressemeldung die Aussendung vereinfacht wird und gewährleistet ist, dass jeweils die richtige Meldung an den richtigen Journalisten bzw. Redakteur versendet wird.

Dabei ist zu beachten, dass die branchenübergreifenden Magazine, wie zum Beispiel die *iX* oder die *Computerwoche*, mit einem bestimmten Attribut versehen werden, so dass sie in jedes Mailing mit aufgenommen werden.

2.3.5
Fazit

Der Presseverteiler dient in erster Linie als Grundlage (Datenquelle) für die Versendung von Pressemeldungen. Die erstmalige Erstellung des Presseverteilers erfordert ein wenig Rechercheaufwand, der sich aber später mehr als auszahlt. Besonders wertvoll wird der Presseverteiler, wenn er etwas komplexer in Form eines

Vertriebsinformationssystems angelegt wird und zur Kontaktpflege der Journalisten und Redakteure genutzt werden kann.

2.4 Die Clippingliste

2.4.1 Allgemeines zur Clippingliste

Alle redaktionellen Erwähnungen

Ein weiteres elementares internes Hilfsmittel der Pressearbeit ist die Clippingliste. Sie beinhaltet alle redaktionellen Erwähnungen eines Unternehmens und stellt somit eine Art kontinuierliches Verfolgungssystem des Erfolgs der Pressearbeit eines Unternehmens oder einer Presseagentur dar.

In diesem Abschnitt gehen wir darauf ein, wie eine Clippingliste zu initialisieren und anschließend zu pflegen ist und welche möglichen Auswertungen auf Basis dieser Clippingliste vorgenommen werden können.

2.4.2 Pflege der Clippingliste

Eine Clippingliste lässt sich ohne weiteres in Excel führen, solange die Anzahl der Clippings eine gewisse Größe nicht übersteigt[26]. Dies dürfte jedoch bei den allerwenigsten Unternehmen der Fall sein. Zur Erfassung eines Clippings sollten die folgenden Kennzahlen gespeichert werden:

Kennzahlen einer Clippingliste

- Erscheinungsdatum
- Verlag
- Magazin
- Ausgabe
- Titel des Clippings
- Gegebenenfalls Untertitel des Clippings

[26] Zum Beispiel wird Microsoft aufgrund der Vielzahl an täglichen Clippings hier sicherlich eher auf eine Datenbank zurückgreifen müssen.

- Autor[27]
- Autor bekannt (ja/nein)[28]
- Tenor (positiv/neutral/negativ – Erwähnung)[29]

Unternehmensspezifische Anpassung

Bis zu diesem Punkt sieht die Clippingliste für alle Unternehmen gleich aus, ab jetzt folgt eine unternehmensspezifische Anpassung der Clippingliste, die sich am Angebotsportfolio des Unternehmens orientiert. Wir führen in diesem Beispiel die Attribute der Clippingliste eines Unternehmens auf, das mehrere Produkte im Bereich des Software-Engineerings anbietet:

Thema des Clippings

- Thema des Clippings – in unserem Beispiel wären mögliche Themen zum Beispiel: Anforderungsmanagement, Testen, Entwicklungsumgebungen usw. Es ist wichtig, dass bei der Initialisierung der Clippingliste eine Übersicht erstellt wird, zu welchen Themen Artikel erscheinen können, in denen das Unternehmen, Produkt oder die angebotene Dienstleistung aufgeführt werden könnten. Dies wird direkt zu Beginn noch nicht vollständig sein und im Laufe der nächsten Wochen und Monate noch erweitert werden.

Erwähntes Produkt

- Erwähntes Produkt – da unser Beispielunternehmen über mehrere Produkte in dem Umfeld des Software-Engineering verfügt, sind diese jeweils einzeln zu bewerten und anschließend zu analysieren.

Themenumfeld

- Themenumfeld – hier ist interessant festzuhalten, ob das Themenumfeld, in dem das Clipping erscheint, aus Sicht des Beispielunternehmens zum Kernbereich des Software-Engineerings gehört, ob ein Randgebiet Gegenstand der Betrachtung ist oder ob sogar ein völlig anderes Themengebiet behandelt wird und das Produkt mehr oder weniger zufällig hier mit hineingeraten ist.

---

[27] Zumindest wenn es sich um einen Artikel handelt, wird auch ein Autor angegeben, bei einer Kurznotiz oder Veranstaltungsmeldung ist dies nicht der Fall, hier ist dann als Autor „Redaktion“ einzutragen.

[28] Häufig schreiben Autoren (freie Journalisten), die weder dem Unternehmen noch der Presseagentur bekannt sind. Diese sind dann in den Presseverteiler mit aufzunehmen.

[29] Um später eine Auswertung der Clippingliste vornehmen zu können, wird hier mit diesen vier Werten gearbeitet. Erwähnung bedeutet, dass das Unternehmen oder ein Produkt des Unternehmens lediglich genannt wird, zum Beispiel in einer Marktübersicht oder in einem Veranstaltungshinweis.

Es existieren auch noch weitere Attribute, die wieder allgemeingültig sind. Diese gehen eher auf die Herkunft des Clippings ein. Die Betrachtung der Attribute ist wichtig, um künftig die Platzierung von Artikeln optimieren zu können:

Weitere Attribute

- Erwähnter Kunde (sofern es sich um einen Anwenderbericht oder Ähnliches handelt) – hat der Kunde den Bericht von sich aus verfasst oder wurde er diesbezüglich vom Unternehmen oder der Presseagentur angefragt?
- Angabe, ob persönlicher Kontakt zum Autor besteht – dies ist besonders dann wichtig, wenn es sich um einen freien Journalisten handelt, der häufig in diesem Themenumfeld Artikel verfasst.
- Angabe, ob das Erscheinen des Clippings dem Unternehmen im Vorfeld bereits bekannt war.
- Angabe, ob das Clipping von der Presseagentur oder dem Unternehmen selber platziert wurde. Diese Angabe ist mit ein Kontrollinstrument dafür, wie gut die Presseagentur arbeitet.

Gute Analysemöglichkeit

Auf diese Art und Weise lässt sich später eine gute Analyse hinsichtlich des Erfolgs der eigenen Pressearbeit durchführen. Es sei jedoch erwähnt, dass dies ein relativ aufwändiger Prozess ist, sofern ein Unternehmen viele Clippings produziert. Doch wie erfährt man überhaupt von Clippings? Natürlich weiß man, wann man wo einen Artikel platziert hat, das ist also weniger die Schwierigkeit, doch weiß man auch, wann irgendjemand über ein Produkt etwas geschrieben hat oder das Unternehmen innerhalb eines Beitrages erwähnt? Mit Sicherheit nicht! Ganz unmöglich nachzuverfolgen sind Pressemitteilungen. Diese werden ja an den gesamten Presseverteiler gesendet, zwar mit der Bitte um Zusendung eines Belegexemplars, wenn die Meldung abgedruckt wird, doch das machen die wenigsten Zeitschriften und Magazine.

Clippingagentur notwendig

Daher sollte man hier auf externe Unterstützung zurückgreifen und sich einer Clippingagentur bedienen. Diese arbeitet wie folgt: Man legt einen Kreis von zu beobachtenden Zeitschriften und Webauftritten (von Verlagen und Newsprovidern) fest und gibt typische Stichworte (zum Beispiel Name des Unternehmens und der Produkte) an. Die Clippingagentur verfügt über intelligente (elektronische) Suchmechanismen und sendet wöchentlich (oder monatlich, je nach Bedarf) die gefundenen Clippings als Kopie per Post oder als PDF per E-Mail an den Kunden. Bezahlt werden solche Agenturen in der Regel neben einem monatlichen Agenturhonorar anhand der gefundenen Clippings. Die Kosten halten sich halbwegs in Grenzen, sind natürlich stark abhängig von der Anzahl der gefundenen Clippings.

Solche Clippingagenturen stellen ein unverzichtbares Hilfsmittel zum Monitoring des Erfolgs der Pressearbeit dar. Üblicherweise bieten Presseagenturen diesen Clippingservice mit an, besonders wenn die hier beschriebene Auswertung der Clippings Inhalt der Leistungserbringung der Presseagentur ist.

Unverzichtbares Hilfsmittel zum Monitoring des Erfolgs

Es sei jedoch an dieser Stelle erwähnt, dass die Clippingauswertung von solch elementarer Bedeutung ist, dass sie nicht vollständig an die Presseagentur outgesourct werden sollte. Vielmehr sollte die Auswertung gemeinsam vorgenommen werden, besonders wenn es um wertende Aspekte geht. Hingegen die manuellen Eintragungen (also die Übertragung von Eckdaten wie Name, Artikel, Zeitschrift, etc.) in die Clippingliste können von der Presseagentur im Vorfeld vorgenommen werden.

2.4.3 Integration des Wettbewerbs

Für manche Unternehmen ist es sinnvoll, nicht nur die eigenen Clippings einem Monitoring zu unterziehen, sondern auch die Clippings des Wettbewerbs zu tracken. Es sei jedoch erwähnt, dass dies nicht nur aufwändig, sondern auch kostspielig ist. Dafür hat man jedoch einen wertvollen Überblick über das aktuelle Marktgeschehen innerhalb seiner Branche. Insbesondere dann, wenn man Marktführer in seinem Segment ist, lohnt sich die Überwachung des Wettbewerbs hinsichtlich der Präsenz in der Presse, da man so ein gutes Instrument zur Verfügung hat, um zu erkennen, ob sich einer der Wettbewerber in eine bestimmte Richtung verändert.

Clippings des Wettbewerbs tracken

In erster Linie ist das Überwachen der Wettbewerbsclippings jedoch auch ein psychologisches Mittel für die Marketingabteilung. So kann man hier vielen Vertriebsargumenten nachweislich widersprechen, die in die Richtung gehen, dass doch das Wettbewerbsprodukt viel bekannter auf dem Markt sei.[30]

Psychologisches Mittel

Wird eine Integration des Wettbewerbs angestrebt, müssen dazu lediglich die im Kapitel zuvor angesprochenen Suchworte für die Clippingagentur erweitert werden. Die Vorgehensweise ist dieselbe, die Kosten natürlich entsprechend höher. Hat man zum Beispiel IBM oder Microsoft zum Wettbewerb, ist dringend von einer

Auf die Kosten achten

[30] Dies ist eine typische Situation im Spannungsverhältnis Marketing und Vertrieb. Werden die geforderten Umsatzzahlen nicht erreicht, wird dies seitens des Vertriebs immer zunächst auf ein „schlechtes“ Marketing geschoben.

solchen Vorgehensweise abzuraten, da die Kosten astronomisch ansteigen dürften.

2.4.4 Auswertung der Clippingliste

2.4.4.1 Einführung

Auswertung der Clippingliste ist von besonderer Bedeutung

Von besonderer Bedeutung ist die Auswertung der Clippingliste. Wir haben ja bereits im Abschnitt zuvor die Clippingliste derart gestaltet, dass sie mit möglichst wenig Freitext und vielen Vorgabewerten versehen ist, so dass eine Auswertung vereinfacht wird. Ferner haben wir bereits darauf hingewiesen, dass die Auswertung immer in Zusammenarbeit mit der Presseagentur (sofern vorhanden) vorgenommen werden sollte und nicht dieser überlassen werden sollte.

Quartalsauswertung ist sinnvoll

Im Folgenden wollen wir die gängigsten Auswertungen vorstellen, die auf Basis einer Clippingliste vorgenommen werden können. Dabei sei hier als Zeitraum eine Quartalsauswertung angenommen, kürzere Auswertungszyklen machen nur wenig Sinn. Je nach Präsenz in der Presse sollten solche Auswertungen eventuell auch nur halbjährlich vorgenommen werden. Auf jeden Fall ist es sinnvoll zusätzlich jährliche Auswertungen durchzuführen, da diese einen guten Überblick geben.

Vergleich der Auswertungen

Im Anschluss beschäftigen wir uns mit den Vergleichen der Auswertungen, also wie verändert sich die Präsenz in der Presse über die Zeit? Die im Folgenden beschriebenen Auswertungen werden erst dann aussagekräftig, wenn man sie über einen gewissen Zeitraum miteinander vergleicht, da sich so auch ein Trend erkennen lässt.

2.4.4.2 Auswertung nach Anzahl der Clippings

Eine wichtige Auswertung ist die anhand der Anzahl der Clippings je Magazin über einen bestimmten Zeitraum, also in wie vielen Magazinen war man auf welche Art vertreten? Hier sind die folgenden Ergebnisse üblich:

Viele Magazine, aber wenige Clippings je Magazin

- Man ist in einer Vielzahl von Magazinen vertreten, jedoch immer nur mit einem oder zwei Clippings, es gibt kein Magazin, wo man öfters vertreten ist. Diese Situation liegt meist dann vor, wenn ein Unternehmen mit einer neuen Strategie in der Pressearbeit beginnt. Es konnte noch kein Magazin gefunden werden, das mit dieser Strategie konform geht, jedoch sind die Meldungen, Artikel usw. so verfasst, dass sie das Interesse der Redaktionen durchaus erregen. Fazit: Die breite Streuung ist ein erster wichtiger Schritt, nun müssen jedoch einige Magazine gefunden werden, die häufiger über das Unternehmen berichten. Die breite Streuung muss jedoch beibehalten werden. Abbildung 9 zeigt ein typisches Beispiel für eine solche breite Streuung. Dargestellt ist das Quartalsergebnis eines Kunden von Guerilla-PR. Es fällt auf, dass mit drei Magazinen (*Computerwoche, Objekt Spektrum* und *IT Fokus*) bereits eine optimale Zusammenarbeit existiert, die jeweils 6 Clippings erbrachte, auch mit der *Elektronik Embedded Systeme* läuft es sehr gut (4 Clippings).

- Man ist in einigen Magazinen häufig, in den meisten Magazinen jedoch gar nicht vertreten. Diese Situation liegt vor, wenn die Pressearbeit zu ermüden beginnt. Es handelt sich hier um ein deutliches Warnzeichen neue Wege zu gehen. Man hat zwar eine hervorragende Präsenz in einigen Medien, doch beschränkt sich diese Präsenz eben auch auf einen bestimmten Leserkreis. Die breite Streuung fehlt, was sich letztendlich auch auf die Neukundenakquise auswirken wird. Solche Situationen treten dann ein, wenn man sich mit einigen Redakteuren und Journalisten besonders gut versteht und den „bequemen" Weg geht und die Meldungen und Artikel so verfasst, wie diese sie bevorzugen. Diese Situation sollte zum Anlass genommen werden, der Presseagentur neue Ziele zu stecken.

Wenige Magazine, in manchen häufig

- Man ist in einigen Magazinen besonders häufig vertreten und verfügt ansonsten über eine breite Streuung. Hier liegt die Optimalsituation vor. Es ist nicht nur ein erheblicher Aufwand dafür notwendig, diese zu erreichen, es ist mindestens ebenso viel Aufwand erforderlich, um diese Situation beizubehalten.

Breite Streuung und in manchen häufig

- Man ist nur in wenigen Magazinen unregelmäßig vertreten. Hierbei handelt es sich um den „Normalzustand" zu Beginn der Pressearbeit. Ziel muss es sein, hier erst mal die breite Streuung zu erhöhen, bevor man sich mit der verstärkten Präsenz in einzelnen Wunschmagazinen befasst.

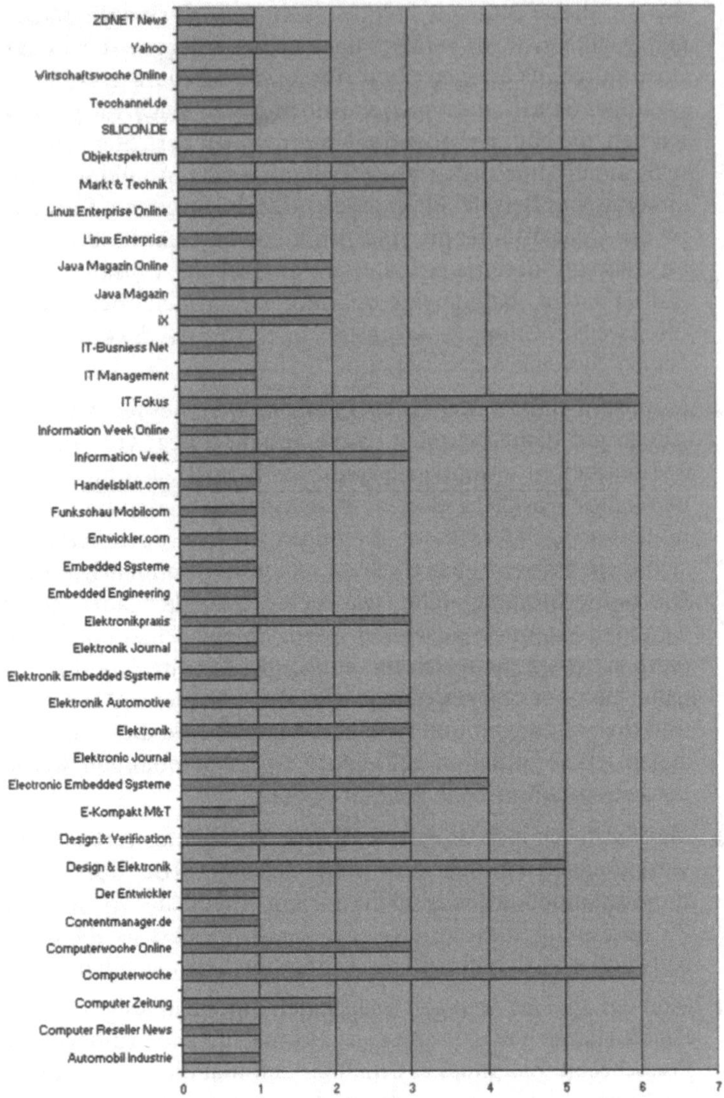

Abbildung 9: Beispiel für eine breite Streuung

2.4.4.3 Auswertung nach Magazinen

Individuelle Betrachtung der Magazine

Nach der allgemeinen magazinübergreifenden Auswertung besteht der nächste Schritt in der individuellen Betrachtung der Magazine, auf die man in der künftigen Pressearbeit einen besonderen Schwerpunkt legen möchte. Schwerpunkt dieser Analyse ist: In welchem dieser Magazine war man besonders häufig mit Clippings vertreten? Hieraus sind die folgenden Ergebnisse zu gewinnen:

- War man in keinem Magazin besonders häufig vertreten[31], so ist es erforderlich, zu den jeweiligen Redakteuren ein engeres/besseres Verhältnis aufzubauen. Wie dies bewerkstelligt wird ist Gegenstand der weiteren Inhalte dieses Buches.

Besseres Verhältnis aufbauen

- Ist man in einem Magazin besonders häufig vertreten, so ist zunächst zu betrachten, ob das Magazin einen bestimmten Schwerpunkt hatte, wo das Angebotsportfolio des Unternehmens optimal gepasst hat (und man eventuell für das restliche Jahr nahezu gar nicht mehr erwähnt wird) oder ob es sich um regelmäßige Clippings handelt.[32]
- Ist man nur dann in einem Magazin vertreten, wenn man auch eine Anzeige in der gleichen Ausgabe geschaltet hat? Wenn ja, sollte man versuchen, die Kopplung von Anzeigengeschäft und redaktioneller Erwähnung zumindest etwas lockerer zu gestalten, eine völlige Trennung wird man bei den meisten Magazinen nie erreichen. Mehr zu dem Thema Wechselwirkung zwischen Anzeigengeschäft und redaktioneller Erwähnung war Kapitel 1.4 und insbesondere 1.4.6 zu entnehmen.

Wechselwirkung mit Anzeigen

Diese Auswertung ist besonders dann von Bedeutung, wenn es sich bei den betrachteten Magazinen um Zeitschriften handelt, die vor allem von den Kunden des Unternehmens gelesen werden. Hier ist dann typischerweise auch der „Druck" der Vertriebsabteilung auf die Presseabteilung bzw. das Marketing am größten, entsprechende Artikel zu platzieren.

Wer sind die Leser?

2.4.4.4 Negative Auswertung

Bisher haben wir uns nur den positiven Auswertungen gewidmet, also wo war man wie gut vertreten. Wichtig ist aber auch ein Blick auf die Schattenseite, also in welchem IT-Magazin war man weniger gut vertreten? Bei der vorausschauenden Pressearbeit ist das eigentlich die interessantere Frage, denn hier muss untersucht werden:

Wo ist man weniger gut vertreten?

- War man deshalb nicht vertreten, weil der Redakteur einen nicht kannte? Hier bietet sich dann ein Redaktionsbesuch an, um das Unternehmen überhaupt bekannt zu machen. Wie man

Redaktionsbesuch sinnvoll

[31] Dies ist der Normalfall, besonders zu Beginn der Pressearbeit in den ersten Quartalen.

[32] Letzteres ist für „normale" Unternehmen nahezu unerreichbar und nur Unternehmen wie Microsoft oder IBM vorbehalten, die auch über die entsprechenden berichtenswerten Neuigkeiten verfügen.

Redaktionsbesuche vereinbart und durchführt ist Gegenstand des nächsten Kapitels.

Schwierige Situation

- War man deshalb nicht vertreten, weil die Wechselwirkung zwischen Anzeigen und redaktioneller Erwähnung nicht berücksichtigt wurde? Schwierige Situation: Verfügt man über ein stark limitiertes Anzeigenbudget (oder über gar keins, wie das heutzutage immer häufiger der Fall ist), muss man schon sehr geschickt argumentieren, um hier eine entsprechende Änderung hervorzurufen.

Passt das Angebotsportfolio?

- War man deshalb nicht vertreten, weil das Angebotsportfolio des Unternehmens mit den redaktionellen Inhalten des Magazins nicht übereinstimmt? Dies ist häufig der Fall, ein überspitztes Beispiel: Irgendjemand aus der Managementetage eines Unternehmens hat sich in den Kopf gesetzt, dass sein Unternehmen regelmäßig in der *Wirtschaftswoche* erscheinen müsste und fragt sich dann völlig frustriert, warum die unfähige Presseagentur das nicht schafft – auf sein Interview auf der Titelseite wartet er nun auch schon 4 Wochen vergebens, dabei bietet sein Unternehmen mit der teuer ausgebildeten 10-köpfigen Beratungstruppe doch so tolle Consultingleistungen im Bereich SAP an. Die grundlegende Frage hat er dabei vergessen: Warum soll die *Wirtschaftswoche* über sein Unternehmen überhaupt schreiben? Es gibt unzählige Anbieter für SAP-Dienstleistungen, wenn über alle in der *Wirtschaftswoche* berichtet würde, wäre es nicht mehr die *Wirtschaftswoche*, sondern der CeBIT-Katalog. Ferner trägt ein Unternehmen der hier dargestellten Größenordnung nur marginal zur Steigerung des Bruttosozialproduktes bei – also auch nicht gerade ein Ansatzpunkt für eine Berichterstattung. Es lassen sich eine ganze Reihe von Argumenten auflisten, warum das Unternehmen KEINE redaktionelle Erwähnung erfährt und nicht einer, warum die *Wirtschaftswoche* über das Unternehmen berichten sollte. Leider ist aber eine derart realistische Denkweise nur selten anzutreffen. Wir werden im weiteren Verlauf dieses Buches noch öfters auf überzogene Erwartungshaltungen innerhalb der Pressearbeit eingehen.

2.4.4.5 Wertende Auswertung

Wer berichtet positiv, wer negativ?

Als nächstes widmen wir uns einer inhaltlichen Auswertung und betrachten jetzt nicht nur die Häufigkeit, mit der ein Unternehmen in einer Zeitschrift abgedruckt wird, sondern auch die inhaltliche Darstellung. Welches IT-Magazin hat weitgehend positiv über das Unternehmen und seine Dienstleistungen/Produkte berichtet? Welches IT-Magazin hat eher negativ über das Unternehmen und seine Dienstleistungen/Produkte berichtet? Beide Fragen sind von entscheidender Bedeutung, schließlich ist eine redaktionelle Erwähnung besonders dann wirkungsvoll, wenn sie positiv ist[33]. Da man an einer positiven Berichterstattung offensichtlich nichts ändern muss[34], wollen wir uns zunächst der negativen Berichterstattung widmen, denn eine negative Berichterstattung kann unterschiedliche Ursachen haben, die es als erstes zu ermitteln gilt. Denkbar wären:

- Der zuständige Redakteur kennt das Unternehmen bzw. das Angebotsportfolio nur am Rande oder nicht vollständig und hat daher eine eher negativ ausgeprägte Grundeinstellung. Eine umfassende Informationsbereitstellung kann hier schon einiges bewirken. *Unternehmen nicht bekannt*
- Der zuständige Redakteur hat – aus welchen Gründen auch immer – das Unternehmen in schlechter Erinnerung, sei es, dass er in der Vergangenheit selber Erfahrungen mit dem Produkt gesammelt hat oder dass er mit einem Vertreter des Unternehmens Probleme hat. Meist laufen diese negativen Aspekte auf einer zwischenmenschlichen Ebene, so dass hier ein klärendes Gespräch (persönlich und nicht per Telefon) am erfolgversprechenden ist. *Schlechte Erfahrungen*
- Der negative Beitrag wurde von einer anderen Presseagentur platziert, die das Produkt bewusst negativ dargestellt hat, weil sie von einem Wettbewerber einen entsprechenden Auftrag erhalten hatte. Auf die gezielte negative Berichterstattung kommen wir noch im weiteren Verlauf dieses Buches zu sprechen – sie ist ein zweifelhaftes, allerdings gleichermaßen wirksames Instrument der Pressearbeit. *Bewusst platziert*
- Welches IT-Magazin hat des Öfteren Pressemitteilungen abgedruckt? Welches IT-Magazin hat Pressemitteilungen mehr oder weniger ignoriert? Auch wenn der Abdruck von Pressemittei-

[33] Es sei denn, das Unternehmen verfährt nach der Maxime: „Even bad news are good news“ und hat seinen Schwerpunkt in der Pressearbeit darin manifestiert, so oft wie möglich in den Schlagzeilen zu stehen.

[34] Natürlich muss auch bei einer positiven Berichterstattung kontinuierlich die Pflege der Journalisten und Redakteure weiter betrieben werden. Der Zeitaufwand hierfür darf nicht unterschätzt werden, weder vom Unternehmen, noch von der Presseagentur. Allerdings ist der Zeitaufwand zur „Bekehrung“ eines Magazins von einer negativen zu einer positiven Berichterstattung ungleich höher.

lungen kein Gradmesser für den Erfolg der Pressearbeit ist, so lassen sich doch die folgenden Punkte daraus erkennen:

Rückschlüsse aus dem Abdruck von Pressemitteilungen

- Ist das Thema überhaupt von Interesse für das Magazin (gemeint ist das globale Thema, also der Angebotsschwerpunkt des Unternehmens und nicht das einzelne Thema der Pressemeldung)?
- Macht es überhaupt Sinn eine Pressemeldung an ein bestimmtes Magazin zu senden oder kann man sich Aufwand und Porto besser sparen und anderweitig zum Einsatz bringen?
- Muss Pressemitteilungen bestimmtes Material (zum Beispiel Screenshots, Fotos oder Ähnliches) beigelegt werden, damit sie überhaupt in Betracht kommen, auch abgedruckt zu werden?
- usw.

2.4.4.6 Vergleichende Auswertungen

Quartale miteinander vergleichen

Die bisher dargestellten Auswertungen werden – wie eingangs beschrieben – quartalsmäßig durchgeführt. Der eigentlich interessante Prozess beginnt, wenn man dann das Ergebnis eines Quartals mit den Ergebnissen der vorherigen Quartale vergleicht. Sicherlich hat jedes Quartal seine Eigenheiten, angefangen vom berühmt-berüchtigten Sommerloch über den Geschäftsjahresbeginn bis hin zum Weihnachtsquartal. Trotzdem können aus den Quartalsvergleichen wertvolle Erkenntnisse gezogen werden.

Den Wandel der Medienwelt berücksichtigen

Wird diese Quartalsbetrachtung über einen längeren Zeitraum vorgenommen, so können dann jeweils die zusammengehörigen Quartale miteinander verglichen werden, also zum Beispiel Q4/2004 mit Q4/2003 und Q4/2002. Allerdings ist derzeit die Medienwelt einem derartigen Wandel unterworfen, dass die sinnvolleren Ergebnisse sehr wahrscheinlich einem aufeinander folgenden Quartalsvergleich entspringen. Nur wenige Zeitschriften können eine Konstanz aufweisen, die über Jahre hinweg gleich bleibt.

Die folgenden Auswertungen können bei einem Quartalsvergleich vorgenommen werden:

Entwicklung der Präsenz

- Wie hat sich über die Zeit die Präsenz des Unternehmens in einer bestimmten Zeitschrift entwickelt?
- Welche Produkte des Unternehmens haben wann besonders viele Clippings erhalten? Üblicherweise sind die Quartale, in denen ein so genanntes „Product Launch“ stattgefunden hat, also eine neue Version auf den Markt gebracht wurde, am stärksten vertreten. Es kann aber auch durchaus vorkommen, dass ein

Wettbewerber ein neues Produktrelease auf den Markt bringt, und damit automatisch das eigene Produkt mit genannt wird[35]. Abbildung 10 zeigt hier ein klassisches Beispiel eines Kunden von Guerilla PR, der im 4. Quartal 2002 ein neues Release auf den Markt gebracht hat, was eine Vielzahl an Clippings hervorgerufen hat.

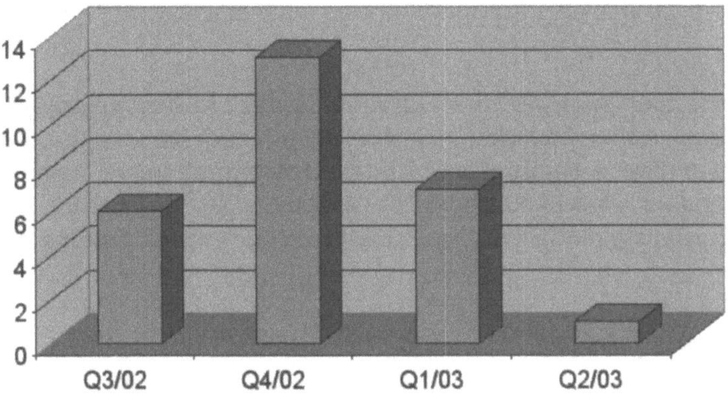

Abbildung 10: Produktbezogene Clippingauswertung über vier Quartale

Zufallclippings

- Welche Clippings waren reine Zufallclippings? Dies wird nur aus einer langfristigen Betrachtung erkennbar. Unter Zufallclippings versteht man dabei Clippings, bei denen das Unternehmen oder ein Produkt eines Unternehmens aufgeführt wird, ohne dass das Unternehmen selber bzw. die Presseagentur des Unternehmens hier tätig geworden ist. Auf solche Clippings stößt man, indem man ausschließlich über den Clippingservice von ihnen erfährt. Solche Clippings sind generell positiv und nicht negativ zu werten, stellen sie doch in einer gewissen Form eine kostenlose Unterstützung der eigenen Pressearbeit dar.

Existiert ein Zusammenhang zwischen Messeauftritten und Clippings?

- Ist ein Zusammenhang zwischen Messeauftritten oder Kongressbesuchen, die das Unternehmen in dem betrachteten Zeitraum durchgeführt hat, mit den Clippings erkennbar? Werden andere Marketingaktivitäten des Unternehmens in der Presse berücksichtigt?
- Entpuppen sich jetzt plötzlich kurzfristige Erfolge als Eintagsfliegen? Diese Situation kann eintreten, wenn man zum Beispiel in einem Quartal in einem bestimmten Magazin besonders häu-

[35] Diese Situation ist häufig anzutreffen bei Zeitschriften und Magazinen, die zwar Pressemeldungen über neue Produktversionen veröffentlichen, aus Objektivitätsgründen jedoch gleichzeitig die Wettbewerbsprodukte nennen.

fig genannt wird (vielleicht sogar deshalb, weil der Anzeigenverkäufer des Magazins mit der Marketingabteilung gerade über eine größere Anzeigenkampagne verhandelt) und in den nächsten Quartalen erscheint man nahezu gar nicht mehr (weil die Verhandlungen mit dem Anzeigenverkäufer gescheitert sind).[36]

Verändert sich die Wertung?

- Verändert sich die Wertung innerhalb einer Zeitschrift in irgendeine Richtung? Sei es von eher negativen Artikeln hin zu neutralen oder gar positiven oder auch umgekehrt?
- u.v.m.

Unerschöpfliche Auswertungsmöglichkeiten

Wie man unschwer erkennen kann, sind die Auswertungsmöglichkeiten schier unerschöpflich. Man sollte jedoch darauf achten, dass man diese Auswertungen nicht der Auswertung wegen vornimmt, sondern ausschließlich solche Auswertungen durchführt, deren Ergebnisse für die künftige Pressearbeit auch von Bedeutung sind.

2.4.4.7 Zusammenfassung

Mit Hilfe dieser Auswertungen kann dann die künftige Pressearbeit für die jeweils nächsten Quartale festgelegt werden. Fassen wir nochmals die wichtigsten Analyseergebnisse zusammen:

Die wichtigsten Analyseergebnisse

- Welche Journalisten müssen künftig besser betreut werden?
- Bei welchen Redaktionen sollte ein Redaktionsbesuch vorgenommen werden?
- Bei welchen Magazinen sollte man versuchen, über eine Anzeigenschaltung eine bessere redaktionelle Berücksichtigung zu erhalten?
- Welche freien Journalisten müssen künftig besser betreut werden?
- Muss eventuell eine völlig neue Strategie in der Pressearbeit eingeschlagen werden?
- Ist der Presseverteiler aktuell und korrekt?
- usw.

[36] Die dreisteste Reaktion in der Richtung hatte Gerhard Versteegen mal nach dem Scheitern von Anzeigenverhandlungen, als ihn kurz darauf der Chefredakteur anrief und ihm mitteilte, dass er ihm nun auch keine Pressemitteilungen mehr zuzusenden bräuchte.

Die jeweiligen Aktivitäten werden in einem Activity Plan festgehalten und mit Meilensteinen versehen. Hinter den Meilensteinen steht das jeweilige Ziel der Activity. Am Ende des Jahres kann dann der Erfolg (bzw. der Erfolg der Presseagentur) gemessen werden.

Activity Plan

Wichtig dabei ist die nach wie vor realistische Sichtweise – also welche Activity ist mit welchem Ziel erreichbar? Alles andere führt nur zu Frustrationen und letztendlich auch zum Misserfolg.

2.4.5 Fazit

Die Clippingliste ist ein typisches Messinstrument für den Erfolg der Pressearbeit. Sie wird wöchentlich bis monatlich gepflegt und erlaubt eine Reihe von Auswertungen, die einen Trend in der Pressearbeit erkennen lassen und somit dem Unternehmen oder der Presseagentur rechtzeitig Signale setzen, welche Magazine bzw. Redakteure und Journalisten künftig besser betreut werden müssen.

Typisches Messinstrument für den Erfolg der Pressearbeit

Der Input für die Clippingliste kommt in der Regel von einer Clippingagentur, die Auswertung der Clippings sollte nicht der Presseagentur alleine überlassen, sondern gemeinsam vorgenommen werden. Die Auswertung der Clippingliste liefert besonders beim Quartalsvergleich wichtige Erkenntnisse und relativiert unter Umständen kurzfristige Erfolge innerhalb eines einzelnen Quartals.

2.5 Der Publikationskalender als wichtigstes Instrument der Pressearbeit

2.5.1 Allgemeines zum Publikationskalender

Das wichtigste Instrument innerhalb der Pressearbeit ist der so genannte Publikationskalender, der ja bereits des Öfteren in diesem Buch zitiert wurde und den wir auch im weiteren Verlauf immer wieder ansprechen werden. Dieses elementare Hilfsmittel gibt eine Übersicht über alle die Pressearbeit betreffenden Termine und Meilensteine.

Wichtigstes Instrument innerhalb der Pressearbeit

In diesem Abschnitt gehen wir zunächst auf die einzelnen Inhalte des Publikationskalenders ein, bevor wir uns mit der Pflege des Kalenders beschäftigen und mit welchen Hilfsmitteln (hier Microsoft Outlook) man den Publikationskalender führt. Dies wird anhand eines konkreten Beispiels dargestellt. Zum Schluss des Abschnitts betrachten wir die unterschiedlichen Verwendungszwecke dieses Instrumentes.

2.5.2
Inhalte des Publikationskalenders

2.5.2.1
Initialisierende Termine

Initialisierung versus kontinuierliche Einträge

Ein Publikationskalender sieht für jedes Unternehmen hinsichtlich seiner Struktur gleich aus, die hier aufgeführten Inhalte sind also allgemeingültiger Natur. Zu unterscheiden sind dabei Inhalte, die zur Initialisierung des Publikationskalenders integriert werden und Termine, die im Laufe des Jahres kontinuierlich eingepflegt werden[37]. Ferner gibt es Eintragungen (und das sind die meisten), die sich im Laufe des Jahres verändern.

Wann erstellt man einen Publikationskalender?

Natürlich ist es am besten, wenn man einen solchen Publikationskalender zu Beginn der Pressearbeit oder zu Beginn der Zusammenarbeit mit einer neuen Presseagentur erstellt. Aber auch im laufenden Business kann man damit anfangen. Die folgenden initialisierenden Informationen und Termine sollten in jedem Publikationskalender enthalten sein:

Wichtige Informationen und Termine

- Sämtliche Redaktionsschlusstermine von allen für das Unternehmen wichtigen Zeitschriften und Magazinen.
- Sämtliche Erstverkaufstage dieser Zeitschriften und Magazine. Beide Terminarten sind den Mediadaten oder Webseiten der jeweiligen Verlage zu entnehmen.
- Sämtliche Druckunterlagenschlusstermine dieser Zeitschriften und Magazine, auch wenn sie für eine Anzeigenschaltung nicht in Frage kommen.
- Bereits feststehende Termine für Pressemitteilungen, zum Beispiel für neue Produktversionen oder Quartalsergebnisse.

Termine über Termine

- Bereits feststehende Termine, wann zum Beispiel ein neues Release announct wird.

---

[37] Diese werden im nächsten Abschnitt behandelt.

- Sämtliche Termine, an denen E-Mail-Mailings, Postmailings oder sonstige Veröffentlichungen des Unternehmens geplant sind, die redaktioneller Natur sind.[38]
- Sämtliche Termine, an denen Pressekonferenzen oder Redaktionsbesuche geplant sind.
- Sämtliche Besprechungstermine, die mit der Presseagentur im Vorfeld festgelegt wurden.
- Sämtliche Termine, die für Auswertungen, Analysen und Hochrechungen reserviert wurden.[39]

2.5.2.2 Aktuelle Termine

Zusätzliche Eintragungen

Wird der Publikationskalender im laufenden Business der Pressearbeit erstellt (wovon in den meisten Fällen eigentlich auszugehen ist), müssen die aktuell laufenden Projekte noch zusätzlich integriert werden. Im Einzelnen können dies die folgenden Termine (abhängig von den laufenden Projekten) sein:

- Vereinbarte Ablieferungstermine von Artikeln an Redaktionen oder Verlage.
- Vereinbarte Ablieferungstermine von presserelevanten Inhalten seitens der Presseagentur an das Unternehmen. *Ablieferungstermine*
- Vereinbarte Ablieferungstermine von presserelevanten Inhalten seitens Dritter (zum Beispiel Kunden oder freie Journalisten) an das Unternehmen.
- Geplante interne Fertigstellungstermine von Artikeln (Diese internen Termine liegen meist eine Woche vor dem offiziellen Abgabetermin an die Redaktion). *Fertigstellungstermine*
- Vereinbarte Projektgespräche bezüglich Success Stories oder Case Studies mit Kunden. Mehr zu diesen beiden Instrumenten ist dem nächsten Kapitel zu entnehmen.
- usw.

---

[38] Selbst wenn der genaue Erscheinungstag zum Beispiel eines Newsletters noch nicht genau bekannt ist, die Kalenderwoche steht in den meisten Fällen fest und sollte notiert werden. Allgemein gilt ohnehin, dass es wesentlich einfacher ist, einen Termin oder Eintrag zu verschieben oder auch zu löschen, als nachträglich einzufügen.

[39] Mehr zum Thema Auswertungen, Analysen und Hochrechnungen ist dem nächsten Kapitel zu entnehmen.

Langwierige und umfangreiche Terminrecherche erforderlich

Es liegt auf der Hand, dass diese Termine weder von einer einzelnen Person eingetragen noch innerhalb eines Tages vollständig erfasst werden können. Hier ist das gesamte Marketing mit den Bereichen

- Eventplanung
- Anzeigenschaltung
- Pressearbeit

sowie der Consultingbereich gefordert. Auch der Vertrieb liefert wichtigen Input.

2.5.2.3 Outlook als Beispiel

Wandkalender ungeeignet

Allein aus den beiden Auflistungen des vorherigen Abschnitts ist bereits zu erkennen, dass der Publikationskalender nicht in Form eines Wandkalenders zu führen ist, da dieser schon zum jetzigen Zeitpunkt seinen Füllstand mehr als erreicht hätte. Hier bietet sich aus unterschiedlichen Gründen, auf die wir noch im weiteren Verlauf dieses Abschnittes zu sprechen kommen, der Kalender von Outlook an.

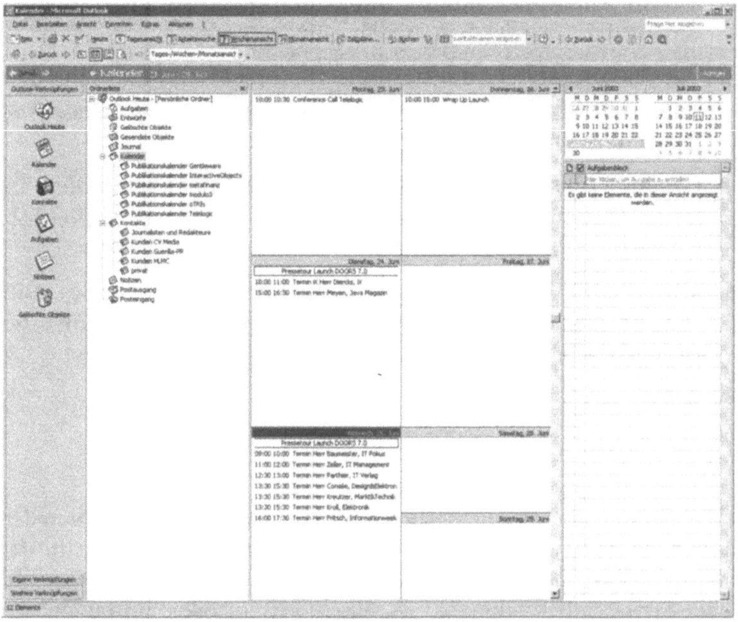

Abbildung 11: Beispiel für einen Publikationskalender in Outlook

Für jeden Kunden ein eigener Kalender

Abbildung 11 zeigt hier ein Beispiel, nämlich den gesamten Outlookkalender in einer Wochenübersicht. Es handelt sich dabei um den Publikationskalender der Presseagentur Guerilla-PR. Auf der linken Seite ist zu erkennen, dass für jeden Kunden ein einzelner Publikationskalender angelegt wurde. Dies ist zwar für die Presseagentur ein erhebliches Maß an Mehraufwand, wenn für jeden Kunden ein separater Kalender geführt werden muss, erleichtert aber die weiter unten beschriebene Kommunikation und Pflege der Kalender mit den unterschiedlichen Kunden.

Auf der Seite unten ist dann der geöffnete Kalender eines Kunden zu sehen. Abbildung 12 visualisiert in einem Ausschnitt die wesentlichen Elemente für diesen Kunden.

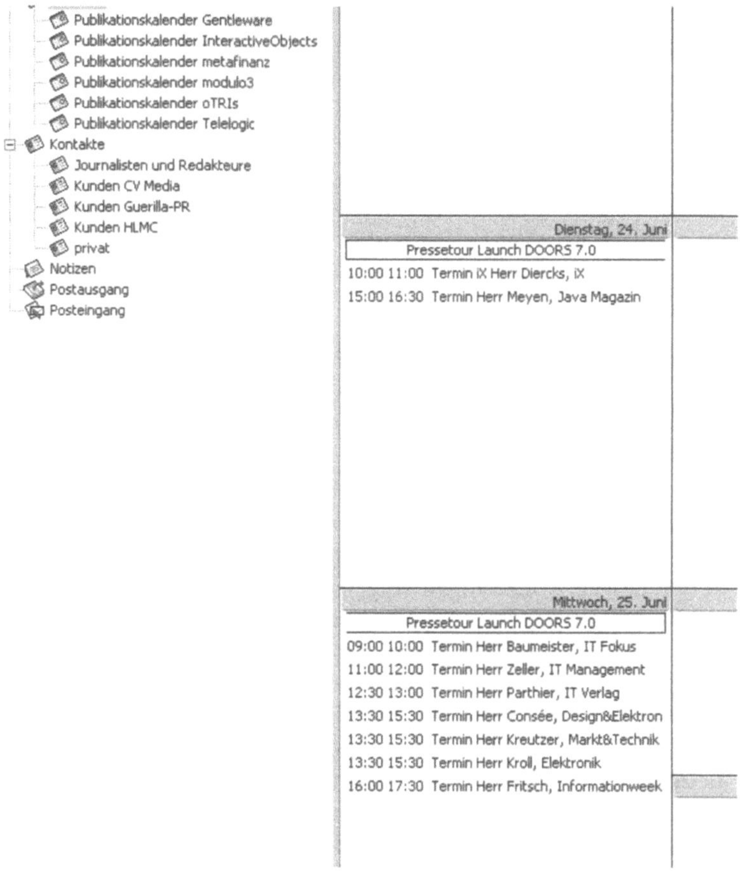

Abbildung 12: Ausschnitt aus dem Publikationskalender

Beispiel: Pressetour

Im rechten Bereich von Abbildung 12 erkennt man eine 2-tägige Pressetour, die Guerilla-PR für den Kunden Telelogic anlässlich des Produktlaunches der neuen Version von DOORS 7.0 organisiert und durchgeführt hat. Aufgelistet sind die einzelnen Termine, die im Vorfeld vereinbart wurden.

Hervorragendes Kommunikationsmittel

Seitens des Kunden muss dieser Kalender in derselben Form geführt werden. Auf diese Weise steht ein hervorragendes Kommunikationsmittel zur Verfügung, das von beiden Seiten genutzt werden kann. Die Abstimmung der Termine übernimmt Outlook automatisch.

2.5.2.4 Fazit

Schon die Initialisierung des Publikationskalenders nimmt einige Zeit in Anspruch, besonders wenn dies im laufenden Business vorgenommen wird. Einmal eingerichtet, stellt der Publikationskalender jedoch eine wertvolle Unterstützung der Kommunikation zwischen Kunden und Presseagentur dar. Aber auch für Unternehmen, die nicht mit einer Presseagentur zusammenarbeiten, ist der Kalender von Bedeutung, da er stets eine Übersicht gibt, wann was und vor allem von wem zu tun ist. Entscheidend dabei ist natürlich die kontinuierliche und gewissenhafte Pflege des Kalenders, auf die wir im nächsten Abschnitt eingehen.

2.5.3 Pflege des Publikationskalenders

2.5.3.1 Einführung

Effektivität hängt von der Pflege ab

Formulieren wir es wie folgt, ein Publikationskalender, der nicht gepflegt wird, verhindert eine erfolgreiche Pressearbeit. Damit wird offensichtlich, welche Bedeutung dieses Instrument hat. Die in den obigen Abbildungen eingetragenen Termine unterscheiden sich wie folgt: Die zweitägige Pressetour war von langer Hand geplant und konnte daher schon frühzeitig in dem Publikationskalender eingetragen werden. Die einzelnen Termine mit den unterschiedlichen Journalisten wurden jedoch erst einige Tage vor der Tour fixiert und aktuell eingepflegt. Jeder neue Termin musste zwischen Presseagentur und Unternehmen abgestimmt werden.

Abstimmung übernimmt Outlook

Wie bereits erwähnt übernimmt diese Abstimmung Outlook selber, genauer gesagt die in Outlook integrierte Funktionalität der Terminkoordinierung. Es lassen sich jedoch nicht alle Termine auf diese Weise fixen, wie dem folgenden Abschnitt zu entnehmen ist. Im Einzelnen gehen wir nun auf die folgenden vorzunehmenden Eintragungen ein:

- Pressemeldungen, sofern noch nicht bei der Initialisierung geschehen
- Anzeigenschaltung
- Erschienene Clippings jeglicher Art
- Geplante, beauftragte und erschienene Artikel
- Termine für Success Stories und Case Studies
- Kontakttermine mit Journalisten und Redakteuren

Vorzunehmende Eintragungen

2.5.3.2
Einzutragende Termine

Eine Reihe weiterer Termine

Es gibt eine Reihe weiterer Termine, die im Laufe eines Jahres in den Publikationskalender zu integrieren sind. Diese neuen Termine sind jedoch nicht immer fixe Termine, daher haben sie unterschiedliche Status. Im Einzelnen werden im Publikationskalender die folgenden Eintragungen vorgenommen:

Pressemitteilungen

- Alle nicht bereits bei der Initialisierung des Kalenders eingetragenen Pressemitteilungen, die das Unternehmen demnächst zu veröffentlichen plant, werden, sobald der Publikationstag bekannt ist, festgehalten. Sie erhalten zunächst den Status *planned*, dann *public*, wenn sie veröffentlicht (versendet) worden sind. Ist eine Pressemeldung in einem Magazin abgedruckt worden, erhält sie den Status *published*.[40]

Mediaplanung

- Die gesamte Mediaplanung des Unternehmens sollte vollständig in den Publikationskalender übernommen werden, schließlich haben wir im Kapitel zuvor auf die Wechselwirkung zwischen Anzeigenschaltung und Pressearbeit bereits hingewiesen, warum also nicht auch beides mit ein und demselben Tool verwalten und Synergien nutzen? Dabei ist eine Anzeige, die zunächst nur von dem Unternehmen geplant, jedoch noch nicht mit der Mediaabteilung des Verlages besprochen bzw. verhandelt wurde, mit dem Status *planned* einzutragen. Dies betrifft vor allem solche Anzeigen, die eventuell „artikelfördernd" sein können.[41]

---

[40] Da die Möglichkeit besteht, dass ein und dieselbe Pressemitteilung durchaus in unterschiedlichen Magazinen zum Abdruck kommt, existiert hier eine 1:n-Beziehung zwischen einer Pressemitteilung mit dem Status *public* und dem Status *published*.

[41] Also Anzeigen, die eigentlich gar nicht geplant sind, die man aber trotzdem schalten möchte, weil man in der Ausgabe einen Artikel unterbringen möchte und sich erhofft, durch die Platzierung der Anzeige auch den Artikel platziert zu bekommen.

Sobald die Anzeige mit der Mediaabteilung des Verlages vereinbart ist, bekommt sie den Status *fixed*; ist sie erschienen, wechselt der Status zu *published*. Generell ist hierbei zu beachten, dass eventuell unterschiedliche Abteilungen innerhalb des Unternehmens mit der Pflege des Publikationskalenders für Anzeigen betroffen sind, nämlich dann, wenn die Pressearbeit nicht im Marketing integriert ist. Mehr dazu ist dem letzten Kapitel dieses Buches zu entnehmen, wo wir uns mit der Integration der Pressearbeit innerhalb eines Unternehmens beschäftigen.

Clippings

- Alle erschienenen Clippings werden mit dem Status *published* eingetragen. Hier ist die Verwendung von Outlook zur Pflege unseres Publikationskalenders besonders sinnvoll. Dies soll anhand eines Beispiels gezeigt werden. Nach der im vorherigen Abschnitt aufgeführten Pressetour kam bereits am 8. Juli das erste Clipping zu dem neuen Release von DOORS. Dieses kann nun eingescannt und als PDF gespeichert werden. Beim Anlegen eines neuen Eintrags im Publikationskalender wird dieses PDF, wie in Abbildung 13 dargestellt, dem Eintrag mit angefügt. Der Vorteil dieser Vorgehensweise ist darin zu sehen, dass man so nicht nur alle Clippings digital im Publikationskalender erfasst und somit im Zugriff hat, sondern dass sie auf diese Art und Weise zwischen den involvierten Parteien auch problemlos ausgetauscht werden können.

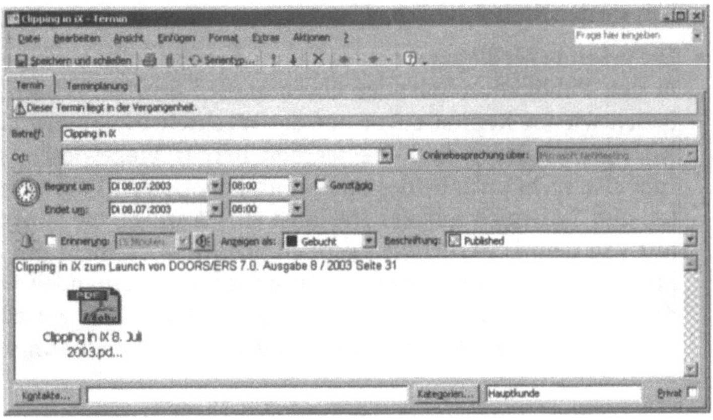

Abbildung 13: Erschienene Clippings können im Publikationskalender gleich „attached" werden.

Artikel

- Alle geplanten, beauftragten und bereits erschienenen Artikel werden mit den entsprechenden Daten in den Publikationskalender eingetragen. Es soll an dieser Stelle noch nicht auf diese Daten im Detail eingegangen werden. Dies wollen wir in Kapitel 3.3 nachholen, wenn wir uns konkret mit dem Instrument Fach- bzw. Methodenartikel beschäftigen. Ein Artikel kann die folgenden unterschiedlichen Status haben:

- *Opportunity*, wenn innerhalb eines Magazins ein geeigneter Themenschwerpunkt gefunden und der Redaktion vorgeschlagen wurde,
- *fixed*, wenn er von der Redaktion beauftragt wurde,
- *published*, wenn der Artikel in dem Magazin erschienen ist.

- Nicht berücksichtigt wurde hier die Situation, dass ein Artikel zwar von einem Magazin beauftragt, dann aber nicht angenommen wurde. Dies kann durchaus passieren und die unterschiedlichsten Gründe haben. Wir könnten hier noch einen weiteren Status dafür einführen (zum Beispiel *killed*), wollen aber der Einfachheit halber darauf verzichten. Der Artikel wird in einem solchen Fall wieder auf den Status *Opportunity* zurückgesetzt. Da er ja nicht erschienen ist, kann er jederzeit einem anderen Magazin zur Veröffentlichung angeboten werden. *killed*
- Die beiden wichtigsten Instrumente der Pressearbeit sind Case Studies und Success Stories. Auch auf diese wollen wir erst später eingehen, an dieser Stelle sei erwähnt, dass sie die folgenden Status annehmen können:
  - *Opportunity*, wenn eine Kunde der Erstellung einer Case Stuy oder einer Success Story (im Idealfall schriftlich) zugestimmt hat. *Opportunity*
  - *Planned*, wenn der Zeitplan konkret festlegt, wann die Story erstellt wird, und man ein Magazin oder eine Zeitschrift gefunden hat, wo man die Story platzieren möchte. *Planned*
  - *Fixed*, wenn man ein Magazin oder eine Zeitschrift gefunden hat, die zum Abdruck bereit ist. *Fixed*
  - *Published*, wenn die Story erschienen ist.[42] *Published*
- Zufällige Kontakttermine mit Journalisten und Redakteuren werden ebenfalls in den Publikationskalender eingetragen. Dabei handelt es sich ausschließlich um Termine, die NICHT geplant waren, also so genannte zufällige Begegnungen, wie man sie zum Beispiel auf Messen und Kongressen immer wieder hat[43]. Das besondere an diesen Eintragungen ist, dass sie keinen *Zufällige Kontakttermine*

---

[42] Wir werden später noch darauf zu sprechen kommen, dass zwischen dem Status *Opportunity* und *published* durchaus mehr als ein Jahr liegen kann, ein weiterer Punkt, der für die Verwendung von Outlook als Medium für den Publikationskalender spricht, da dieser im Vergleich zu einem Wandkalender jahresübergreifend geführt wird.

[43] Sicherlich kann man hier dem Zufall auch etwas nachhelfen, wenn man sich während einer CeBIT oder SYSTEMS mehrere Stunden vor dem Stand der *Computerwoche* aufhält, wird man schon irgendwann mal einem Redakteur in die Arme laufen.

Status erhalten und immer nachträglich eingetragen werden. Das Eintragen dieser Termine (oder besser gesagt Treffen) ist deshalb so wichtig, weil sie bei einer Auswertung des Publikationskalenders ein Element der Kontaktpflege mit der Presse sind. Ebenfalls auf diese Art und Weise einzutragen sind Anrufe von Journalisten und Redakteuren.

Auch der Status wechselt laufend

Somit ergeben sich eine Reihe von Eintragungen, durchaus mehrere je Woche, und dabei sind die ständigen Wechsel eines Status noch gar nicht berücksichtigt. Dies bedeutet, dass die Pflege des Publikationskalenders nicht mal einfach so nebenher vorgenommen werden kann. Man sollte daher einem Mitarbeiter diese Pflege konkret zuordnen. Dabei gilt die folgende Regel:

Wichtige Regel für die Pflege

Der für die Pflege des Publikationskalenders verantwortliche Mitarbeiter hat keine Holschuld für die Eintragungen, sondern alle im Prozess der Pressearbeit integrierten Mitarbeiter haben eine Bringschuld.

Das bedeutet, dass die Pflege des Publikationskalenders auf keinen Fall dieser einen Person völlig alleine überlassen werden darf, sondern jeder Mitarbeiter, der in irgendeiner Form Kontakt mit der Presse hatte, dies dem Mitarbeiter zur Integration in den Kalender mitteilt. Allenfalls Eintragungen wie die Datenübernahme aus den Mediadaten oder aus den von der Clippingagentur bereitgestellten Clippinglisten kann der Mitarbeiter selbstständig vornehmen.

2.5.3.3 Aktualität und Status

Wichtig bei der Pflege des Publikationskalenders ist, dass nicht nur auf die Aktualität der Termine geachtet wird, sondern auch auf die jeweilige Korrektheit des Status. Fassen wir noch mal anhand des Beispiels einer Pressemitteilung und eines Artikels zusammen, welche unterschiedlichen Status existieren können:

Zusammenfassung der unterschiedlichen Statusmöglichkeiten

- Opportunity – dieser Status bedeutet, dass hier eine gute Möglichkeit besteht, einen redaktionellen Beitrag zu platzieren.
- Fixed – der der Redaktion eingereichte Vorschlag für den redaktionellen Beitrag wurde angenommen.
- Published – ein redaktioneller Beitrag ist erschienen. Dabei kann es sich auch um Beiträge handeln, die nicht vom Unternehmen oder der Presseagentur platziert wurden.
- Planned – diesen Status hat eine Pressemitteilung, solange sie nicht erschienen ist.

- Public – eine Pressemitteilung wurde vom Unternehmen veröffentlicht.

Je nach Bedarf kann hier ein Unternehmen auch noch zusätzliche Status einführen[44], generell sollten diese fünf hier jedoch ausreichend sein. Abbildung 14 zeigt den Zusammenhang der unterschiedlichen Statusmöglichkeiten sowie die Übergänge von einem zum anderen Status auf.

Bei Bedarf weitere Status möglich

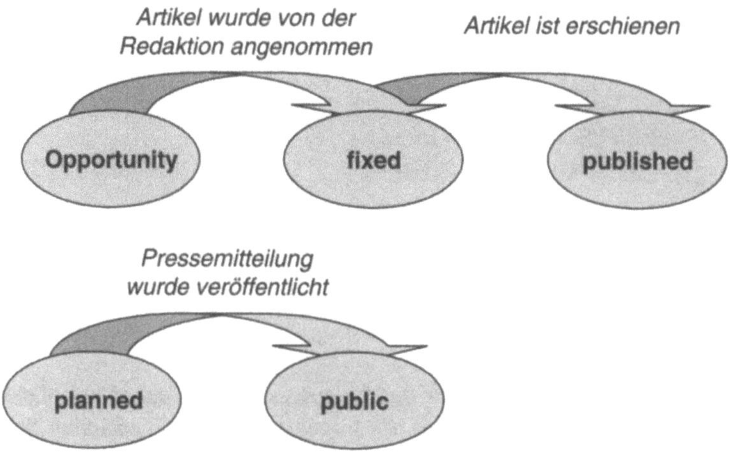

Abbildung 14: Die unterschiedlichen Statusmöglichkeiten in einem Publikationskalender

Eine Möglichkeit, diese unterschiedlichen Statusmöglichkeiten auch in unserem Outlook-Publikationskalender darzustellen, besteht darin, dass man die Beschriftungen der Termine entsprechend anpasst. Dazu geht man wie folgt vor:

Mit Farben arbeiten

Man selektiert einen beliebigen Eintrag im Kalender mit der rechten Maustaste und wählt aus dem erscheinenden Pop-Up-Menü die Funktion „Beschriftung". Es erscheint ein neues Pop-Up-Menü und hier selektiert man die Funktion „Beschriftung ändern". Es erscheint die in Abbildung 15 dargestellte Maske. Hier kann man nun für jede Statusmöglichkeit eine separate Farbe festlegen.

---

[44] Dies kann eventuell dann Sinn machen, wenn ein Unternehmen mit vielen freien Redakteuren zusammenarbeitet, die die eigentliche Erstellung der Artikel sozusagen als Ghostwriter übernehmen. In diesem Fall müssten noch für die Aktivitäten: „Ghostwriter noch offen", „Ghostwriter gefunden", „Ghostwriter beauftragt" und „Artikel von Ghostwriter erhalten" ein jeweiliger Status eingeführt werden. Wir haben aber im bisherigen Verlauf dieses Kapitels überhaupt noch keinen Status für die eigentliche Erstellung des Artikels eingeführt und wollen daher auch jetzt nicht weiter darauf eingehen.

Leider können nicht mehr Möglichkeiten ausgewählt werden, als Farben verfügbar sind (sollte aber auch auf alle Fälle ausreichen), aber auch nicht weniger, daher wurden in Abbildung 15 die freien Farben mit einem „-“ versehen.

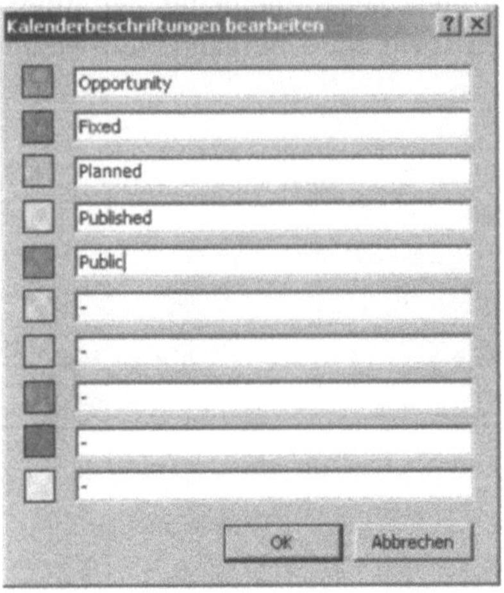

Abbildung 15: Ändern der Beschriftung zur Anzeige der Statusmöglichkeiten

Virtuelle Termine

Kommen wir nochmals auf das Beispiel der Pressetour von Telelogic zurück. Hier hatten wir die folgenden unterschiedlichen Statusse: Zunächst waren nur die beiden Tage Dienstag und Mittwoch für die Pressetour vorgesehen. Da bei dieser Pressetour ein neues Produktrelease vorgestellt werden sollte, stand der Termin bereits frühzeitig fest und wurde in diesem Fall mit dem Status *Fixed* eingetragen. Einige Wochen vor der Pressetour wurden dann die Wunschkandidaten festgelegt, die man gerne besuchen wollte. Dazu wurden „virtuelle Termine“ mit dem Status *Planned* in den Publikationskalender eingetragen.

Erst drei Wochen vor der Tour begann die Presseagentur Guerilla-PR mit der konkreten Terminvereinbarung und änderte bei jeder Zusage eines Wunschkandidaten den Status von *Planned* auf *Fixed*. Jede neu hinzugekommene Terminzusage wurde mit dem Status *Fixed* eingetragen. Der jeweilige Status eines Termins wurde dann nicht mehr geändert, da alle Termine auch stattgefunden haben. Wäre ein Termin abgesagt worden, hätte sich der Status wieder auf *Planned* geändert.

2.5.3.4
Fazit

Der Publikationskalender ist das zentrale Steuerungsmittel der Pressearbeit eines Unternehmens. Er dient insbesondere der Kommunikation mit einer Presseagentur. Die Pflege des Kalenders nimmt einige Zeit in Anspruch und muss gewissenhaft betrieben werden. Microsoft Outlook eignet sich hier eigentlich sehr gut als zu verwendendes Werkzeug, insbesondere hinsichtlich der Terminkoordinierung, hat jedoch auch einige Nachteile, auf die wir noch im weiteren Verlauf dieses Kapitels zu sprechen kommen.

Zentrales Steuerungsmittel

2.5.4
Weitere Aspekte der Verwendung von Outlook zum Führen eines Publikationskalenders

Im bisherigen Verlauf dieses Kapitels hat sich Outlook als durchaus ausreichendes Hilfsmittel zur Pflege des Publikationskalenders herausgestellt. Allerdings hat Outlook auch seine Schwächen, insbesondere dann, wenn man Abhängigkeiten zwischen den einzelnen Eintragungen festlegen bzw. herleiten möchte.

Outlook ist ein ausreichendes Hilfsmittel

Dies soll anhand des obigen Beispiels erläutert werden. Die Presseaktivitäten von Telelogic und Guerilla-PR beschränkten sich keineswegs nur auf die hier referenzierte Pressetour - vielmehr wurden noch eine Reihe von anderen Aktivitäten durchgeführt, die in Kombination den Erfolg erst sicherstellten. In dem Publikationskalender in Outlook sind diese Aktivitäten auch alle aufgelistet, nur die gegenseitigen Abhängigkeiten sind leider nicht erkennbar. Daher wurde von Guerilla-PR wegen der strategischen Bedeutung, die dieses Produktlaunch für Telelogic hatte, ein separates Projekt in Microsoft Project angelegt, auf das an dieser Stelle jedoch nicht weiter eingegangen werden soll.

Ebenfalls ungeeignet ist Microsoft Outlook, wenn man - wie zum Beispiel in Microsoft Excel - einen Filter auf alle Eintragungen setzen möchte und sich zum Beispiel nur alle Eintragungen ansehen möchte, die den Status *Published* haben. Hier lässt sich jedoch ein kleiner Trick anwenden, der im Folgenden beschrieben werden soll. Angenommen, am 29. August 2003 ist ein Clipping in der *Computerwoche* erschienen. Dieses wird dann wie in Abbildung 16 dargestellt im Publikationskalender vermerkt. Der Trick: Als Ort wird hier der Status *Published* eingetragen. Warum wir diese eigentlich unsinnige Zuordnung machen (hier würde man als Eintrag eher den Ort des Verlagssitzes vermuten), wird später erläutert.

Filter sind problematisch

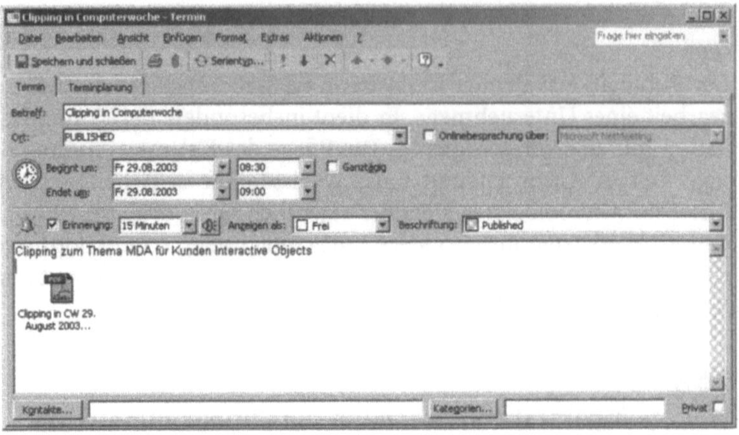

Abbildung 16: Eintragung eines Clippings

Wenn man nun eine monatliche Auswertung aller vorhandenen Objekte mit dem Status *Published* vornehmen will, wird wie folgt vorgegangen:

Vorgehensweise zum Export in Excel

- Zunächst wird unter Microsoft Outlook die Menüoption *Exportieren/Importieren* unter dem Hauptmenü *Datei* ausgewählt.
- In der dann erscheinenden Dialogmaske wird *Microsoft Excel* selektiert.
- Es erscheint eine Selektionsbox aus der der Publikationskalender ausgewählt wird, der ausgewertet werden soll.
- Nach der Eingabe des Dateinamens erscheint eine Dialogmaske, in der eine Zuordnung der jeweiligen Felder vorgenommen werden muss. Hier sind zunächst alle Zuordnungen zu löschen und man überträgt nur diejenigen Felder, die für die Auswertung interessant sind. Jetzt wird auch ersichtlich, worin der Trick bestand: Bisher hatten wir den jeweiligen Status in Outlook durch die Beschriftung farbig gekennzeichnet, dieses Feld wird jedoch beim Export in Excel nicht angeboten. Daher haben wir uns für das hinsichtlich der Auswertung nicht so relevante Feld „Ort" entschieden. Somit wird der Ort als ein Feld übertragen, weitere Felder sind in Abbildung 17 dargestellt, es handelt sich dabei im Einzelnen um:

Attribute

  - Betreff – also der Hinweis auf das Clipping
  - Beginnt am – wann das Clipping erschienen ist
  - Beschreibung – der Part, den wir in das Textfeld nebst dem PDF-Anhang eingetragen haben
  - Kategorien – Zusätzliche Angabe, ob es sich um einen Hauptkunden handelt (interne Bedeutung, hier nicht weiter von Belang)

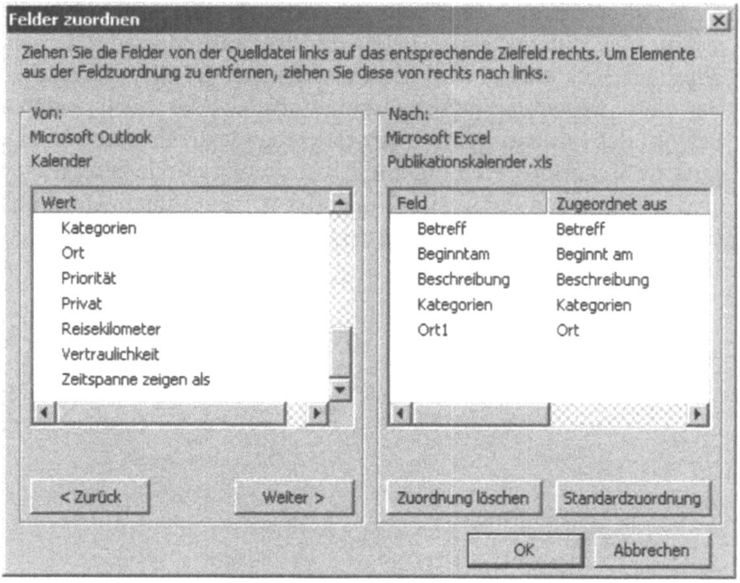

Abbildung 17: Zuordnung der Felder für den Export in Microsoft Excel

Unnötige Kosten vermeiden

- Nachdem auf diese Art und Weise die Exceldatei generiert wurde, können alle Objekte problemlos herausgefiltert werden, die den Status *Published* haben. Dies ist sicherlich nicht der eleganteste Weg der Auswertung eines Publikationskalenders – aber er erfüllt seinen Zweck und vermeidet unnötige Investitionen in Toolkosten bzw. Toolanpassungskosten.

Keine Recherche

An dieser Stelle sei noch bemerkt, dass wir als Autoren nicht auf dem Markt recherchiert haben, ob es spezielle Softwareprodukte für Publikationskalender gibt. Die Begründung liegt darin, dass wir in den letzten Jahren eigentlich nie an die Grenzen von Outlook gestoßen sind und daher kein Bedarf für eine derartige Recherche existiert hat.

2.6 Fazit

Presseverteiler ist ein „lebendes Objekt"

In diesem Kapitel haben wir die einzelnen Hilfsmittel der Pressearbeit näher vorgestellt. Dabei sind die Mediadaten als externes Hilfsmittel die Grundlage der Pressearbeit, sie sind ein wichtiges Planungselement. Der Presseverteiler ist ein „lebendes Objekt" – er ändert sich ständig und bildet die Grundlage für die Qualität der Pressearbeit.

Clippingliste gibt den Erfolg der Pressearbeit wieder

Die Clippingliste – auch ein „lebendes“ Objekt – gibt als weiteres internes Hilfsmittel den Erfolg der Pressearbeit wieder, je mehr Clippings hier erfasst sind, desto wirksamer ist die Pressearbeit. Das vierte Hilfsmittel ist der Publikationskalender, hier handelt es sich um das Projektmanagementwerkzeug für die Pressearbeit. Die gesamte Steuerung, Planung und Abstimmung mit der Presseagentur wird über den Publikationskalender vorgenommen. Der Publikationskalender ist das wichtigste Hilfsmittel der Pressearbeit.

3 Ergebnistypen der Pressearbeit

3.1 Einführung

Ergebnisse in der Pressearbeit

Die Pressearbeit innerhalb der IT-Branche ist dann erfolgreich, wenn sie Ergebnisse vorweisen kann. Derartige Ergebnisse repräsentieren sich in der Regel durch einen Abdruck eines Fachartikels, einer Pressemeldung, eines Interviews u.v.m. innerhalb eines IT-Magazins, einer Zeitschrift oder auch online im Internet. In diesem Kapitel gehen wir auf die folgenden möglichen Ergebnistypen der Pressearbeit näher ein:

Unterschiedliche Ergebnistypen

- Die Pressemitteilung
- Der Fachartikel/Methodenartikel
- Der Produktartikel
- Die Case Study
- Die Success Story
- Das Interview
- Die Kurznotiz
- Der Veranstaltungshinweis
- Die Pressekonferenz
- Der Redaktionsbesuch

3.2
Die Pressemitteilung

3.2.1
Einführung

Pressemitteilungen gehören zu den üblichen Instrumenten

Die Pressemitteilung gehört zu den gängigsten Instrumenten der Pressearbeit. Sie stellt den vorrangigen Kommunikationskanal zwischen einem Unternehmen und seiner Außenwelt dar. Doch nur die wenigsten Unternehmen sind sich bewusst, welchen Sinn und Zweck eine Pressemeldung eigentlich erfüllt, daher wollen wir diesen Punkt im nächsten Abschnitt ausführlich besprechen.

Aber auch die Adressaten einer Pressemitteilung sind unterschiedlichster Natur, nicht jede Meldung geht immer an den gleichen Empfänger. Wie eine Pressemeldung überhaupt erstellt wird, welche Regeln dabei zu beachten sind und über welche Kanäle sie dann letztendlich verteilt wird, ist Gegenstand der folgenden Abschnitte.

3.2.2
Sinn und Zweck einer Pressemitteilung

Nicht nur Aussendung einer Firmennachricht

Allgemein herrscht die Meinung, dass eine Pressemeldung eine Aussendung irgendeiner wichtigen Firmennachricht an die gesamte Presselandschaft ist, die versendet wird, um diese Nachricht in irgendeinem IT-Magazin abgedruckt zu bekommen. Dies ist nicht falsch, beschreibt aber nur einen Bruchteil dessen, was eine Pressemitteilung wirklich ist.

Die folgenden Punkte beschreiben zusätzliche Aspekte, die den meisten Unternehmen nicht bewusst sind:

Zusätzliche Aspekte

- Börsennotierte Unternehmen wissen, dass Ereignisse, die einen Einfluss auf das zu erwirtschaftende Ergebnis des Unternehmens haben oder haben könnten, innerhalb einer gewissen Frist als Pressemitteilung veröffentlicht werden müssen. Dabei kann es sich um das jeweilige Quartalsergebnis, einen signifikanten Auftrag, geplante Akquisitionen anderer Unternehmen, aber auch um eine deutliche Personalreduzierung handeln. Solche Meldungen sind so genannte Pflichtmeldungen.

Sehr gutes Sales Vehicle

- Es gibt kaum ein besseres „Sales Vehicle“ als Pressemeldungen, die von einem neuen gewonnenen Auftrag handeln. Wir gehen im nächsten Abschnitt noch näher auf die Inhalte solcher Erfolgsmeldungen ein, es sei aber schon mal erwähnt, dass die

Pressemeldung hier wie eine Art Werbebroschüre behandelt wird. Sie wird vom Vertrieb dem Kunden ausgehändigt (persönlich oder per E-Mail) mit dem Verweis, dass die angebotene Dienstleistung oder das Produkt[45] hier erfolgreich etabliert wurden. Im Idealfall handelt es sich um eine Pressemeldung über einen Kunden, der aus derselben Branche stammt wie der derzeitige Prospect[46]. Somit eignen sich derartige Pressemeldungen auch dazu, auf Messen und Kongressen an die Besucher verteilt zu werden. Sie stellen also eine optimale Ergänzung des bisherigen Marketingmaterials dar. Besonders bei international organisierten Unternehmen sind Pressemeldungen als eine landesspezifische Erweiterung des Marketingmaterials - allgemein auch als Collateral bezeichnet - zu werten.

Hilfsmittel zur „Einschüchterung" des Wettbewerbs

- Pressemeldungen, die über einen erfolgreichen Geschäftsabschluss berichten, sind hervorragende Hilfsmittel zur „Einschüchterung" des Wettbewerbs. Voraussetzung dafür ist, dass diese Pressemeldungen im Internet veröffentlicht werden.[47] Erscheinen in regelmäßigen Abständen diese Erfolgsmeldungen, so präsentiert das Unternehmen damit eine gewisse Dominanz auf dem Markt.

Hallo wir leben noch

- Pressemeldungen eignen sich hervorragend, um ein kontinuierliches „Lebenszeichen" von sich zu geben, was in Krisenzeiten, wo eine Insolvenz in der IT-Branche die nächste jagt, gar nicht oft genug vorgenommen werden kann.
- Die Versendung einer Pressemitteilung kann unterschiedliche Ergebnisse hinsichtlich eines Abdrucks in der Presse haben, unter anderem sind die in Abschnitt 3.8 aufgeführten Kurznotizen eine Möglichkeit. Es können auch konkrete Artikel daraus entstehen, sofern vom Unternehmen (bzw. der Presseagentur) entsprechend nachgehakt wird. Wie dies gehandhabt wird, soll weiter unten näher erläutert werden. Generell kann man als durchschnittliche Kenngröße einen Faktor von 1:10 ansetzen, also jede 10. Presse-

[45] Im späteren Verlauf dieses Kapitels kommen wir noch näher auf eine Differenzierung zwischen Pressearbeit im Dienstleistungssektor und im Produktgeschäft zu sprechen.

[46] Unter einem Prospect versteht man einen Interessenten, der durch den Kauf der angebotenen Dienstleistung oder des Produktes zum Kunden werden soll. Wir benutzen hier die Bezeichnung Prospect, da sie mehr ausdrückt als der Begriff Interessent.

[47] Es existieren unterschiedliche Formen der Veröffentlichung von Pressemeldungen, darauf kommen wir im weiteren Verlauf dieses Abschnitts noch zu sprechen.

meldung wird sich innerhalb eines Clippings wiederfinden. Natürlich hängt dieser Wert stark mit den jeweiligen Inhalten der Meldungen zusammen; trifft dieser nicht das Interesse des Magazins, so wird auch nach der 1.000sten Pressemeldung immer noch kein Clipping entstehen.[48]

Nur einer von vielen Wegen

- Pressemitteilungen sind nur *ein* Weg der Kommunikation mit der Presse – viele Unternehmen sind der Überzeugung, dass mit der Aussendung von Pressemeldungen bereits alle erforderlichen Schritte innerhalb der Pressearbeit getan wären. Dem ist definitiv nicht so. Vielmehr kann man sagen, dass die Versendung von Pressemitteilungen nur ein vorausschauender bzw. vorbereitender Schritt innerhalb der Pressearbeit ist, der zwar notwendig, aber nicht hinreichend ist. Wir gehen im Verlauf dieses Kapitels noch auf die weiteren erforderlichen Schritte ein.

3.2.3 Mögliche Inhalte einer Pressemeldung

Eine Pressemeldung kann die unterschiedlichsten Inhalte haben, eins ist wichtig: Der jeweilige Inhalt bestimmt den entsprechenden Empfänger der Pressemeldung. Das bedeutet also auch, dass nicht jede Pressemeldung für jeden Redakteur und jede Zeitschrift bzw. jedes Magazin vorgesehen ist[49]. Die folgenden Themen können Gegenstand einer Pressemitteilung sein:

Erfolgsmeldungen

- Erfolgsmeldung: Bereits im vorherigen Abschnitt haben wir die Erfolgsmeldung angesprochen, es handelt sich dabei um eine Meldung, die über einen erfolgreichen Projektabschluss oder Produktverkauf an einen bestimmten Kunden berichtet. Zu unterscheiden sind dabei zwei unterschiedliche Typen von Erfolgsmeldungen:

  Zwei unterschiedliche Erfolgsmeldungen

  – Erfolgsmeldungen, in denen der Kunde genannt werden darf.
  – Erfolgmeldungen, in denen der Kunde nicht genannt werden darf. Solche Erfolgsmeldungen haben eigentlich nahezu keinen journalistischen Wert, die Wahrscheinlichkeit, dass die Meldung in der Presse abgedruckt wird, ist gleich Null. Wa-

[48] Bestes Beispiel ist, wenn etwa ein CAD-Hersteller ständig Pressemeldungen an die *Wirtschaftswoche* sendet und darin über die neuen Features berichtet – ein Abdruck ist ausgeschlossen, da diese Meldungen nicht den üblichen Inhalten der *Wirtschaftswoche* entsprechen.

[49] Auch wenn das immer noch viele Unternehmen und zum Teil sogar auch Presseagenturen nicht glauben wollen.

rum sie dann veröffentlichen? Der Grund ist einfach: Sofern es sich um einen sehr bekannten Kunden handelt, kann man den Kunden sehr gut umschreiben, ohne ihn dabei zu nennen, und jeder weiß sofort, um wen es sich handelt. Beispiele: Ein weltweiter Elektronikkonzern mit Sitz in München, ein Automobilhersteller mit Sitz in Wolfsburg oder ein Transportunternehmen mit Sitz in Frankfurt. Auch wer nicht jeden Tag das *Handelsblatt* auswendig lernt, kann hinter diesen Umschreibungen die Unternehmen Siemens, Volkswagen und Deutsche Bahn erkennen. Das führt zwar nach wie vor nicht zum Abdruck der Meldung, aber für den Vertrieb ist diese Meldung jetzt sehr wichtig. Auch der Wettbewerb wird von der Meldung beeindruckt sein. Somit dienen solche Meldungen zwar nicht dem ursprünglichen Zweck (man kann eigentlich auf die postalische Versendung der Meldung verzichten), da sie nicht abgedruckt werden, aber sie erfüllen einen anderen Zweck und sind damit sinnvoll und wertvoll. Als Sales Vehicle (siehe auch vorheriger Abschnitt) erfüllt diese Meldung somit allemal ihren Zweck - zumal beim Überreichen der Meldung an einen Prospect ja angedeutet werden kann, um welchen Kunden es sich hier konkret handelt!

Neuigkeit

- Neuigkeit: Besonders im Produktgeschäft ist es üblich, wenn ein neues Release auf den Markt gebracht wird, dass die wesentlichen Neuerungen per Pressemitteilung bekannt gemacht werden.

Partnerschaftsmeldung

- Partnerschaftsmeldung: Heutzutage sind strategische Partnerschaften oder Produktpartnerschaften von großer Bedeutung. Daher werden diese auch per Pressemitteilung der Außenwelt mitgeteilt. Besonders im Produktgeschäft, wenn zwei Hersteller eine Schnittstelle zwischen ihren Werkzeugen implementiert haben, ist dies von Bedeutung. Es gibt Magazine, wie zum Beispiel die *ObjektSpektrum* von Sigs Datacom, die innerhalb des Newsteils eine eigene Rubrik für Partnerschaften haben.

Personalmeldung

- Personalmeldung: Personalmeldungen sind die übliche Form der Bekanntgabe eines Mitarbeiterwechsels in einer entscheidenden Position. Es ist dabei zu beachten, dass hier nur Positionen von Bedeutung sind, die auf die Außendarstellung des Unternehmens bzw. den wirtschaftlichen Erfolg des Unternehmens einen Einfluss haben.

Veranstaltungshinweis

- Veranstaltungshinweis: „Stell Dir vor, es ist Messe und keiner weiß, dass Du da bist." Um eine solche Situation zu vermeiden, bewerben Unternehmen ihre Außenauftritte auf unterschiedlichste Art. Das Nutzen eines Veranstaltungshinweises als Pressemeldung ist eine Möglichkeit dazu.

Gewinnwarnung

- Gewinnwarnung: Diese Art von Meldung sendet kein Unternehmen gerne aus, ist sie doch letztendlich der Auslöser für einen signifikanten Einbruch der Aktie. Allerdings sind börsenorientierte Unternehmen dazu verpflichtet eine derartige Meldung zu tätigen, wenn sie erkennen, dass der Umsatz nicht den Erwartungen entspricht.

3.2.4 Erstellen einer Pressemitteilung

3.2.4.1 Einführung

Immer gleicher Prozess

Das Erstellen einer Pressemitteilung ist ein Prozess, der einmal etabliert immer auf die gleiche Art und Weise vorgenommen wird. Bevor wir uns mit diesem Prozess beschäftigen, wollen wir zunächst den Aufbau der Pressemeldung und deren Outfit betrachten.

Die Pressemitteilungen eines Unternehmens müssen dem CI des Unternehmens entsprechen, sie sehen immer gleich aus (unabhängig davon, an wen sie gesendet werden) und haben immer denselben Aufbau. Die im Folgenden beschriebenen Aspekte haben daher keine Allgemeingültigkeit, sondern sind nur ein Vorschlag, der sich allerdings in der Praxis bewährt hat.

3.2.4.2 Die sechs Bereiche einer Pressemitteilung

Zu unterscheiden sind im Prinzip sechs Bereiche einer Pressemeldung, die im Folgenden besprochen werden; dabei werden wir auch einige „goldene Regeln" aufführen, die bei der Erstellung einer Pressemeldung zu beachten sind:

Kopf der Pressemeldung

1. Der Kopf der Pressemeldung. Hier werden Angaben aufgeführt, anhand derer der Redakteur sofort die wichtigsten Kenndaten der Pressemeldung erkennen kann. Üblicherweise sind dies:

   Titel

   - Der Titel der Pressemeldung: Dieser muss nicht mit der im Folgenden aufgeführten Überschrift wortwörtlich übereinstimmen, wichtig ist, dass der Redakteur aus dem Titel sofort erkennen kann, um was es in der Pressemeldung eigentlich geht.

- Die zugehörige Rubrik: Nahezu alle Zeitschriften sind in Rubriken aufgeteilt. Daher bietet es sich an, dass in der Pressemeldung sofort aufgeführt wird, unter welche Rubrik die vorliegende Meldung fällt. Natürlich kann hier nur eine grobe Einteilung vorgenommen werden, da ja jede Zeitschrift andere Rubriken hat, die folgenden Rubriken haben sich aber in der IT-Branche als sinnvoll erwiesen: *Rubrik*
  - Produktmeldung
  - Erfolgsmeldung
  - Wirtschaft
  - Personalmeldung
  - Veranstaltungshinweis
  - Methoden & Verfahren
- Anzahl Zeichen: Hier stellt Word ein entsprechendes „Feld" zur Verfügung, das automatisch die Anzahl der Zeichen angibt. Der Redakteur kann diese dann in den ungefähren Platzbedarf umrechnen, die die Meldung innerhalb seines Magazins einnimmt. *Anzahl Zeichen*
- Anlagen: Häufig werden dem reinen Text einer Pressemitteilung auch noch Anlagen beigefügt, die zur grafischen Auflockerung der Meldung dienen. Diese Anlage ist meist als Grafik bereits in der Pressemeldung integriert, sie muss jedoch der Redaktion in einer besonderen Form (reprofähig) noch zur Verfügung gestellt werden. Im Regelfall geschieht dies über einen Link auf die Homepage[50], wo innerhalb des Downloadbereichs die Grafik vom Redakteur abgerufen werden kann. Die physikalische Beilage eines Dias, Fotos oder einer Diskette ist mehr oder weniger Vergangenheit. Im Einzelnen sind hier die folgenden Anlagen denkbar: *Anlagen*
  - Ein Foto der Person, die in der Pressemeldung zitiert wird oder in einer Personalmeldung als neuer Mitarbeiter angekündigt wird. *Mögliche Anlagen einer Pressemitteilung*
  - Ein Foto der Hardwareeinheit, die in der Pressemeldung neu angekündigt wird.
  - Ein Foto der Verpackung eines Software-Produktes.
  - Das Logo einer Veranstaltung, an der das Unternehmen teilnimmt.
  - Die beiden Logos von zwei Unternehmen, die eine Partnerschaft in der Meldung ankündigen.

---

[50] Angegeben wird hier entweder die Homepage des Unternehmens oder der Presseagentur, sofern diese einen entsprechenden Downloadbereich zur Verfügung stellt.

- Screenshots einer neuen Produktversion, die in der Meldung angekündigt wird.
- usw.

Überschriftenteil der Pressemeldung

2. Der Überschriftenteil der Pressemeldung: Hier geht es darum, mit einer aussagekräftigen – zum Teil auch durchaus reißerischen – Überschrift, das Interesse des Redakteurs zu wecken. Es ist sehr schwierig, hier ein gesundes Mittelmaß zwischen „Reißer" und „Langweiler" zu finden, da man die Pressemeldung ja an alle Redaktionen schickt und nicht für jede Redaktion eine eigene Überschrift erzeugt, die dem Stil des Magazins entspricht. Häufig werden auch zwei Überschriften benutzt, die dann in verschiedenen Schriftgrößen dargestellt werden. Die Hauptüberschrift ist dann meist der „Reißer" und die 2. Überschrift die seriöse Erläuterung.

Meldungskopf

3. Der Meldungskopf: Ähnlich wie bei einem Artikel wird zwischen der Überschrift und dem eigentlichen Meldungstext eine knappe Zusammenfassung gegeben, was den Leser inhaltlich erwartet. Dieser Meldungskopf beginnt üblicherweise mit einem Datum und einem Ort (Niederlassung der Pressestelle des Unternehmens oder der Hauptsitz des Unternehmens). Von der Aufmachung her ist dieser Meldungskopf fett gedruckt und in einer etwas größeren Schriftgröße gehalten als der eigentliche Meldungstext. Man sollte sich bewusst sein, dass ein Redakteur, wenn er diesen Meldungskopf gelesen hat und immer noch kein Interesse an der Pressemitteilung hat, auf keinen Fall weiterlesen wird. Es ist also die letzte Chance, nochmals Aufmerksamkeit zu erlangen.

Der eigentliche Text

4. Der eigentliche Text: Der eigentliche Text – also der Meldungsinhalt – sollte eine Länge von 2 Seiten nicht überschreiten. Das Einfügen von Zwischenüberschriften erleichtert die Lesbarkeit der Meldung und lockert zusätzlich das Erscheinungsbild auf. Ebenso sollte genügend Platz zum Seitenrand gelassen werden, damit sich der Redakteur direkt Notizen machen kann. Bei der Integration von Grafiken sind die folgenden Regeln zu beachten:

Bei der Integration von Grafiken zu beachten

- Bei ausgedruckt versendeten Pressemitteilungen ist eine möglichst hohe Auflösung (mindestens 300 dpi (dots per inch)) zu verwenden, um eine gute Qualität im Ausdruck zu erzielen.
- Bei elektronisch versendeten Pressemitteilungen ist eine möglichst niedrige Auflösung zu verwenden, damit die Dateigröße sich im üblichen Rahmen hält. Darunter leidet zwar die Qualität, aber nichts ist ärgerlicher als eine 2 MB große Pressemitteilung.

- Es ist bei jeder Grafik eine Quelle anzugeben, wo sich der Redakteur das entsprechende Bild, Logo oder Foto in reprofähiger Form downloaden kann.
- Das Foto, Logo oder Bild muss im Text referenziert werden, muss also einen klaren Bezug zum Meldungstext haben.

5. Erläuterungen: Nach dem Pressetext können ergänzende Erläuterungen eingefügt werden. Üblicherweise wird hier ein Kurzprofil (ca. 5 bis 10 Zeilen) des Unternehmens immer beigefügt. Dann – abhängig von der Meldung – kann zum Beispiel ein ebenso langes Kurzprofil des Produktes, das in der Meldung erwähnt wird, oder des neuen Partners oder ein Profil des neuen Kunden usw. aufgeführt werden. *Erläuterungen*
6. Kontaktadressen: Am Ende jeder Pressemeldung sollten immer die für die Meldung relevanten Kontaktadressen aufgeführt werden. Hier müssen alle relevanten Daten (also Telefon, Fax, E-Mail usw.) enthalten sein, um einem Redakteur die sofortige Kontaktaufnahme zu erleichtern. Dabei sollten zumindest zwei Adressen aufgelistet sein, einmal der Unternehmenskontakt und einmal die Presseagentur bzw. der zuständige Kundenberater der Agentur. *Kontaktadressen*

3.2.4.3 Firmenspezifische Anpassungen

Diese oben beschriebenen sechs Bereiche einer Pressemeldung können von Unternehmen zu Unternehmen variieren. So lassen beispielsweise viele Unternehmen den unter 1.) beschriebenen Kopf der Meldung weg, andere verzichten auf sämtliche grafischen Inhalte und beschränken sich auf eine rein textuelle Darstellung.

Das äußere Erscheinungsbild

Das äußere Erscheinungsbild der Pressemeldung ist jeweils dem CI des Unternehmens angepasst; das betrifft den Schrifttyp und die jeweiligen Fontgrößen, die Positionierung des Logos bis hin zur Qualität des benutzten Papiers und der Kuverts. So lassen sich zum Beispiel manche Unternehmen spezielles Briefpapier für Pressemeldungen drucken.

Wenn ein Unternehmen mit einer Presseagentur zusammenarbeitet, wird in der Regel für die Meldung selbst das Briefpapier des Unternehmens, für das Kuvert ein übliches Kuvert der Agentur genutzt. Aber auch hier sind Ausnahmen festzustellen.

3.2.4.4
Das Anschreiben zu einer Pressemitteilung

Viele Unternehmen (und auch Presseagenturen) versenden Pressemitteilungen ohne jegliches Anschreiben, sie werden kuvertiert und versendet. Es ist Geschmackssache (oder auch ein Akt der Höflichkeit) – wir sind der Überzeugung, dass ein Anschreiben einer Pressemeldung beigefügt werden sollte. Inhalte dieses Anschreibens sollten sein:

Inhalte eines Anschreibens

- Eine kurze Begrüßung und Überleitung zu der Pressemeldung.
- Eine kurze Begründung, warum die Pressemeldung wichtig ist.
- Ein Hinweis, wo eventuell ergänzendes Bildmaterial sowie eine Textform dieser Pressemeldung zu finden ist (Link).
- Die Bitte um Zusendung eines Belegexemplars, sofern es zum Abdruck der Meldung kommt.

Persönliche Ansprache ist wichtig

Auch wenn das Anschreiben als Serienbrief verfasst und vom Redakteur vielleicht nur überflogen wird, es ist immer noch persönlicher, als nur die Pressemeldung in einem Umschlag zuzusenden. Eine über diese Serienbriefe hinausgehende Form des Anschreibens ist Kapitel 7 zu entnehmen, wo wir uns mit Guerilla-PR beschäftigen.

3.2.4.5
Typische Fehler, die bei der Formulierung einer Pressemitteilung gemacht werden

Die Erfahrung und Praxis zeigt, dass immer wieder die gleichen Fehler bei der Erstellung einer Pressemitteilung begangen werden, die einen möglichen Abdruck der Meldung verhindern oder zumindest erschweren. Wir wollen hier kurz auf die typischen Schwachstellen eingehen:

Länge der Pressemitteilung

- Länge der Pressemitteilung: Immer wieder wird der Fehler gemacht, dass die Pressemitteilung zu lang ist. Besonders Produkthäuser, die ein neues Release auf den Markt bringen, neigen dazu, seitenlange Featurebeschreibungen zu integrieren, als ob sich die Qualität des neuen Releases am Umfang der Pressemitteilung messen ließe. Auch hier gilt: Weniger ist mehr! Eine 2-seitige knappe Zusammenfassung der wichtigsten Neuerungen und vor allem der Vorteile, die der Anwender dadurch hat, reichen völlig aus. Schließlich ist es eine Pressemeldung und kein Produkt-Review! Ist der Redakteur an weitergehenden Informationen interessiert, können White Papers oder Ähnliches als ergänzendes Material genutzt werden.

- Zu viele Zitate: Manche Pressemitteilungen lesen sich eher wie ein Interview der Kundschaft eines Unternehmens als wie eine Pressemeldung. Zwei Zitate sind völlig ausreichend, die dann aber bitte von jemandem, der entweder selber bekannt ist oder dessen Unternehmen und Position innerhalb des Unternehmens von Bedeutung ist.

Zu viele Zitate

- Zu viele Übertreibungen: Es ist schon fast lächerlich, jedes Produkt in der IT-Branche ist Marktführer (man muss nur die entsprechenden Parameter entsprechend anpassen). Viele Redakteure haben fast schon eine Allergie gegen dieses Wort entwickelt. Und wenn es nicht zum Marktführer reicht - Technologieführer ist man doch allemal! Und dass die hausinternen Berater die einzigen sind, die SAP installieren und anpassen können, ist doch mittlerweile auch bekannt. Solche Übertreibungen bringen in einer Pressemitteilung nur eins - sie werden ignoriert und führen letztendlich dazu, dass die gesamte Pressemitteilung unter einem negativen Eindruck steht und dort landet, wo sie hingehört: Im Müll!

Zu viele Übertreibungen

- Nicht nachweisbare Alleinstellungsmerkmale: Um sich vom Wettbewerb abzuheben, versuchen viele Unternehmen ihren Produkten oder auch Dienstleistungen Alleinstellungsmerkmale zu „verleihen". Leider sind diese - sofern sie nicht nachweisbar sind - das Papier nicht wert, auf dem sie stehen, da kein seriöser Redakteur sich vor den „Marketingkarren" eines Unternehmens spannen lässt und diese somit auch nicht abdruckt.

Nicht nachweisbare Alleinstellungsmerkmale

- Zu wenig Praxisbezug: Viele Redakteure erhalten Pressemeldungen, lesen sie und stellen sich dann anschließend die Frage: Und wozu brauch ich das? Der übliche Fehler: Die Unternehmen, die diese Meldungen verfassen, beschäftigen sich tagaus und tagein mit ihrer Thematik. Redakteure hingegen haben ein wesentlich umfangreicheres Spektrum, sie können sich nur selten in Details vertiefen, aber genau das wird durch die Formulierung der meisten Pressemitteilungen von ihnen erwartet!

Zu wenig Praxisbezug

- Falscher Versendungszeitpunkt: Es gibt Termine, an denen macht es einfach keinen Sinn, dass Pressemeldungen versendet werden. CeBIT - Systems - Weihnachten sind typische Bespiele.

Falscher Versendungszeitpunkt

3.2.5
Verteilen einer Pressemitteilung

Die Versendung (Verteilung) einer Pressemitteilung kann auf unterschiedliche Art und Weise vorgenommen werden. Allgemein üblich sind die folgenden Wege:

Mögliche Versendungswege

- Per Post: Die Pressemitteilungen werden auf dem Postweg an die Redakteure und Journalisten gesendet. Mehr zu diesem Thema ist Kapitel 7 zu entnehmen.
- Per Fax: Die Pressemeldungen werden direkt an die Redaktion gefaxt. Dieser Weg wird immer seltener gegangen.
- Per E-Mail: Die Pressemitteilungen werden per E-Mail an die entsprechenden Redakteure und Journalisten gesendet. Bei einigen Zeitschriften existiert auch ein allgemeiner E-Mail-Account, auf dem alle Pressemitteilungen gesammelt werden.
- Durch Bereitstellung auf einem Presseportal. Mehr zum Thema Presseportale ist dem übernächsten Kapitel zu entnehmen. Wir werden dort konkret demonstrieren, wie Pressemeldungen in ein Portal gesetzt werden.

Nutzen eines Antwortfaxes

Generell gilt, dass jeder Journalist und jeder Redakteur danach befragt werden sollte, auf welchem Wege er die Pressemitteilungen zugestellt bekommen möchte. Dies wird in der Regel telefonisch oder über ein Antwortfax vorgenommen, das im nächsten Abschnitt besprochen wird.

Auf die Art und Weise, wie eine Pressemeldung dann versendet wird, gehen wir in Kapitel 6 näher ein. Hier wollen wir kurz darstellen, wie es von den meisten Presseagenturen gehandhabt wird. Die Pressemeldung wird (meist über eine Kuvertiermaschine) in ein weißes (minderwertiges) Kuvert gesteckt, anschließend kommt ein Etikett mit dem Namen und der Anschrift des Redakteurs auf das Etikett (meist schief) und wird dann als Massenwurfsendung versendet. Eine Kommentierung dieser Vorgehensweise wollen wir uns an dieser Stelle ersparen.

Optische Differenzierung

Unternehmen, die die Pressearbeit ohne eine Presseagentur vornehmen, benutzen zumindest das firmeneigene Briefpapier und die dazugehörigen Umschläge, so dass hier bereits eine optische Differenzierung vorgenommen wird.

3.2.6 Das Antwortfax

Wie zuvor erwähnt macht es Sinn, dass Redakteure und Journalisten zunächst befragt werden, in welcher Form sie Pressemeldungen zugesendet haben möchten. Dies wird entweder telefonisch oder über ein Antwortfax bewerkstelligt. Das Antwortfax sollte dabei wie folgt aufgebaut sein:

Aufbau des Antwortfaxes

- Im Kopf des Faxes sollte bereits (zum Beispiel über die Serienbrieffunktion) der Name des Redakteurs, die Zeitschrift, der Verlag und die Adresse integriert sein. Das Ausfüllen des Faxes sollte so schnell wie möglich vorgenommen werden können. Muss der Redakteur erst seinen Namen und alle weiteren Angaben eintragen, verringert dies die Wahrscheinlichkeit, dass das Fax auch abgeschickt wird.
- Im Hauptteil des Faxes werden verschiedene Alternativen der Zustellung der Pressemitteilung angeboten. Wichtig ist dabei, dass auch der Kunde bzw. das Unternehmen aufgelistet wird, von dem die Pressemitteilungen stammen[51]. Dem Redakteur muss hier die Möglichkeit geboten werden, durch einfaches Ankreuzen der gewünschten Option seine Auswahl zu treffen. Üblich sind die folgenden Alternativen:

  Alternativen der Zustellung

  - Bitte senden Sie mir weiterhin Pressemitteilungen per Post zu.
  - Bitte senden Sie mir künftig Pressemitteilungen per E-Mail zu und zwar an die folgende E-Mail Adresse: ....
  - Bei Zusendung per E-Mail: Ich bevorzuge das folgende Format:[52]

    Alternative Formate

    - WinWord (*.doc)
    - PDF (*.pdf)
    - Reine Textdatei (*.txt)
  - Bitte senden Sie mir die Pressemeldungen sowohl per Post als auch per E-Mail zu und zwar an die folgende Adresse: ....
    ....

[51] Dies gilt nur für Presseagenturen, die mehrere Antwortfaxe versenden. Ein Unternehmen, das seine Pressearbeit selbstständig vornimmt, gibt hier nur den eigenen Namen an. Hintergrund: Es ist durchaus möglich, dass Redakteure von Kunde A die Pressemitteilungen lieber per E-Mail bekommen und von Kunde B lieber per Post. Dies hängt zum größten Teil davon ab, wie viele Anlagen (zum Beispiel Screenshots, Bilder, etc.) den Pressemeldungen beigefügt werden.

[52] Aus Sicherheitsgründen wollen einige Redakteure die Pressemeldungen nicht im WinWord-Format zugesendet haben.

– Bitte senden Sie mir keine Pressemeldungen von Unternehmen A mehr zu.[53]
– Ich bin nicht der richtige Ansprechpartner in der Redaktion, bitte senden Sie künftig Pressemeldungen an: ....

- Im unteren Teil des Antwortfaxes wird die Adresse des Unternehmens bzw. der Presseagentur angegeben, wobei die Faxnummer besonders fett hervorgehoben wird, damit sie dem Redakteur direkt ins Auge fällt.

Die Gelegenheit gleich nutzen

Mit diesen Angaben ist das Antwortfax im Wesentlichen fertig gestellt. Es wäre jedoch durchaus zu überlegen, ob man nicht die Gelegenheit nutzt, und zumindest die Korrektheit der Adressdaten überprüft. Hierzu würde dann im unteren Teil des Antwortfaxes ein entsprechender Hinweis aufgeführt werden, wie zum Beispiel: „Stimmen Ihre Kontaktdaten noch? Wenn nein, ändern Sie diese doch bitte und lassen Sie uns dieses Fax zukommen."

Es ist ohnehin notwendig, dass sowohl eine Presseagentur als auch ein Unternehmen die Kontaktdaten in regelmäßigen Abständen überprüft, warum also nicht die Gelegenheit nutzen und das Antwortfax dazu verwenden?

3.2.7 Das Response-Verhalten auf Antwortfaxe

Response-Rate ist gering

Es wäre übertrieben zu erwarten, dass man nach der Aussendung eines solchen Antwortfaxes innerhalb kürzester Zeit von jedem angeschriebenen Redakteur und Journalisten das Fax säuberlich ausgefüllt zurückerhält. Die Response-Rate auf Antwortfaxe ist – nicht nur bei Journalisten, sondern allgemein – ohnehin nicht besonders groß.

Dies liegt zum größten Teil daran, dass man ja schließlich nicht das einzige Unternehmen ist, das solche Faxe versendet. Es ist davon auszugehen, dass Journalisten und Redakteure im Durchschnitt bis zu sieben derartige Faxe im Monat erhalten. Sie werden also nur die ausfüllen und zurücksenden, die sie für wichtig erachten oder wo sie entsprechenden Handlungsbedarf sehen. Betrach-

[53] So hart es ist, ein Antwortfax zu erhalten, auf dem diese Option angekreuzt ist – es spart Geld und Arbeit, wenn man weiß, dass den Redakteur die Pressemeldungen des Unternehmens nicht interessieren. Handelt es sich um einen wichtigen Redakteur, der das Kerngeschäft des Unternehmens zum Schwerpunkt hat, sollte hier auf alle Fälle nachgehakt werden, warum das so ist.

ten wir nochmals die Motivation, mit der dieses Antwortfax versendet wurde:

Motivation zur Versendung eines Antwortfaxes

- Wichtigster Punkt: Bedienen wir den Journalisten und Redakteur mit unseren Pressemitteilungen u.ä. richtig – also so, wie es ihm am liebsten ist? Wenn ja, warum soll sich der Journalist oder Redakteur die Mühe machen, uns dies nochmals per Fax zu bestätigen? Man kann davon ausgehen, dass viele Faxe nicht zurückkommen, weil alles so „in Ordnung" ist, getreu dem Motto: Wer schweigt, stimmt zu.
- Ebenfalls ein wichtiger Punkt: Will der Redakteur oder Journalist überhaupt unsere Pressemeldungen haben? Hier wird es schon kritischer, da vier verschiedene Möglichkeiten existieren:

  Vier verschiedene Möglichkeiten

  - Ja, er will. Da alles ok ist und er sowieso im Stress ist, sendet er das Fax nicht zurück, siehe oben.
  - Ja, er will und um das zu unterstreichen, sendet er das Fax zurück. Optimale Situation.
  - Nein, er will nicht und hat sich schon längst angewöhnt, die von unserem Unternehmen stammenden Briefe ungeöffnet zu „entsorgen" bzw. eine Regel auf die eintreffenden E-Mails definiert, die diese direkt löscht. Dann kann er natürlich auch nicht auf das Fax antworten. Hier liegt die ungünstigste Situation vor, denn wie sollen wir unterscheiden, ob Situation 1 oder diese vorliegt?
  - Nein, er will nicht und unterstreicht dies, in dem er das Fax entsprechend ausgefüllt zurücksendet. Zwar keine schöne Situation, aber wir haben zumindest Klarheit.
- Nächster Punkt: Stimmt die Adresse noch bzw. ist der Empfänger unser richtiger Ansprechpartner? Auch hier gibt es die folgenden Möglichkeiten:

  Wieder vier Möglichkeiten

  - Die Adresse stimmt noch, wir haben auch den richtigen Ansprechpartner angeschrieben und er bestätigt uns das per Fax: Optimale Situation.
  - Die Adresse stimmt nicht mehr oder der Ansprechpartner hat gewechselt und die Redaktion teilt uns das per Fax mit: Ebenfalls optimale Situation.
  - Die Adresse stimmt noch, wir haben auch den richtigen Ansprechpartner angeschrieben, doch unser Schreiben wird nicht beantwortet. Unsichere Situation, kann nur durch Nachtelefonieren endgültig geklärt werden.
  - Die Adresse stimmt nicht mehr oder der Ansprechpartner hat gewechselt und unser Schreiben versandet irgendwo, wir erhalten also kein Feedback: Auch hier hilft nur nachtelefonieren!

Kein eindeutiges Ergebnis

Es ist also offensichtlich, dass das alleinige Versenden eines Antwortfaxes kein eindeutiges Ergebnis liefert, da zu viele unterschiedliche Alternativen der Handhabung existieren, wie aus Abbildung 18 hervorgeht. Klarheit existiert praktisch nur, wenn entweder ein korrigiertes Fax oder eine Korrektheitsbestätigung eintrifft. Aus Abbildung 18 wird ebenfalls ersichtlich, dass wenn das Antwortfax nicht eintrifft, praktisch noch alle Möglichkeiten offen sind:

Praktisch ist noch alles offen

- Die Adresse ist falsch, aber der Ansprechpartner ist richtig
- Die Adresse ist richtig und der Ansprechpartner ist richtig
- Die Adresse ist richtig, aber der Ansprechpartner ist falsch
- Die Adresse ist falsch und der Ansprechpartner ist falsch

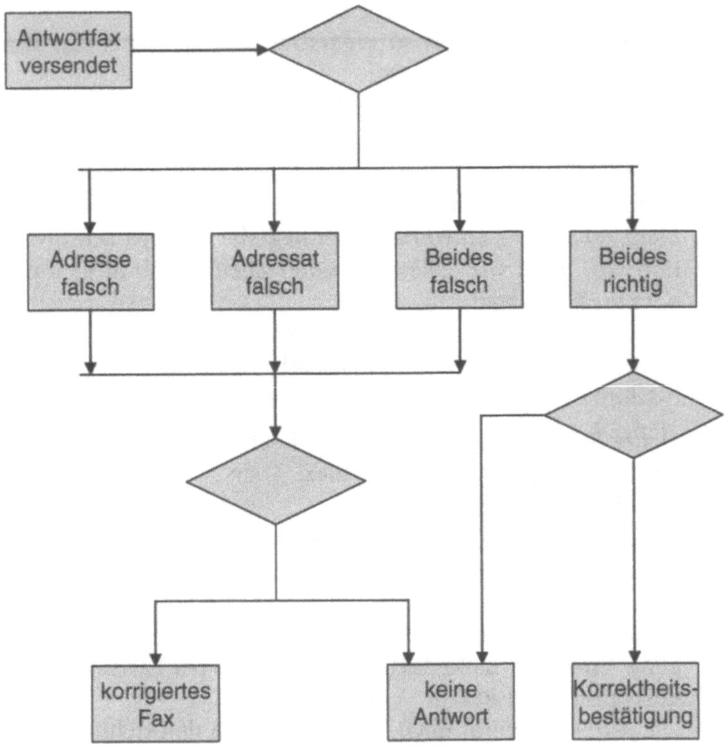

Abbildung 18: Unterschiedliche Alternativen bei der Versendung eines Antwortfaxes

3.2.8 Fazit

Die Pressemitteilung gehört nach wie vor zu den wichtigsten Instrumenten der Pressearbeit, die für eine regelmäßige Informationsbereitstellung der Außenwelt sorgt. Doch haben Pressemitteilungen noch eine Vielzahl weiterer Wirkungen, angefangen von der Beeindruckung des Wettbewerbs bis hin zum „Hallo wir leben noch!"-Zeichen an die Redaktionen.

Wiedererkennungseffekt berücksichtigen

Versendet werden Pressemitteilungen üblicherweise an einen vorher definierten Presseverteiler, dieser kann von Meldung zu Meldung variieren, je nachdem, welchen Inhalt die Meldung hat. Die eigentliche Erstellung der Meldung sollte immer nach den gleichen Regeln vorgenommen werden, so dass ein Wiedererkennungseffekt erzielt wird.

3.3 Der Fachartikel/Methodenartikel

3.3.1 Einführung

Wichtiges Instrument

Der Fach- oder Methodenartikel gehört zu den wirksamsten Instrumenten innerhalb der Öffentlichkeitsarbeit eines Unternehmens. Hier kann ein Unternehmen sein Know-how[54] in einem bestimmten Bereich zeigen. Fach- oder Methodenartikel werden von IT-Magazinen und -Zeitschriften gerne veröffentlicht, da sie naturgemäß kaum Werbung, dafür aber umso mehr Wissen enthalten. Der Leser erhält also einen echten Mehrwert. Diese Artikel beschreiben produktneutral eine bestimmte Vorgehensweise, wie zum Beispiel:

Beispiele für einen Fach- oder Methodenartikel

- Vorgehensweisen in der Software-Entwicklung, neue Ansätze oder konkrete Tipps und Tricks beim Einsatz einer bestimmten Programmiersprache.
- Möglichkeiten, die eine bestimmte Technologie künftig bieten wird, zum Beispiel Wissensmanagement oder Dokumentenmanagement.
- Aktuelle Standardisierungsbestrebungen; es gibt eine Reihe von Gremien, deren Arbeit in Fachartikeln dargestellt werden kann.

[54] Bzw. das seiner Mitarbeiter

- Return on Investment (RoI) oder Total Cost of Ownership (TCO)-Berechnungen.
- Prognosen, wie sich eine bestimmte neue Technologie auf dem Markt behaupten kann und welche Auswirkungen sie haben wird.
- usw.

In diesem Abschnitt wollen wir zunächst darauf eingehen, wie aus einer Idee zu einem Artikel ein Artikelangebot für eine Zeitschrift oder ein IT-Magazin wird und wie man bei der Einreichung dieses Angebots an einen Redakteur vorgeht. Ferner gehen wir darauf ein, wie man Fach- und Methodenartikel als wirksames Instrument in der Pressearbeit einsetzt.

Langer Weg von der Idee bis zum Abdruck

Im Anschluss beschäftigen wir uns mit zeitlichen Aspekten der Platzierung von Artikeln; wir werden erläutern, warum es so ein langer Weg von der Idee zu einem Artikel bis hin zum Abdruck des Beitrags in einer Zeitschrift oder einem Magazin ist und welche Möglichkeiten existieren, diesen Weg zu verkürzen.

Zum Schluss dieses Abschnitts behandeln wir das Thema Einflussfaktoren auf Fachartikel. Hier sind eine Reihe von Aspekten zu berücksichtigen, die sowohl einen negativen als auch positiven Einfluss auf die Platzierung eines Artikels haben können und die der Autor (oder das Unternehmen) nicht in der Hand hat.

3.3.2 Genereller Aufbau eines Artikelangebots

3.3.2.1 Einführung

Richtlinien beachten

Unabhängig davon, ob ein Unternehmen oder eine Presseagentur einem IT-Magazin einen Fachartikel anbietet, sind immer gewisse Richtlinien zu beachten. Es wurde bereits eingangs erwähnt, dass Fach- und Methodenartikel meist kaum Werbung enthalten. Man sollte also auch nicht versuchen, hier Werbung für das eigene Unternehmen in übertriebenem Maße zu integrieren.

In diesem Abschnitt beschäftigen wir uns zunächst damit, wie man eigentlich eine Artikelidee entwickelt, also woher der geistige Input für einen Artikel kommen kann und welchen Nutzwert der Artikel nach seinem Erscheinen für ein Unternehmen hat. Im Anschluss gehen wir darauf ein, wie bereits im Vorfeld eruiert werden kann, welche Zeitschrift oder welches Magazin Interesse an unserem Artikel haben könnte. Den Schwerpunkt dieses Abschnitts bildet die Beschreibung, wie man ein professionelles Artikelangebot an einen Verlag stellt.

3.3.2.2
Die Idee am Anfang

Beginnen wir am Anfang – also da, wo eine Idee zu einem Fach- oder Methodenartikel entsteht. Bereits hier können verschiedene Möglichkeiten der Ideenfindung auftauchen, die alle einen wichtigen Bestandteil der professionellen Pressearbeit darstellen:

Möglichkeiten zur Ideenfindung für einen Fachartikel

- Innerhalb der Projektarbeit wird ein Problem elegant gelöst, die Lösung ist innovativ und von allgemeinem Interesse (also mehrfach bzw. wieder verwendbar). Diese Lösung kann als Grundlage für einen Fachartikel verwendet werden.
- Innerhalb eines Projektes wurde nach einer neuen Methode vorgegangen, die bisher nur in der Theorie behandelt wurde. Hier bietet sich in Form eines Projektberichtes: „Erste Erfahrungen mit..." ein Methodenartikel an.
- Ein Produkthersteller hat in seinem Werkzeug eine neue Methode integriert. Auch hier bietet sich ein Methodenartikel an, wobei der Schwerpunkt eindeutig auf der Methode liegen muss und nicht auf dem Produkt.
- Den Mediadaten eines IT-Magazins[55] ist zu entnehmen, dass im Monat x ein Themenschwerpunkt ansteht, der das Kerngeschäft des Unternehmens darstellt, wo man zahlreiche Erfahrungen gesammelt hat und wo entsprechende Referenzen zur Verfügung stehen. Hier ist es Pflicht, einen entsprechenden Fachartikel einzureichen.
- u.v.m.

Der Phantasie sind keine Grenzen gesetzt

Es lassen sich sicherlich hier noch eine Reihe weiterer Ideenfindungen auflisten, Ziel dieser Liste ist es, dem Leser aufzuzeigen, dass es vielfältige Möglichkeiten gibt und mit etwas Phantasie jedes Unternehmen dazu in der Lage sein sollte, einen Fach- oder Methodenartikel zu schreiben.

3.3.2.3
Die Frage nach dem „Warum"

Kosten und Mühen lohnen sich

Bereits zu Anfang dieses Kapitels haben wir darauf hingewiesen, dass ein Fach- oder Methodenartikel meist wenig bis gar keine Werbung enthält. Warum macht sich also ein Unternehmen die Mühe, einen solchen Artikel zu erstellen, und nimmt die Kosten auf sich, ihn zu platzieren? Eine Antwort wurde bereits gegeben:

[55] Damit steht dann auch gleich schon das Zielorgan fest.

Das Unternehmen kann sein Know-how auf dem Gebiet, das der Artikel behandelt, unter Beweis stellen.

Existiert also eine Artikelidee, muss man sich als nächstes die Frage stellen: „Was habe ich davon, wenn der Artikel erscheint?" Hier sind die unterschiedlichsten Antworten möglich, die jede für sich Grund genug sind, einen Artikel zu verfassen, was sowohl für das Unternehmen, als auch den Autor, der den Artikel verfasst, gilt:

Qualifizierte Mitarbeiter

- In dem Artikel wird der Autor samt Unternehmen, bei dem er beschäftigt ist, genannt. Man beweist also der Außenwelt, dass man Mitarbeiter beschäftigt, die sich in dem Themengebiet sehr gut auskennen.

Gutes Produkt

- In dem Artikel wird ein Produkt des Unternehmens genannt, das zur optimalen Umsetzung einer Methode oder Vorgehensweise dient.

Renommierte Referenzen

- In dem Artikel wird ein Projekt referenziert, in dem das Unternehmen die Methode erfolgreich eingesetzt hat. Man zeigt also der Außenwelt, dass man über renommierte Referenzen verfügt.

Eigenwerbung

- Der Autor des Artikels möchte gerne Werbung in „eigener Person" machen, sei es, dass er firmenintern Karriere machen möchte oder einen Unternehmenswechsel anstrebt. Gerade für letzteres sind solche Fachartikel besonders geeignet.
- usw.

3.3.2.4 Auswahl des Zielorgans

Der Rechercheprozess

Existiert erst einmal die Artikelidee, so beginnt nun ein Rechercheprozess, welches Magazin oder welche Zeitschrift Interesse daran haben könnte, den geplanten Artikel zu veröffentlichen. Man spricht in diesem Zusammenhang auch von dem gewünschten Zielorgan, das den Artikel veröffentlicht. Hier existieren die folgenden Möglichkeiten:

- Man recherchiert innerhalb der Mediadaten der unterschiedlichen Verlage[56]. Mit ein wenig Glück hat die ein oder andere Zeitschrift demnächst einen Schwerpunkt in Arbeit, zu dem der Artikel passen könnte.

---

[56] Diese Recherche wird normalerweise immer im November eines Jahres vorgenommen, wenn die meisten Mediadaten von den Verlagen veröffentlicht werden. Da sich jedoch innerhalb eines Jahres die Themengebiete sowohl bei den Redaktionen als auch bei den Unternehmen ändern können, handelt es sich hier um eine regelmäßig/monatlich durchzuführende Aktivität.

- Da nicht in allen Mediadaten Themenschwerpunkte enthalten sind, kann man sich alternativ zu den Mediadaten auf den entsprechenden Webseiten der Verlage umschauen, welche Themen in Kürze anstehen. *Alternative: Web*
- Sofern das Unternehmen mit einer Presseagentur zusammenarbeitet, wird diese beauftragt, ein Magazin oder eine Zeitschrift zu finden, für die der Artikel interessant ist. Schließlich veröffentlichen sowohl Zeitschriften als auch Magazine neben den Schwerpunktthemen auch jede Menge Beiträge zu anderen Themen.
- Existieren bereits persönliche Kontakte zu Redakteuren, ist es am sinnvollsten, diese direkt zu kontaktieren und den Bedarf an dem geplanten Artikel zu eruieren.

3.3.2.5 Formulierung des Artikelangebots

Formaler Prozess

Ist man auf einem der hier beschriebenen Wege fündig geworden, beginnt ein in gewisser Hinsicht formaler Prozess: Man versucht der Redaktion die Artikelidee schmackhaft zu machen. Man formuliert also ein so genanntes Artikelangebot. Dieses besteht aus den folgenden Teilen:

- *Titel des Artikels* Titel des Artikels, eventuell noch Untertitel: Aus diesem muss hervorgehen, um was es sich in dem Beitrag handelt! Das gilt sowohl für den Redakteur, der den Vorschlag eingereicht bekommt, als auch für den späteren Leser des Artikels. Es sei jedoch an dieser Stelle erwähnt, dass viele Magazine es sich nicht nehmen lassen, einen eigenen Titel über den Beitrag zu setzen.
- *Themenbereich* Themenbereich: Artikel lassen sich einer Rubrik oder einem Themenbereich zuordnen. Im Idealfall ist es der Themenbereich, der den Schwerpunkt des Heftes bildet. Aber ebenso bieten sich Themenbereiche an, die verwandt mit dem Schwerpunkt sind, oder die beliebten Dauerbrenner wie zum Beispiel Qualitätssicherung.
- *Autor* Autor: Meist reicht es hier, nur den Namen des Autors anzugeben (mit Titel). Eine 5-zeilige Bio ist als Ergänzung willkommen.
- *Stichpunkte* Stichpunkte (optional): Manche Zeitschriften oder Magazine bevorzugen Artikelangebote, in denen einige (4 bis 5) Stichpunkte aufgelistet sind, die die inhaltlichen Schwerpunkte des Beitrags beschreiben.

Abstract

- Abstract: Hier hat man ca. 10 Zeilen zur Verfügung, um dem Redakteur den Artikel schmackhaft zu machen. In dieser Zusammenfassung muss nicht nur der Inhalt des Beitrags kurz und knapp dargestellt werden, sondern auch aufgeführt sein, warum der Artikel wichtig und aktuell ist, also erscheinen soll.

Anzahl Zeichen

- Anzahl Zeichen: Die Angabe der Anzahl der Zeichen ist für die Planung wichtig, da sie den erforderlichen Seitenumfang festlegt. Hier variieren die einzelnen Zeitschriften, eine Faustregel besagt, dass man mit 10.000 Zeichen für einen Artikel ganz gut liegt. Dies entspricht ca. 3.500 bis 5.000 Zeichen je Druckseite, abhängig von der grafischen Aufbereitung der Seite.

Anzahl und Art der Abbildungen

- Anzahl und Art der Abbildungen: Grafische Elemente sind sehr wichtig zur Auflockerung des später abgedruckten Artikels. Es gibt nichts Langweiligeres als vier oder fünf Seiten nackten Text. Unterschieden wird zwischen den folgenden Typen von grafischen Elementen:

  Screenshots

  - Screenshots: wenn innerhalb des Artikels auf ein Produkt näher eingegangen wird, bieten sich Screenshots zur Auflockerung an.

  Fotos

  - Fotos: besonders bei methodischen Artikeln können abstrakte Fotos das Erscheinungsbild des Artikels aufbessern (hängt jedoch stark vom Magazin ab, ob hier überhaupt mit solchen Hilfsmitteln gearbeitet wird).

  Strichzeichnungen

  - Strichzeichnungen: Hierbei handelt es sich um Grafiken, die mit Power Point, Corel Draw oder ähnlichen Zeichenprogrammen erstellt wurden. Sie stellen meist methodische Zusammenhänge, Flussdiagramme oder Ähnliches dar.

  Textkästen

  - Textkästen: Auch wenn es sich bei Textkästen nicht generell um ein „grafisches" Element handelt, so dienen sie trotzdem der Auflockerung. Typische Textkästen sind zum Beispiel eine Marktübersicht oder eine detaillierte Beschreibung eines Begriffes, der im Text öfters erwähnt wird. Auch ein historischer Rückblick bietet sich an.

Dateiformat

- Wichtig ist auch das Dateiformat, in dem jede einzelne Grafik eingereicht wird. Es ist zu beachten, dass diese Abbildungen ja später gedruckt werden sollen, also die Auflösung ausreichend sein muss. Man spricht in diesem Zusammenhang auch von reprofähigen Vorlagen. Als Faustregel gilt hier: Fotos und Screenshots sollten mindestens 300dpi haben (besser 600) und im TIF-Format eingereicht werden, Strichzeichnungen sollten sowohl im Originalformat als auch als EPS-Datei mit ebenfalls 300dpi dem Redakteur zugesendet werden.

- Ablieferungszeitpunkt: Wann ist der Artikel fertig und wird dem Redakteur eingereicht? Hier sollte man auf alle Fälle die Mediadaten zur Hilfe nehmen und den entsprechenden Redaktionsschluss beachten. Mindestens eine Woche vorher sollte der Abgabetermin liegen. *Ablieferungszeitpunkt*
- Rechtehinweis: Es muss ein konkreter Hinweis enthalten sein, dass der Artikel frei von Rechten Dritter ist und er in dieser Form bisher noch in keiner anderen Zeitschrift erschienen ist oder erscheinen wird.[57] *Rechtehinweis*

Der gesamte Umfang dieses Artikelangebotes sollte ungefähr eine Seite betragen. Es sei an dieser Stelle erwähnt, das einige Zeitschriften und Magazine über so genannte Autorenrichtlinien verfügen. Diese helfen bei der Formulierung eines Artikelangebotes weiter und sind bei der Erstellung auf alle Fälle zu berücksichtigen.

3.3.2.6
Erfolgsaussichten

Es liegt auf der Hand, dass nicht jedes Artikelangebot zu einem Artikelauftrag führt. Die Erfahrung hat gezeigt, dass man hier die folgenden Regeln ansetzen kann:

- Artikelangebot, das „blind" eingereicht wird, ohne dass man den Redakteur überhaupt kennt: < 1%
- Artikelangebot, das „blind" eingereicht wird, wo man den Redakteur kennt: < 5%
- Artikelangebot, das zu einem Themenschwerpunkt eingereicht wird, ohne dass man den Redakteur kennt: < 5%
- Artikelangebot, das zu einem Themenschwerpunkt eingereicht wird, wo man den Redakteur kennt: < 50%
- Artikelangebot, das zu einem Themenschwerpunkt eingereicht wird, wo man den Redakteur kennt und im Vorfeld mit ihm gesprochen hat: ca. 80%

[57] Die meisten Magazine und Zeitschriften bestehen auch auf einer Rechteübertragung insofern, als der Verlag das Recht hat, von dem Artikel Sonderdrucke anzufertigen oder ihn online zur Verfügung zu stellen oder auch in anderen Magazinen des Verlages zu veröffentlichen.

3.3.2.7
Fazit

Der Weg von der Idee zu einem Artikel bis hin zur Ausformulierung des Artikelangebots kann einige Zeit in Anspruch nehmen. Wichtig ist, dass die folgenden Voraussetzungen erfüllt wurden:

Wichtige Voraussetzungen

- Es steht fest, wer Autor des Artikels sein soll.
- Es steht fest, wann (also in welchem Zeitraum) der Artikel geschrieben werden soll, und der Autor verfügt über genügend Zeit, den Artikel in diesem Zeitraum auch fertig zu stellen.[58]
- Der Artikel muss in Form eines Artikelangebots beschrieben sein.
- Das Artikelangebot muss auf eine bestimmte Zeitschrift oder ein bestimmtes Magazin zugeschnitten sein.
- Im Vorfeld der Erstellung des Artikelangebotes sollte bereits eruiert werden, ob bei dem zuständigen Redakteur Interesse für den Artikel besteht.

Abbildung 19 fasst den zeitlichen Ablauf von der Idee zu einem Artikel bis hin zur konkreten Beauftragung durch eine Redaktion zusammen:

Abbildung 19: Zeitlicher Ablauf von der Idee zu einem Artikel bis zur konkreten Zusage

[58] Nichts ist peinlicher als einer Redaktion einen Artikel erst zu versprechen und dann kurz vor Redaktionsschluss wieder abzusagen. Das Verhältnis zum Redakteur ist dann erst einmal nachhaltig gestört, weil sich dieser auf den Artikel verlassen hat und nun kurzfristig für Ersatz sorgen muss.

3.3.3 Die eigentliche Platzierung von Fachartikeln/ Methodenartikeln

3.3.3.1 *Einführung*

Wenn das Artikelangebot fertig gestellt ist, kann es der ausgesuchten Redaktion eingereicht werden. Nun sollte wie folgt vorgegangen werden. Zunächst ist dem Redakteur mindestens eine Woche Zeit zu lassen, von selbst auf das Angebot zu reagieren. Tut er dies nicht, muss nachgehakt werden. Auf welche Art und Weise hängt davon ab, welcher Kontakt bisher zu dem Redakteur existierte. *Eine Woche Zeit lassen*

Die Idealsituation – dass der Redakteur beim Unternehmen konkret nach einem Artikel nachgefragt hat – wollen wir hier nicht weiter betrachten, einerseits kommt sie relativ selten vor und andererseits erfordert sie für die Platzierung des Artikels kein besonderes Geschick mehr.

3.3.3.2 *Reagierende Maßnahmen*

Im Folgenden betrachten wir die einzelnen Situationen, die eintreten können, wenn der Redakteur von sich aus auf das Artikelangebot reagiert. Möglich sind:

- Der Redakteur meldet sich, ist mit dem Artikelvorschlag zufrieden und beauftragt den Artikel. Hier handelt es sich um den Best Case. Man kann sofort beginnen, den Artikel zu schreiben. *Sofortige Beauftragung*
- Der Redakteur meldet sich, ist mit dem Artikelvorschlag zufrieden, möchte aber noch einige zusätzliche Punkte integriert haben. Auch hier liegt eine sehr gute Ausgangssituation vor, es ist sicherheitshalber konkret zu eruieren, welche Aspekte der Redakteur warum integriert haben möchte. *Geringfügige Änderungen*
- Der Redakteur meldet sich, ist mit dem Artikelvorschlag nicht zufrieden und lehnt den Artikel ab. Hier sollte sofort nachgefragt werden, warum dies der Fall ist, schließlich kann es dafür unterschiedliche Gründe geben:
  - Lag es am Thema? *Unterschiedliche Gründe*
  - Hat der Redakteur vielleicht schon genügend Beiträge für den Schwerpunkt zusammen?
  - Ist der Vorschlag so miserabel formuliert?
  - War zu deutlich erkennbar, dass es sich um einen Marketingartikel handelt?

- Hat der Redakteur vielleicht schon schlechte Erfahrungen mit dem Autor gesammelt?
- usw.

Was waren die wirklichen Beweggründe?

Es ist sicherlich nicht einfach, hier die wirklichen Beweggründe für die Entscheidung zu erfahren, es ist jedoch notwendig das Ergebnis ausreichend zu dokumentieren, um künftig solche Situationen zu vermeiden. Wie heißt es so schön: Fehler sind dazu da, dass man aus ihnen lernt. Das gilt auch für die Pressearbeit! Trotzdem sollte man die Flinte nicht gleich ins Korn werfen, vielleicht kann man ja den Redakteur noch davon überzeugen, dass der Artikel in einer späteren Ausgabe erscheinen kann (wenn bereits genug Artikel zum aktuellen Schwerpunkt vorlagen) oder man erhält die Chance, das Artikelangebot zu überarbeiten (falls das Angebot von schlechter Qualität war). Hilft dies alles nichts, so muss ein neues Zielorgan gesucht werden, auf das das Artikelangebot vielleicht besser zugeschnitten ist.

Ausgabe noch unbekannt

- Der Redakteur meldet sich, ist mit dem Artikelvorschlag zufrieden, weiß aber noch keine konkrete Ausgabe, in der der Artikel erscheinen könnte. Auch diese Situation ist durchaus üblich, wenn man zum Beispiel ein Artikelangebot eingereicht hat, das keinem der in den Mediadaten aufgelisteten Schwerpunktthemen entspricht. Man wird also in eine Art Warteschlange eingereiht. Jetzt besteht die Kunst darin, den Redakteur davon zu überzeugen, dass man den Artikel gerne schon schreiben möchte, da man momentan Zeit hat. Ist der Artikel erst mal fertig beim Redakteur, so ist die Wahrscheinlichkeit, dass er letztendlich auch abgedruckt wird, auch wesentlich höher, als wenn er irgendwann mal abgerufen wird. So kann es immer wieder vorkommen, dass einer Redaktion kurzfristig ein Beitrag fehlt, und dann kann dieser bereits eingereichte Fachartikel von dem Redakteur genutzt werden.

3.3.3.3
Agierende Maßnahmen

Wesentlich kritischer wird es, wenn der Redakteur nicht auf ein Artikelangebot reagiert, da man nun selber gezwungen ist zu reagieren und dabei generell die Gefahr besteht, dass der Redakteur „genervt" wird. Daher ist es besonders wichtig, dass die folgenden „goldenen Regeln" berücksichtigt werden:

War genügend Zeit für den Redakteur?

- Hat man dem Redakteur genügend Zeit gelassen, sich das Angebot durchzulesen? Hier ist zu berücksichtigen, ob während der Zeit vielleicht Messen oder Kongresse stattgefunden haben, die der Redakteur besucht haben könnte.

- Hat man im Vorfeld bereits Kontakt zu dem Redakteur gehabt, so gestaltet sich die Nachfrage etwas einfacher. Dringend zu empfehlen ist hier die telefonische Nachfrage. Und nicht direkt mit der Tür ins Haus fallen und fragen, wann denn der Artikel abgedruckt wird! Es reicht vollkommen aus zu fragen, ob der Redakteur das Angebot erhalten hat und schon Zeit hatte, einen Blick darauf zu werfen. Ab dann ist nämlich der Ball beim Redakteur! Die zuvor aufgeführten Punkte können dann allesamt eintreten und man kann entsprechend den obigen Angaben reagieren. Zusätzlich kann noch die Situation eintreten, dass der Redakteur noch keine Zeit hatte, sich den Artikelvorschlag anzusehen - in diesem Fall sollte man nachfragen, wann man sich wieder melden kann.

Bestand Kontakt zu dem Redakteur?

- Hat man im Vorfeld keinen Kontakt zum Redakteur gehabt und das Angebot „blind“ an ihn gesendet, macht es Sinn, noch einen weiteren Zwischenschritt per E-Mail einzulegen, indem man die vorherige Mail nochmals an den Redakteur forwarded. Dies hat den Vorteil, dass wenn der Redakteur nicht mehr den Artikelvorschlag griffbereit hat, er ihn auf diesem Weg erhält. Oft wird durch eine solche Erinnerungsmail erreicht, dass der Redakteur den Vorschlag direkt öffnet, „um die Angelegenheit vom Tisch zu haben“. Es ist dann meist mit einer sehr kurzfristigen Reaktion zu rechnen. Allerdings sei an dieser Stelle erwähnt, dass „blinde“ Artikelangebote nur bei Redakteuren Sinn machen, die man persönlich kennt.[59]

Zwischenschritt per E-Mail

3.3.3.4 Fazit

Auch bei den agierenden Maßnahmen ist genau Buch zu führen, wie der entsprechende Redakteur reagiert. Eine kontinuierliche Ablehnung von Fachartikeln durch einen Redakteur hat meistens nichts mit einer persönlichen Abneigung zu tun, vielmehr liegt hier oft die Situation vor, dass der Redakteur sich keine richtige Vorstellung vom Autor, dessen Unternehmen oder auch den Themengebieten, die eingereicht werden, machen kann. In diesem Fall ist der weiter unten aufgeführte Redaktionsbesuch zu empfehlen.

Genau Buch führen

[59] Zur Erinnerung: Ein Redakteur erhält bis zu 1.000 Artikelvorschläge im Jahr. Er kann schon rein zeitlich nicht auf jeden Vorschlag reagieren.

3.3.4
Wie man einen Fachartikel (nicht) schreibt

3.3.4.1
Einführung

Großer Unterschied zwischen der Platzierung und der Erstellung

Eines sei schon mal von Anfang an festgehalten: Es ist ein großer Unterschied zwischen der Platzierung eines Fachartikels und dem Schreiben eines Fachartikels, der alleinige Auftrag durch die Redaktion bedeutet noch lange nicht, dass der Artikel gut ist und auch abgedruckt wird. Viele Unternehmen und übereifrige Presseagenturen scheitern hier an typischen Fehlern, auf die wir in diesem Abschnitt näher eingehen wollen. Im Einzelnen handelt es sich dabei um die folgenden Punkte:

Typische Fehler

- Es wird zu viel Werbung in den Artikel zu integrieren versucht.
- Es wird zu wenig auf den Schreibstil des Magazins Rücksicht genommen.
- Der Artikel ist entweder zu trivial oder zu technisch gehalten, der goldene Mittelweg wird nicht gefunden.
- Es wird zu wenig über den Tellerrand des eigenen Unternehmens hinausgeschaut.
- Es werden zu wenig grafische Elemente genutzt.

3.3.4.2
Zu viel Werbung

Der größte Fehler, der immer wieder bei der Erstellung eines Fachartikels begangen wird: Es wird zuviel Werbung in dem Artikel integriert! Besonders wenn solche Fachartikel von Marketingabteilungen verfasst werden, ist der Werbungsanteil enorm hoch. Die folgenden Regeln hinsichtlich Werbung sind bei der Erstellung eines Fachartikels zu beachten:

Zu beachtende Regeln

- Bei der Erstellung eines Fachartikels gelten alle Regeln des Marketings NICHT! So wichtig es sein mag, dass der Leser mindestens siebenmal einen Firmen- oder Produktnamen zu lesen bekommt, damit er in Erinnerung bleibt, in einem Fachartikel ist dies absolut deplatziert und wirkt nur störend.
- Ein Fachartikel ist KEINE Pressemitteilung – schon bei der Pressemitteilung sollten Superlative vermieden werden, im Fachartikel haben sie rein gar nichts zu suchen.
- Ein Fachartikel ist kein Nebenkriegsschauplatz, wo kostenlos auf den Wettbewerb eingedroschen werden darf. Es ist generell

Ansichtssache, inwieweit es für das eigene Unternehmen schädlich ist, wenn es negativ über seinen Wettbewerb spricht, dies aber in einem Fachartikel zu tun macht überhaupt keinen Sinn. Jeder Redakteur würde die entsprechenden Textpassagen sofort löschen.[60]

Glaubwürdigkeit des Artikels geht gegen Null

Was die meisten Unternehmen oder Presseagenturen bei der Formulierung von werbungsüberladenen Fachartikeln völlig vergessen: Die Glaubwürdigkeit des Artikels geht dabei nahezu gegen Null. Der Artikel schadet dem Unternehmen mehr als er nutzt. Hier gilt: Weniger ist mehr. Der dezente Hinweis auf das Unternehmen oder das Produkt hat einen wesentlich höheren Werbeeffekt als das plumpe und monotone Herausstellen von Marktführerschaft und Best in Class und Award-xy-Gewinner und ähnlichem Unfug, der den Leser nicht im Geringsten interessiert.

Als Marketinginstrument missbraucht

Und letztendlich sollte man auch eins nicht vergessen: Der Redakteur, der diesen Artikel vorgesetzt bekommt, fühlt sich zu Recht als kostenloses Marketinginstrument missbraucht und reagiert mit Sicherheit entsprechend. Hier nochmals einen vernünftigen Artikel zu platzieren wird sicherlich schwer werden.

3.3.4.3 Den Stil des Magazins berücksichtigen

Jedes IT-Magazin hat über die Jahre hinweg einen eigenen individuellen Stil entwickelt. Erkennbar wird dieser Stil durch:

Typische Kennzeichen für den Stil eines Magazins

- Die technische Tiefe, mit der Fachartikel verfasst werden
- Ob generell mit Zitaten aus der Wirtschaft gearbeitet wird oder nicht
- Die grafische Aufmachung der Artikel (Einsatz abstrakter Fotos oder nur Bildelemente, die in konkretem Bezug zum Text stehen)
- Ob generell die Technik im Vordergrund steht oder eher der Einsatz der Technik in der Praxis
- usw.

Nicht jeder Artikel passt zu jedem Magazin

Diese Liste lässt sich beliebig erweitern, mit der Zeit lernt man aus bestehenden Artikeln sofort zu erkennen, in welchem IT-Magazin dieser abgedruckt worden ist. Dementsprechend muss natürlich auch ein Artikel verfasst werden. Er muss diese Aspekte (oft in Autorenrichtlinien festgehalten) berücksichtigen. Dies ist auch der

[60] Auf das Thema der bewussten negativen Berichterstattung gehen wir noch in Kapitel 6.6.3 genauer ein.

Grund, warum es nicht funktionieren kann, wenn man einfach mal einen Artikel schriebt und den an beliebig viele Zeitschriften und Magazine versendet, getreu dem Motto: Irgendjemand wird den Beitrag schon abdrucken[61].

Hat auch Vorteile

Auf der anderen Seite hat dies auch ganz klare Vorteile für den Autor des Artikels – er weiß, wie er den Artikel zu verfassen hat, damit er zumindest nicht bei einem ersten Review gleich durchs Raster fällt. Er kann sich also konkret auf die Bedürfnisse und Vorlieben der Redaktion einstellen und von Anfang an den Artikel in dem gewünschten Stil verfassen bzw. mit den notwendigen grafischen und inhaltlichen Elementen versehen.

3.3.4.4 Den goldenen Mittelweg finden

Viele Autoren, die zum ersten Mal einen Artikel verfassen, geraten in eine der beiden Problemsituationen:

Zwei typische Problemsituationen

- Sie setzen beim Leser (und auch beim redigierenden Redakteur) ein zu hohes technisches Verständnis voraus und verlieren sich in technische Details, die eher in eine Doktorarbeit passen würden als in einen Fachartikel.
- Sie versuchen jedes Detail ausgiebig zu erklären und verlieren sich dabei in Trivialitäten ohne es zu merken. Der ganze Artikel liest sich wie eine Einführung in eine Erstsemesterveranstaltung für den Studiengang Informatik.

Der goldene Mittelweg

Die Kunst besteht – wie bei so vielen Dingen – darin, hier einen goldenen Mittelweg zu finden. Und da hilft meist nur eins: Erfahrung, ohne Erfahrung wird man zwangsläufig entweder in der einen oder der anderen Variante landen.

Als Orientierung kann es dabei helfen, wenn man zunächst einen Artikel für einen Themenschwerpunkt schreibt. Hier wird mit dem Redakteur abgestimmt, welche anderen Artikel bereits vorgesehen sind, und der Autor weiß zumindest, welche Dinge er auf keinen Fall mehr erklären muss, da diese Thema eines anderen Beitrags sind. Man sollte es auf alle Fälle vermeiden, direkt am Anfang einen Grundlagenartikel zu schreiben, da dieser dann ziemlich sicher in der zweiten Variante (zu trivial) enden wird.

---

[61] Diese Vorgehensweise scheitert unter anderem auch an der Tatsache, dass auf diese Weise keinem Verlag die Ausschließlichkeitsrechte an der Veröffentlichung zugesichert werden können.

Ferner kann man sich am Stil der übrigen Artikel in der Zeitschrift oder dem Magazin orientieren – da hilft es schon ungemein weiter, wenn man sich die letzten drei oder vier Ausgaben zur Hand nimmt und einfach mal alle Artikel durchliest. Danach weiß man ziemlich genau, bei welchem Wissensstand man beim potentiellen Leser ansetzen kann. *Tipps*

3.3.4.5 Den eigenen Tellerrand verlassen

Ausgewogenheit der Betrachtungsweise fehlt

Besonders Autoren, die jahrelang in ein und demselben Umfeld tätig waren, neigen dazu, ihre Artikel immer aus einer ganz bestimmten Sicht (meist der Sicht des Unternehmens, in dem sie beschäftigt sind) zu verfassen. Das mag inhaltlich auch korrekt sein (vor allem, wenn es sich um einen Fachartikel handelt), trotzdem fehlt dem Artikel eine gewisse Ausgewogenheit der Betrachtungsweise.

Beispiel: Ein Autor, der jahrelang im militärischen Umfeld Software entwickelt hat (und darüber Artikel verfasst hat), wird mit einer völlig anderen Sichtweise einen Artikel über „Ansätze im Software-Engineering" schreiben, als dies beispielsweise ein Entwickler eines Unternehmens machen würde, dass Software für branchenübergreifende Kunden entwickelt. Aspekte wie agile Software-Entwicklung würden eher in den Hintergrund treten, Software-Testen und Qualitätssicherung wären im Vordergrund.

Manchmal auch erwünscht

Natürlich gibt es auch Fachzeitschriften, bei denen genau diese Sichtweise auch erwünscht ist, hierbei handelt es sich dann um branchenspezifische Magazine. Derzeit ist ein solcher Trend im Embedded-Markt und hier speziell in der Automotive-Branche festzustellen.

3.3.4.6 Nutzen von grafischen Elementen

Die meisten Autoren beschränken ihr Augenmerk bei der Erstellung eines Artikels ausschließlich auf den Text. Dies mag bei einem Buch auch richtig sein, bei einem Artikel hingegen ist die grafische Ausgestaltung des Beitrags mindestens genauso wichtig. Wir sind bereits in Kapitel 3.3.2.5 auf die vier wesentlichen grafischen Elemente:

Vier grafische Elemente

- Strichzeichnungen
- Screenshots
- Fotos
- Textkästen

eingegangen. Wir wollen an dieser Stelle kurz erläutern, warum diese für einen Artikel so wichtig sind: Im Gegensatz zu einem

Buch, das eine in sich geschlossene Einheit bildet, besteht eine Zeitschrift oder ein Magazin aus vielen in sich geschlossenen Einheiten, die fast alle untereinander keinerlei Querverbindungen haben. Maximal drei oder vier Artikel werden über einen Themenschwerpunkt insofern in Beziehung gesetzt, als sie sich mit demselben Thema befassen – mehr nicht.

Wecken des Interesses

Nun muss also jeder Artikel für sich das Interesse des Lesers wecken. Der Überschriftenteil (Hauptüberschrift und Zweitüberschrift) sind dabei der Teil, der ein erstes Interesse wecken soll. Der einführende 5- bis 8-zeilige Text soll dieses Interesse vertiefen. Parallel dazu sollen die Grafiken des Beitrags den Leser der Zeitschrift oder des Magazins für den Beitrag animieren. Sie haben also nicht nur eine erläuternde Aufgabe[62], sondern auch noch eine zusätzliche Funktion.

Daher ist es wichtig, dass bei der Erstellung eines Artikels auch genügend Bildmaterial vom Autor mitgeliefert wird. Unser Tipp: Es dürfen auch ein paar Grafiken mehr sein, also dem Redakteur eine Auswahl überlassen. Das hat mehrere Gründe:

Ruhig ein paar Grafiken mehr

- Wenn der Artikel zu einem Themenschwerpunkt gehört, kann es durchaus vorkommen, dass ein anderer Autor für seinen Beitrag ein ähnliches oder sogar dasselbe Bild gewählt hat.
- Nicht jedes Bild, das der Autor für aussagekräftig hält, ist es auch wirklich! Hier hat der Redakteur wesentlich mehr Erfahrung.
- Bilder sind letztendlich auch Geschmacksache, jeder Redakteur wird sich freuen, wenn er das ein oder andere durch eine Alternative austauschen kann.
- Manche Bilder sind von ihrer Qualität her so schlecht, dass sie nicht gedruckt werden können. Besonders wenn ein Farbbild nun in Graustufen dargestellt werden muss, ist dies der Fall.

3.3.4.7 Fazit

Erfahrung ist das Wichtigste

In diesem Abschnitt haben wir kurz aufgezeigt, was bei der Erstellung eines Artikels zu berücksichtigen ist. Letztendlich zählt jedoch nur eins: Erfahrung! Und zwar sowohl was das generelle Schreiben von Artikeln betrifft, als auch die Erstellung eines Artikels für ein bestimmtes Magazin. Dabei sei erwähnt, dass der Zeitbedarf zum Schreiben eines Artikels hier sehr stark variieren kann, dies hängt eng mit dem notwendigen Rechercheaufwand zusammen, der für den Artikel anfällt.

[62] Die haben sie natürlich nach wie vor

3.3.5
Zeitliche Aspekte

3.3.5.1
Einführung

Es ist ein langer Weg von der Idee zu einem Artikel bis hin zum Abdruck des Artikels. Vielen Unternehmen fehlt das Verständnis für diesen Zeitbedarf, da sie keine Vorstellung von der Vielzahl und vor allem Dauer der internen Prozesse haben. Auch die Anzahl der beteiligten Rollen wird nicht so schnell offensichtlich.

Ein langer Weg

Ebenfalls entscheidend ist, welchen Erscheinungsrhythmus das Magazin hat - wird es nur alle 2 Monate oder wöchentlich veröffentlicht? Wenn dann noch Abstimmungsprobleme zwischen Unternehmen und Presseagentur auftauchen oder eine dritte Partei involviert wird (wie zum Beispiel ein Kunde, der die Story ebenfalls noch freigeben muss), so sind ziemlich schnell einige Wochen und Monate vergangen, bevor der Artikel gedruckt ist.

Der Erscheinungsrhythmus ist entscheidend

Sicherlich mitentscheidend ist der Inhalt - wird über ein aktuelles Thema berichtet, so wird der Artikel auch ziemlich schnell erscheinen - ein Methodenthema hingegen ist auch noch in zwei oder drei Monaten aktuell.

3.3.5.2
Beteiligte Rollen und ihr Einfluss

Wenn man einen gedruckten Artikel vor sich hat, macht man sich in der Regel keine Gedanken darüber, wer alles in welcher Form an diesem Artikel mitgewirkt hat. Würde man dies tun, so wäre auch das Verständnis vorhanden, warum der Abdruck eines Artikels eine gewisse Zeit in Anspruch nimmt.

Fehlendes Verständnis

Wir wollen an dieser Stell eine kurze Übersicht geben, wer alles an einem Artikel bzw. seiner Entstehungsgeschichte beteiligt sein kann. Die hier aufgeführten Rollen sind natürlich nicht alle immer an jedem Artikel beteiligt, das hängt jeweils von Artikeltyp und Magazin ab:

- Autor: Natürlich ist der Autor beteiligt, da er diesen Artikel ja schreibt. *Autor*
- Redakteur: Der Redakteur beauftragt zunächst den Artikel, wenn er fertig ist, redigiert er ihn. Er greift also mindestens zweimal in den Prozess mit ein. *Redakteur*
- Presseagentur: Die Presseagentur (meist der Kundenberater) ist, sofern vorhanden, koordinierend und abstimmend tätig. *Presseagentur*

Unternehmen

- Unternehmen: Das Unternehmen, das den Artikel platziert oder über das berichtet werden soll, ist zumindest mit der Freigabe des Beitrags involviert. Meist kommen noch weitere Tätigkeiten wie die Bereitstellung von Screenshots oder anderen Abbildungen hinzu.

Kunde

- Kunde: Handelt es sich bei dem Beitrag um eine Success Story oder eine Case Study (siehe unten), so kommt auch noch der entsprechende Kunde und sein interner Freigabeprozess hinzu.

Grafiker

- Grafiker: Der Artikel wird meist in einer Art „Rohform" als reiner Text an die Redaktion geliefert. Dieser muss nun gesetzt und gelayoutet werden.

Lektor

- Lektor: Die Rechtschreibeüberprüfung muss – sofern nicht vom Redakteur vorgenommen – ebenfalls noch durchgeführt werden.

Drucker

- Drucker: Der Prozess des Druckens der Zeitschrift nimmt ebenfalls einige Zeit in Anspruch.

Kurier

- Kurier: Von der Druckerei zum Auslieferungspunkt – auch dieser Weg erfordert seine Zeit.

Pressearbeit ist ein langfristiges Geschäft

Man sieht also, dass eine Vielzahl von Rollen zeitintensiv in den Prozess von der Idee eines Artikels bis hin zum Abdruck im IT-Magazin involviert sind. Und jetzt ist der Artikel erst mal abgedruckt, die nächste Frage (und die eigentlich wichtigere) ist, wann er gelesen wird. Auch hier kann noch einige Zeit vergehen, bis die richtige Person den Artikel liest, sei es, weil das Magazin über einen Verteiler erst die halbe Belegschaft durchläuft oder auch nur weil die Person gerade im Urlaub ist. Die wichtigste Schlussfolgerung, die man aus diesem Abschnitt ziehen kann, ist: Pressearbeit ist ein langfristiges Geschäft, wer hier auf kurzfristige Erfolge hofft, wird ziemlich schnell enttäuscht sein.

3.3.5.3 Erscheinungsrhythmus

Es liegt auf der Hand, dass der Erscheinungsrhythmus einen Einfluss auf den Zeitpunkt hat, wann ein Artikel erscheint. So ist ein Artikel für die *Computerwoche*, die wöchentlich erscheint, auf jeden Fall „schneller" publiziert als ein Artikel für die *ObjektSpektrum*, die nur alle zwei Monate publiziert wird.

Aber hier hängt natürlich auch viel von dem Zeitpunkt ab, wann der fertige Beitrag eingereicht wird. Je näher man dem Termin des Redaktionsschlusses kommt, desto schneller wird der Artikel erscheinen.

Ein anderer Aspekt, der in direktem Zusammenhang mit dem Erscheinungsrhythmus steht, ist die Tatsache, dass der Artikelbedarf bei einem wöchentlich erscheinenden Magazin natürlich erheblich höher ist. Dies bedeutet, dass die Wahrscheinlichkeit der Beauftragung eines Artikelangebots in direktem Zusammenhang mit dem Erscheinungsrhythmus zu sehen ist.

Höherer Artikelbedarf

3.3.5.4
Abstimmungsprobleme

Ein nicht zu vernachlässigender Einflussfaktor auf die Dauer ist die notwendige Abstimmung zwischen den einzelnen Rollen, auf die wir weiter oben bereits kurz eingegangen sind. Generell sind die folgenden Situationen zu unterscheiden:

Drei unterschiedliche Situationen

- Der Artikel wird von einem Projektmitarbeiter ohne konkreten Auftrag des Unternehmens geschrieben.[63]
- Ein Unternehmen schreibt den Artikel selber und beauftragt einen Projektmitarbeiter mit der Erstellung des Beitrags.
- Ein Unternehmen schreibt den Artikel nicht selber, sondern beauftragt den Kundenberater einer Presseagentur mit der Erstellung des Beitrages[64].

Immer mehr Abstimmungsbedarf

Es ist offensichtlich, dass der Abstimmungsbedarf innerhalb dieser Auflistung zunimmt. Während in dem Fall, dass ein Mitarbeiter selbstständig einen Artikel schreibt, nahezu kein Abstimmungsbedarf existiert (natürlich abgesehen von den mit der Redaktion notwendigen Abstimmungen), verhält sich das bei Artikeln, die extern von einer Presseagentur erstellt werden, völlig anders – obwohl dies heutzutage in der Realität oft in einem völlig überzogenen Maße gehandhabt wird.

Warum der Geschäftsführer?

So sind wir nach wie vor der Meinung, dass ein Geschäftsführer, der Zeit und Willen hat die Artikel seiner Mitarbeiter zu redigieren (Aufzählungspunkt 2), entweder nicht ausgelastet oder sogar überflüssig ist, da er offensichtlich falsche Prioritäten in seiner Berufsauffassung hat. Verstärkt wird dieser Eindruck, wenn man betrach-

[63] Diese Situation kommt häufig vor, ist jedoch manchmal schwierig, da viele Unternehmen ihren Mitarbeitern vorschreiben, dass Veröffentlichungen im Vorfeld von der Geschäftsleitung zu genehmigen sind.

[64] Wir gehen hier nach wie vor von einem Fach- oder Methodenartikel aus, nicht von einem Anwendungsbericht oder einer Case Story, wo die Einflussgröße Abstimmungsprobleme noch eine gewichtigere Rolle spielt. Darauf werden wir weiter unten Bezug nehmen.

tet, was eigentlich von der Geschäftsleitung in den meisten Fällen bemängelt wird: Formulierungen - nicht etwa Inhalte, denn ab einem gewissen Erfahrungsgrad wissen die Mitarbeiter ziemlich genau, was sie schreiben dürfen und was nicht.

Natürlich gibt es immer wieder Situationen, in denen gewisse Punkte einfach nicht in der Presse auftauchen sollten oder dürfen, daher hat ein gewisses Maß an Regularien schon seinen Sinn, aber wir schreiben hier Maß und nicht Masse. Tabelle 1 gibt eine Übersicht über die beliebtesten Begründungen, warum ein derartiger Abstimmungsbedarf angeblich notwendig ist und die dazu passenden Entkräftungen:

Begründung	Entkräftung
Der Wettbewerb könnte wichtige Informationen erhalten	Im Regelfall hat der Wettbewerb diese Informationen schon längst
Firmeninterna könnten an die Öffentlichkeit gelangen	In der Regel wissen die Mitarbeiter sehr genau was sie veröffentlichen dürfen und was nicht - auf alle Fälle reicht es aber, wenn der direkte Vorgesetzte den Artikel liest - nicht der Geschäftsführer.
Informationen über Kunden könnten an die Öffentlichkeit kommen	Wenn ein Kunde in einem Artikel referenziert wird, muss dieser ohnehin den Artikel vorher sehen, die Integration des Geschäftsführers ist überflüssig.
Aus politischen Gründen soll über ein bestimmtes Thema nicht mehr berichtet werden, da die Unternehmensführung den zuständigen Bereich schließen möchte.	Keine Entkräftung, hier ist es notwendig, dass der Geschäftsführer integriert wird. Kommt in der Praxis jedoch äußerst selten vor.

Tabelle 1: Begründungen für Abstimmungsbedarf und ihre jeweiligen Entkräftungen

Im Endeffekt leidet der Erscheinungszeitpunkt

Im Endeffekt leidet der Erscheinungszeitpunkt und damit natürlich auch die Aktualität des Artikels unter unnötigen Abstimmungsmaßnahmen.

Beim Einsatz von Presseagenturen ist natürlich zumindest am Anfang eine inhaltliche/technische Kontrolle notwendig, da es hier oft an den technischen Grundkenntnissen mangelt. Aber auch hier kann nach einigen Monaten intensiver Zusammenarbeit die Abstimmung von einem vollständigen Redigieren hin zu einem Gegenlesen durch das technische Marketing reduziert werden.

Den Redaktionsschluss im Auge behalten

Man muss sich immer wieder vor Augen halten, dass durch jeden Abstimmungsprozess mindestens ein Tag verloren geht; da Artikel erfahrungsgemäß ohnehin erst knapp vor dem spätest möglichen Ablieferungstermin fertig gestellt werden, kann hier schnell der Redaktionsschluss verpasst werden. Bei einem Magazin, das nur alle zwei Monate erscheint, würde das dann bedeuten, dass auch der Artikel erst zwei Monate später erscheint – wenn er überhaupt noch erscheint!

3.3.5.5
Fazit

Im Folgenden sollen nochmals die kritischen Zeitpunkte zusammengefasst werden, die einen Einfluss auf die Zeitspanne zwischen Idee zum Artikel und Erscheinen des Artikels haben, die ein Unternehmen selber zu vertreten hat:

Kritische Zeitpunkte

- Die Zeitspanne von der Idee bis zum Finden eines Magazins, das Interesse an dem Artikel hat.
- Der Zeitbedarf, den das Schreiben eines Artikels in Anspruch nimmt.
- Der Freigabezeitraum, sofern er von Abstimmungsprozessen betroffen ist.

Die ersten beiden Punkte können durch eine Presseagentur erheblich verkürzt werden, auf den letzten Punkt hingegen hat auch eine Presseagentur keinen Einfluss.

Nicht vom Unternehmen (und auch nicht von der Presseagentur) zu beeinflussende Faktoren sind:

Nicht zu beeinflussende Faktoren

- Die Entscheidung, in welcher Ausgabe (also zu welchem Zeitpunkt) der Artikel letztendlich erscheinen wird.
- Die Dauer des Fertigungsprozesses (Drucklegung) des Magazins.
- Das Reaktionsverhalten des Redakteurs, angefangen von einer Antwort auf ein Artikelangebot bis hin zum Redigieren des Artikels.

3.3.6
Besonderheiten

Konkrete Anfrage kann Zeitplan verkürzen

Natürlich kann es immer wieder vorkommen, dass dieser Zeitplan verkürzt wird. Dies ist besonders dann der Fall, wenn seitens einer Zeitschrift oder eines Magazins eine konkrete Anfrage kommt, dass man für einen aktuellen Schwerpunkt dringend einen Artikel braucht, weil ein zugesagter Artikel weggefallen ist.

Ebenfalls erheblich kürzer hinsichtlich des Zeitbedarfs sind Online-Artikel. Hierauf werden wir in Kapitel 5 näher eingehen, wenn wir generell die Rolle des Internets und dessen Auswirkungen auf die Pressearbeit darstellen.

Betrachten wir abschließend nochmals den vollständigen Zeitablauf von der Idee zu einem Artikel bis hin zum Abdruck des Beitrags:

Abbildung 20: Zeitlicher Ablauf von der Idee zu einem Artikel bis hin zum Abdruck des Artikels

3.3.7
Einflussfaktoren auf Fachartikel

Es existieren eine Reihe von Einflussfaktoren, die zu unterschiedlichen Zeitpunkten in irgendeiner Form auf einen Artikel einwirken. Dies kann sowohl positiver als auch negativer Natur sein. Wir beschäftigen uns jetzt deshalb mit diesen Einflussfaktoren, um aufzuzeigen, dass die Zusage einer Redaktion auf ein Artikelangebot noch lange nicht sicherstellt, dass der Artikel letztendlich auch erscheinen wird. Im schlimmsten Fall ist der Artikel fix und fertig erstellt und wird dann letztendlich doch nicht veröffentlicht, obwohl sowohl seitens der Presseagentur als auch seitens des Autors keine Fehler begangen wurden.

Unterschiedliche Faktoren zu unterschiedlichen Zeitpunkten

Aus eigener Erfahrung können wir die folgenden „Showstopper" auflisten, die einen bereits fest vereinbarten Artikel nicht haben erscheinen lassen:

- Das Magazin wurde, während der Artikel geschrieben wurde, eingestellt, da entweder der Verlag Insolvenz angemeldet hatte oder das Magazin selber finanziell nicht mehr tragbar war. Der Grund ist letztendlich nebensächlich - ärgerlich ist es um die viele Arbeit, die vergebens investiert wurde. Sicherlich kann man noch versuchen, den Artikel anderswo zu platzieren, aber auch dies erfordert neue Anstrengungen und meist muss der Artikel überarbeitet bzw. angepasst werden. *Magazin existiert nicht mehr*
- Die Ausgabe, für die der Artikel vorgesehen war, wird ersatzlos gestrichen. Gerade in den Sommermonaten, wenn das ohnehin schon geringe Anzeigenaufkommen fast gegen Null geht, legen manche Verlage gerne mal die Juli- und die August-Ausgabe zu einer einzigen Ausgabe zusammen, wobei natürlich einige Artikel immer auf der Strecke bleiben. *Ausgabe wird gestrichen*
- Der Umfang des Magazins wird wegen ausbleibenden Anzeigenaufträgen reduziert und somit können auch einige Artikel nicht mehr erscheinen. *Umfang reduziert sich*
- Der Redakteur, mit dem der Artikel vereinbart wurde, hat den Verlag verlassen. Der neue Redakteur (oder derjenige, der dessen Aufgaben vorübergehend übernommen hat) möchte den vereinbarten Artikel nicht mehr, da er nicht in sein Konzept passt. *Redakteur verlässt den Verlag*
- Der fertig geschriebene Artikel entspricht nicht im geringsten dem, was sich der Redakteur unter dem Abstract vorgestellt hat, und daher wird der Artikel abgelehnt. Unabhängig davon, ob das Angebot schlecht war oder der Artikel – das Ergebnis bleibt *Andere Vorstellungen*

das gleiche, man muss zumindest erheblich nacharbeiten, wenn nicht sogar neu schreiben.

Schlechter Artikel

- Der Artikel enthält zu viel Werbung und zu wenig Substanz, gerade in den Anfängen der Pressearbeit wird dieser Fehler immer wieder begangen.

Bei dieser Auflistung fällt auf, dass die meisten Punkte gar nicht vom Autor zu verantworten sind. Dies sollte bei der Pressearbeit – insbesondere, wenn man mit einer Presseagentur zusammenarbeitet – stets berücksichtigt werden.

3.3.8 Fazit

Viele allgemeingültige Aspekte

In diesem Abschnitt haben wir uns mit dem Fach- oder Methodenartikel beschäftigt. Viele der hier aufgeführten Punkte zählen auch für die im Anschluss zu besprechenden Artikelarten. Der Fach- und Methodenartikel gehört zu den Inhalten einer Zeitschrift oder eines IT-Magazins, die am wenigsten Werbung und am meisten „Inhalt" enthalten, daher natürlich auch am häufigsten gelesen werden.

Auch wenn sie wenig Werbung enthalten stellen sie ein hervorragendes Marketinginstrument dar, sofern man sich an die hier aufgestellten Regeln hält. Hinsichtlich Werbung noch mal die wichtigste Regel: Weniger ist mehr!

Bei der Erstellung ist darauf zu achten, dass man nicht in eine der beiden Fallen läuft, also entweder zu technisch oder zu trivial schreibt. Hier hilft meist nur die Erfahrung weiter. Das Platzieren von Fach- oder Methodenartikel wird meist anhand der in den Mediadaten der einzelnen Verlage aufgeführten Themenschwerpunkte vorgenommen.

3.4 Der Produktartikel

3.4.1 Einführung

Konkreter Test

Der Produktartikel beschreibt die Qualität und/oder das Verhalten eines Produktes in der Praxis. Es handelt sich dabei um einen konkreten Test, in dem entsprechende Bewertungen abgegeben werden. Zu unterscheiden sind dabei unterschiedliche Typen, auf die im nächsten Abschnitt eingegangen wird.

Während bei dem zuvor beschriebenen Fach- und Methodenartikel eher das „Wie" im Vordergrund stand, konzentriert sich der Produktartikel auf das „Mit was". Dabei sollten Produktartikel immer auch einen methodischen Hintergrund haben, um das Interesse des Lesers zu gewinnen. Schließlich ist es von großer Bedeutung, wie zum Beispiel eine Methode innerhalb eines Produktes umgesetzt wurde oder welche fachlichen Aspekte ein Produkt abdeckt.

Besonders für Produkthersteller interessant

Produktartikel sind in erster Linie für Produkthersteller von Interesse, wir werden aber im Verlauf dieses Abschnitts noch aufzeigen, wann auch ein Dienstleistungsanbieter von einem Produktartikel profitieren kann.

3.4.2 Unterschiedliche Typen von Produktartikeln

Generell sind drei verschiedene Typen von Produktartikeln zu unterscheiden:

- *Praxistests* Produktartikel, die den Einsatz eines bestimmten Produktes in der Praxis beschreiben, so genannte Praxistests oder auch Einzeltests[65].
- *Vergleichstests* Produktartikel, in denen mehrere vergleichbare Werkzeuge gegenübergestellt und bewertet werden, so genannte Vergleichstests.
- *Testberichte* Testberichte – hierbei handelt es sich um eine Art Zusammenfassung einer Studie, eines Reports oder einer Evaluierung, die von einem Analysten (zum Beispiel OVUM) durchgeführt wurde.

Schwer zu platzieren

In den nächsten drei Abschnitten wollen wir uns mit diesen unterschiedlichen Typen von Produktartikeln im Detail beschäftigen. Dabei werden wir jeweils den gleichen Aufbau der Beschreibung vornehmen. Zunächst stellen wir dar, unter welchen Bedingungen der jeweilige Produktartikel von Wert ist. Im Anschluss gehen wir darauf ein, wie ein Produkttest zu platzieren ist; es sei bereits an dieser Stelle erwähnt, dass dieser Vorgang ungleich schwerer ist, als das bei einem Methoden- oder Fachartikel der Fall ist, da hier schon wesentlich mehr Werbung enthalten ist.

Am Ende jedes Abschnitts beschreiben wir die speziellen Gegebenheiten und Einflüsse, denen der Produkttest unterliegt und was bei der Erstellung des Tests zu beachten ist. Nach diesen drei Beschreibungen nehmen wir noch einen abschließenden Vergleich der drei Typen von Produkttests vor.

---

[65] Weil nur ein einzelnes Produkt getestet wird.

3.4.3
Der Praxistest

3.4.3.1
Bedingungen an einen Praxistest

Der Praxistest oder Einzeltest ist vom Marketingwert her ein sehr wichtiger Artikel für einen Produktanbieter, sofern die folgenden Bedingungen erfüllt sind:

Gutes Ergebnis

- Ganz wichtig: Das Produkt hat in dem Praxistest gut abgeschnitten!

Unabhängiger Autor

- Mindestens ebenso wichtig: Der Test wurde nicht vom Unternehmen selbst geschrieben, zum Beispiel innerhalb eines Advertorials. In diesem Fall wäre die Glaubwürdigkeit des Produkttests (und inhärent auch die der Zeitschrift oder des IT-Magazins, in dem der Test veröffentlicht wurde) gleich Null.

Aktuelle Version

- Der Produkttest untersucht die gerade aktuelle Version des Produktes.

Konkreter Projekteinsatz

- Der Produkttest untersucht das Produkt im konkreten Projekteinsatz und nicht anhand eines für diesen Artikel konstruierten Demobeispiels.

Sind diese Bedingungen erfüllt, hat der Produkthersteller ein hervorragendes Marketinginstrument in der Hand. Dabei zählt einerseits die Streuung des Praxistests durch das IT-Magazin bzw. die Zeitschrift, womit eine Vielzahl von Neukontakten (also Interessenten, die dem Produkthersteller bisher nicht bekannt waren) erreicht werden, andererseits hat der Hersteller die Möglichkeit Sonderdrucke[66] von dem Artikel zu bestellen, die er dann an existierende Kunden und Interessenten sowie auf Veranstaltungen wie Messen und Kongressen verteilen kann.

3.4.3.2
Platzierung eines Praxistests

Verdacht der kostenlosen Werbung

Wie bereits eingangs erwähnt, gestaltet sich die Platzierung eines Produkttests ungleich schwieriger als die eines Fach- oder Methodenartikels. Besonders wenn nur ein einzelnes Produkt untersucht werden soll, ist dieser Vorgang sehr schwierig, da beim Redakteur sofort der Verdacht der kostenlosen Werbung auftaucht.

---

[66] Mehr zum Thema Sonderdrucke war Kapitel 1 zu entnehmen.

Es muss also zunächst die primäre Aufgabe des Unternehmens oder der Presseagentur sein, den Redakteur davon zu überzeugen, welchen Nutzen der Artikel für den Leser hat. Hierzu ist das zuvor beschriebene Artikelangebot um diesen Punkt zu ergänzen. Noch wichtiger ist es, die Unabhängigkeit des Autors vom Produkthersteller darzustellen - im Idealfall schriftlich!

Nutzen für den Leser herausarbeiten

Ferner sollte in dem Artikelangebot der methodisch/fachliche Aspekt, den der Artikel haben wird, explizit herausgestellt werden, da der Artikel dadurch automatisch an Wert gewinnt.

Es ist generell zu empfehlen, dass die Platzierung eines Praxistests niemals per E-Mail oder Post vorgenommen wird, sondern ausschließlich im direkten Gespräch (entweder persönlich oder per Telefon). Dabei ist es hilfreich, wenn die Zeitschrift oder das Magazin bereits den ein oder anderen Praxistest veröffentlicht hat. Die Zeitschrift *iX* vom Heinz Heise Verlag hat hierfür zum Beispiel eine Rubrik „Review“. Im Idealfall versucht man als Produkthersteller einen Kunden bzw. den externen Autor des Artikels davon zu überzeugen, mit der entsprechenden Zeitschrift in Kontakt zu treten.

Niemals per E-Mail oder Post

3.4.3.3
Besondere Bedingungen und Einflüsse auf einen Praxistest

Ein Praxistest kann unter den unterschiedlichsten Bedingungen veröffentlicht werden. Im Abschnitt zuvor haben wir die Situation betrachtet, dass ein Produkthersteller versucht, über eine Presseagentur oder selber einen Praxistest in einer Zeitschrift oder einem Magazin zu platzieren. Aber häufig ist es auch so, dass ohne vorherige Kenntnis des Produktherstellers ein Praxistest erscheint, nämlich dann, wenn der Kunde selbst schreibt.

Nun kann es unterschiedliche Motivationen für einen Kunden geben, selbstständig einen Praxistest zu veröffentlichen[67]. Denkbar wären:

Unterschiedliche Motivationen

- Der Autor hat im Projekt gute Erfahrungen mit dem Produkt gesammelt und effektiv Projektzeit einsparen können. In diesem Fall liegt eine Situation vor, die gerne von Zeitschriften veröffentlicht wird, da der Leser hier einen klar erkennbaren Nutzen aus dem Artikel ziehen kann.

  Gute Projekterfahrungen

- Der umgekehrte Fall: Der Autor hat im Projekt durch den Einsatz des Produktes erhebliche Schwierigkeiten gehabt. Die Pro-

  Schlechte Projekterfahrungen

[67] Es sei an dieser Stelle noch einmal erwähnt, dass es für den Kunden wesentlich einfacher ist, einen solchen Praxistest in der Presse zu veröffentlichen, als dies für den Produkthersteller der Fall ist, da er als unabhängig gilt.

jektzeit hat unter dem Produkteinsatz gelitten! Auch derartige Artikel werden von IT-Magazinen gerne publiziert, schließlich sind auch abschreckende Beispiele für den Leser von großem Nutzen. Allerdings achten die Verlage hierbei sehr genau darauf, dass die in dem Artikel aufgestellten negativen Aspekte auch nachvollziehbar (zum Beispiel bei Abstürzen reproduzierbar) sind. Denn letztendlich ist jeder Produkthersteller auch ein potentieller Anzeigenkunde.

Wertung ist wichtig

- Eine dritte Variante besteht darin, dass der Autor eigentlich primär einen Projektbericht schreibt, in diesem jedoch wertend darauf eingeht, mit welchem Produkt das Projekt abgewickelt wurde. Wichtig ist, dass er eine Wertung vornimmt, ansonsten ist es kein Produktartikel bzw. Praxistest.

Schlechte Nachrichten verbreiten sich schneller

Während der erstgenannte Artikel von sehr hohem Nutzen für den Produkthersteller ist, stellt der zweite einen erheblichen Schaden für das Unternehmen dar. Negative Nachrichten sprechen sich nun mal viel schneller (und vor allem viel flächendeckender) herum, als dies bei positiven der Fall ist. Die Begründung liegt auf der Hand: Gute Nachrichten werden ausschließlich vom Produkthersteller selber verbreitet – allenfalls dienen die Partner und Kunden noch als Multiplikatoren, wohingegen schlechte Nachrichten von sämtlichen Mitbewerbern gerne aufgenommen und massiv gestreut werden. So ist in obiger Situation davon auszugehen, dass bei künftigen Kundenterminen der Wettbewerb immer eine Kopie des Artikels vorlegen wird, wenn das Gespräch auf dieses Produkt kommen sollte.

Die Redaktion schreibt selbst

Eine weitere Variante eines Praxistests ist darin zu sehen, dass die Redaktion selbst einen solchen Bericht schreiben möchte. In dieser Situation ist der Produkthersteller zwar im Vorfeld informiert[68], das Ergebnis des Praxistests ist jedoch völlig offen. Die folgende Vorgehensweise hat sich dabei als sinnvoll erwiesen:

- Es ist nicht damit getan, die Testversion zum Verlag zu schicken und abzuwarten, was irgendwann mal in einer der nächsten Ausgaben abgedruckt wird. Eine solche Vorgehensweise ist grob fahrlässig, insbesondere wenn es sich um ein erklärungsbedürftiges Produkt handelt.

---

[68] In der Regel dadurch, dass die Redaktion eine Testversion des Produktes beim Hersteller bestellt.

- Sobald eine Anfrage einer Redaktion in dieser Richtung eintrifft, sind im ersten Schritt die wesentlichen Eckdaten mit dem Ansprechpartner der Redaktion zu klären[69]:
  - Wann wird die Software genau benötigt, kommt eventuell vorher ein neues Release auf den Markt?
  - Wann soll der Artikel erscheinen, kommt bis dahin eventuell ein neues Release auf den Markt?
  - Auf welcher Hardware soll das Produkt installiert werden? Entspricht diese Hardware den Mindestvoraussetzungen?
  - Wer installiert die Software? Hat man die Möglichkeit einen Techniker zur Redaktion zu schicken, der die Software installiert und eine kleine Einweisung in das Produkt vornimmt? Normalerweise nehmen Redaktionen diese Möglichkeit gerne an, da sie sich so jede Menge Zeit und Ärger sparen.
  - Hat der testende Redakteur ausreichend Erfahrung mit vergleichbaren Produkten oder zumindest mit der Methodik, die diesem Produkt hinterlegt ist? Kann man ansonsten den Redakteur kostenlos in eine der nächsten Schulungen setzen?

Im Vorfeld zu klären

- Sind diese Punkte geklärt, sollte der Techniker, der die Installation vorgenommen hat, automatisch die Rolle des Mentors übernehmen. Das bedeutet, dass er künftig für alle auftauchenden Fragen zur Verfügung steht.

Die Rolle des Mentors wahrnehmen

- Wenn die Redaktion den Artikel fertig gestellt hat, sollte der Hersteller die Möglichkeit haben, vor Abdruck diesen vorgelegt zu bekommen. Natürlich hat er hier keine Möglichkeit wertende Kommentare zu ändern, hier geht es vielmehr darum, dass eventuelle Fehler erkannt und beseitigt werden können.

Lotteriespiel

Auf diese Art und Weise der individuellen Betreuung der Redaktion kann sich der Produkthersteller zumindest davor schützen, dass ein negativer Praxistest erscheint, weil gewisse Funktionalitäten des Produktes missverstanden oder nicht erkannt wurden. Er kann sich jedoch nicht davor schützen, dass das Produkt negativ dargestellt wird, wenn der Redakteur dieser Auffassung ist. Daher sind solche von Redaktionen verfasste Praxistests häufig ein Lotteriespiel. Es hilft auch wenig, wenn der Hersteller darauf hinweist, dass er bei positivem Testbericht eine bestimmte Anzahl an Sonderdrucken bestellen wird.

Wer schreibt den Test?

Praxistests können sich auch anderweitig als Bumerang erweisen; so sollte ein Produkthersteller genau darauf achten, wer den Artikel schreibt. Um die Seriosität und Glaubhaftigkeit sicherzu-

[69] Wir gehen im Folgenden davon aus, dass von der Redaktion eine Software getestet werden soll.

stellen, muss der Praxistest von einem externen Autor geschrieben werden. Auf diesen hat man natürlich lange nicht den Einfluss, wie man ihn auf einen eigenen Mitarbeiter hat. Somit muss der Autor – ähnlich wie obiger Redakteur – vom Produkthersteller bestens betreut werden, will man nicht auch hier eine böse Überraschung erleben.

Gefahren in laufenden Projekten

Besonders kritisch sind Praxistests, die innerhalb laufender Projekte verfasst werden. So ist es durchaus möglich, dass zu dem Zeitpunkt, wo der Praxistest vereinbart wird, der Autor bestens mit dem Produkt umgehen kann und durchaus zufrieden ist. Doch im Laufe der Zeit schleichen sich gewisse Probleme ein und der Autor wird mehr und mehr unzufrieden[70]. Es erübrigt sich, darauf einzugehen, wie dann der Artikel ausfallen wird. Hinzu kommt, dass ein einmal vereinbarter Artikel nur schwer wieder zurückzuziehen ist. Das gilt besonders dann, wenn der Autor selber den Artikel mit der Redaktion vereinbart hat.

3.4.4 Vergleichstests

3.4.4.1 Bedingungen an einen Vergleichstest

Bei Vergleichstests wird nicht mehr ein Produkt für sich alleine im Praxiseinsatz betrachtet, sondern es werden mehrere Produkte hinsichtlich ihrer Praxistauglichkeit gegenübergestellt. Vergleichstests sind von noch höherem Stellenwert als Praxistests, sofern sie die folgenden Bedingungen erfüllen:

Gutes Ergebnis

- Das Produkt muss im oberen Drittel der Testsieger wiederzufinden sein, ansonsten ist der Artikel kontraproduktiv und nutzt den Wettbewerbern. Im Idealfall ist das Produkt natürlich Testsieger.

Alle Keyplayer berücksichtigen

- Der Vergleichstest muss die jeweiligen Keyplayer – also die wichtigsten und bekanntesten Produkte, die derzeit auf dem Markt verfügbar sind – berücksichtigen.

Unabhängiger Autor

- Der Vergleichstest darf nicht von einem Mitarbeiter eines Unternehmens geschrieben worden sein, dessen Produkt ebenfalls in diesem Artikel getestet wurde.

---

[70] Oder der Autor lernt in der Zwischenzeit in einem anderen Projekt ein Wettbewerbsprodukt kennen, mit dem er, aus welchen Gründen auch immer, wesentlich besser arbeiten kann. Diese Situation ist zwar recht selten, aber durchaus realistisch.

- Der Vergleichstest muss für jedes Produkt unter den gleichen Bedingungen durchgeführt werden. *Gleiche Bedingungen*
- Die wichtigsten Vergleichsoperatoren müssen Allgemeingültigkeit besitzen, das heißt, die Produkte dürfen nicht getestet werden, wie sie sich in speziellen Projektsituationen verhalten, die im Normalfall nicht üblich sind. Einfaches Beispiel: Wie verhalten sich unterschiedliche Drucker, wenn sie in einem Raum mit einer Temperatur über 60 Grad stehen. Solche speziellen Testbedingungen sind nur für einen Bruchteil der Leserschaft interessant. *Allgemeingültigkeit der Vergleichsoperatoren*

3.4.4.2
Platzierung eines Vergleichstests

Die Erstellung eines Vergleichstests ist mit einem immensen Arbeitsaufwand verbunden. Kein Autor wird, nur weil er einen Artikel schreiben möchte, sich die Mühe machen und eine Vielzahl von Produkten unter gleichen Bedingungen testen. Daher ist die Situation, dass ein Unternehmen sich an ein Magazin oder eine Zeitschrift wendet und versucht einen Vergleichstest zu platzieren, ohne dass dieser bereits durchgeführt wurde, nahezu auszuschließen.

Veröffentlichung von Evaluierungsergebnissen

Es liegt also eine andere Situation vor, die sich wie folgt gestaltet: Ein Produkthersteller hat bei einer Werkzeugevaluierung den Zuschlag erhalten und möchte nun – in enger Abstimmung mit dem evaluierenden Unternehmen – das Evaluierungsergebnis veröffentlichen. Hierbei hat man den Vorteil, dass der Werbungsanteil sehr gering oder zumindest nicht offensichtlich ist. Der Redakteur wird also eher zur Veröffentlichung zu bewegen sein, als dies bei einem Einzeltest der Fall ist.

Trotzdem wird natürlich die erste Frage der Redaktion in die Richtung gehen, wer denn den Test gewonnen hat und in welchem Zusammenhang der Autor zu diesem Unternehmen steht. Kann hier eine Unabhängigkeit nachgewiesen werden, tut man sich erheblich leichter.

3.4.4.3
Besondere Bedingungen und Einflüsse auf Vergleichstests

Kunst der Platzierung

Vergleichstests unterliegen nahezu immer besonderen Bedingungen – sie werden im Regelfall im Auftrag eines Unternehmens von einem Beratungshaus durchgeführt. Die Kunst der Platzierung besteht darin, die Freigabe von einem solchen Unternehmen zur Veröffentlichung der Ergebnisse zu erhalten. Problematisch ist jedoch, dass in diesem Fall keine Allgemeingültigkeit der Vergleichsoperatoren existiert (siehe oben), da diese Analyse speziell an das Unternehmen angepasst worden ist. Unter Umständen schneiden hier Produkte gut ab, die ansonsten nicht ein entsprechendes Ergebnis erzielt hätten und umgekehrt.

Besonderheit

Eine Besonderheit sind Vergleichstests, die von Analysten im Rahmen ihrer Analysetätigkeiten durchgeführt werden. Beispiele sind hier OVUM, IDC, Gartner oder Yphise. Auf diese Art von Vergleichstests, die allgemein auch als Testberichte bezeichnet werden, wollen wir im nächsten Abschnitt eingehen.

3.4.5 Testberichte

3.4.5.1 *Bedingungen von Testberichten*

Testberichte fassen einen Vergleichstest zusammen

Testberichte fassen einen Vergleichstest zusammen, sie stammen in der Regel nicht vom Autor bzw. den Autoren des Vergleichstests selber, sondern häufig von freien Journalisten oder Redakteuren, die den Vergleichstest gelesen haben und nun einen redaktionellen Beitrag darüber an ein Magazin oder eine Zeitschrift verkaufen wollen.

Die folgenden Bedingungen sind an solche Testberichte zu stellen:

- Der Vergleichstest darf nur Produkte berücksichtigen, die innerhalb von Deutschland kommerziell verfügbar sind.
- Der Vergleichstest selber muss innerhalb von Deutschland kommerziell verfügbar sein.
- Der Vergleichstest muss aktuell (nicht älter als 2 Monate) sein und sollte noch in keiner anderen Zeitschrift besprochen worden sein.[71]

Hersteller-unabhängige Autoren

- Die Autoren des Vergleichstests müssen nachweislich herstellerunabhängig sein.
- Der Autor des Testberichtes selbst muss herstellerunabhängig sein.

Sind diese Bedingungen erfüllt, kann ein Testbericht platziert werden.

[71] Hier lässt sich natürlich nur schwer überprüfen, ob gerade eine Besprechung in Arbeit ist.

3.4.5.2 Platzierung von Testberichten

Platzierung ist relativ einfach

Die Platzierung solcher Testberichte ist relativ einfach, besonders im Vergleich zu den Einzeltests. Schließlich wird hier über einen Test berichtet, der von unabhängigen Analysten vorgenommen wurde. Problematisch wird es nur, wenn der Autor von einem der in diesem Test untersuchten Hersteller kommen sollte. Dann besteht die Gefahr, dass das positive Abschneiden eines bestimmten Produktes zu sehr zum Schwerpunkt des Berichtes wird.

Daher sollten Unternehmen oder Presseagenturen, die hier einen entsprechenden Testbericht platzieren wollen, immer auf freie Journalisten zurückgreifen und diesen im Idealfall auch die vollständige Kommunikation mit der Redaktion überlassen.

Flächendeckendes Angebot möglich

Testberichte erscheinen in nahezu allen Zeitschriften und Magazinen, können daher flächendeckend den Redaktionen angeboten werden. Besonders sinnvoll ist es, wenn eine Zeitschrift oder ein Magazin zum Beispiel das Thema Anforderungsmanagement zum Schwerpunkt hat und dazu ein Testbericht über eine entsprechende Studie angeboten werden kann. Die Wahrscheinlichkeit diesen Testbericht platziert zu bekommen ist dann sehr hoch.

3.4.5.3 Besondere Bedingungen und Einflüsse auf Testberichte

Testberichte unterliegen keinen besonderen Bedingungen und Einflüssen, die sich von den vorher genannten Bedingungen und Einflüssen auf Vergleichstests unterscheiden. Manchmal versuchen die Anzeigenabteilungen der Zeitschriften und Magazine, die den Testbericht veröffentlichen, Kontakt mit dem eigentlichen Herausgeber der untersuchten Studie aufzunehmen und von diesem eine Anzeige zu erhalten. Ist dies nicht von Erfolg gekrönt, könnte das eventuell Einfluss auf die Platzierung des Testberichts haben. In der Regel ist jedoch nicht davon auszugehen.

3.4.5.4 Beispiel für einen Testbericht

Werkzeugevaluierung

Im Folgenden soll ein Beispiel für einen Testbericht gegeben werden, der im Jahr 2003 in einer IT-Zeitschrift publiziert werden konnte. Das beauftragende Unternehmen hatte im Bereich Konfigurationsmanagement bei einer Werkzeugevaluierung des französischen Analysten Yphise den ersten Platz belegt [Yphi2003] und nun Guerilla-PR beauftragt, dieses Ergebnis zu platzieren.

Die Platzierung konnte aus unterschiedlichen Gründen erfolgreich vorgenommen werden:

Gründe für eine erfolgreiche Platzierung

- Der Report von Yphise betrachtete die fünf wichtigsten Keyplayer auf dem Markt.
- Der Report von Yphise untersuchte die Produkte anhand von fünf allgemeingültigen Kriterien, die für alle Leser gleichsam von Interesse waren.
- Yphise gilt als einer der wenigen Analysten, die ihre Reports anhand eines ISO 9001-zertifizierten Beurteilungsprozesses veröffentlichen.

Damit waren die drei wesentlichen Voraussetzungen, auf die ein Redakteur Wert legt, erfüllt:

Drei wesentliche Voraussetzungen

- Vollständigkeit: Es waren alle Produkte enthalten
- Allgemeingültigkeit: Das Ergebnis lässt sich auch auf andere Unternehmen anwenden
- Seriosität: Es handelt sich nicht um eine so genannte Gefälligkeitsstudie, die von einem Hersteller bezahlt wurde

Der Testbericht umfasste vier Seiten und erschien knapp 3 Monate nach Auftragserteilung. Es war - und das ist durchaus als Ausnahme zu bezeichnen - nicht ein einziger Abstimmungsprozess notwendig.

3.4.6 Abschließender Vergleich der unterschiedlichen Produkttests

Den bisherigen Ausführungen war bereits zu entnehmen, dass je nach Situation die unterschiedlichen Typen von Produkttests auch einen unterschiedlichen Stellenwert für das Unternehmen, also den Produkthersteller haben. In den folgenden Tabellen untersuchen wir, wie hoch die jeweilige Bedeutung der drei Typen für die folgenden Zielgruppen ist:

- Zielgruppe Unternehmen, die eine Toolauswahl vornehmen, die also noch ganz am Anfang eines Evaluierungsprozesses sind und noch keine engere Auswahl getroffen haben: siehe Tabelle 2.

Tabelle 2: Zielgruppe Unternehmen, die eine Toolauswahl vornehmen

	Sehr hoch	Hoch	Mittel
Praxistest			*
Vergleichstest	*		
Testbericht		*	

- Zielgruppe Unternehmen, die bereits eine Vorauswahl getroffen haben und sich diese gerne noch mal von unabhängiger Quelle bestätigen lassen möchten: siehe Tabelle 3.

	Sehr hoch	Hoch	Mittel
Praxistest	*		
Vergleichstest			*
Testbericht		*	

Tabelle 3: Zielgruppe Unternehmen, die bereits eine Vorauswahl getroffen haben

- Zielgruppe Unternehmen, die ein existierendes Produkt durch ein anderes Produkt ablösen möchten: siehe Tabelle 4.

	Sehr hoch	Hoch	Mittel
Praxistest	*		
Vergleichstest		*	
Testbericht			*

Tabelle 4: Zielgruppe Unternehmen, die ein existierendes Produkt ablösen möchten

Es sei an dieser Stelle noch erwähnt, dass alle Typen von Produkttests nicht nur für Produkthersteller von Interesse sind. Auch Dienstleistungsunternehmen, die sich beispielsweise auf die Evaluierung von Produkten im Kundenauftrag spezialisiert haben, können von Veröffentlichungen solcher Tests erheblich profitieren. Schließlich stellen sie damit ihr Know-how unter Beweis und Unternehmen, die vor der Auswahl eines entsprechenden Produktes stehen, werden durch den veröffentlichten Artikel nicht nur auf die Produkte, sondern auch auf das evaluierende Unternehmen aufmerksam. Es wurde bereits erwähnt, dass eine Produktevaluierung mit erheblichen Aufwendungen verbunden ist, und so manches Unternehmen möchte diesen Schritt lieber extern vergeben.

3.5 Die Case Study

3.5.1 Einführung

Vergleichbar mit einer Pressemeldung

Eine Case Study ist vergleichbar mit einer Pressemeldung, die als Erfolgsmeldung verfasst wird. Nur, dass sie erheblich umfangreicher ist und wesentlich mehr Arbeit erfordert, da es sich um eine in sich geschlossene Story handelt. Wird eine Case Study veröffentlicht, so können auch hier Sonderdrucke geordert werden, um die Story breiter zu streuen. Wichtig: Bei einer Case Study muss immer ein Kunde konkret genannt werden, im Idealfall schreibt dieser Kunde die Case Study selber.

In diesem Abschnitt befassen wir uns zunächst mit den ersten elementaren Schritten, wie eine Case Study zu verfassen ist und welche Rahmenbedingungen zu beachten sind. Im Anschluss gehen wir darauf ein, wie eine Case Study zu schreiben ist, welche Abstimmungsprozesse notwendig und welche zeitlichen Aspekte zu berücksichtigen sind. Zum Schluss betrachten wir noch, wie eine Case Study innerhalb der Presse zu platzieren ist und wo die Unterschiede zur Platzierung eines Fach- oder Methodenartikels bzw. eines Produkttests liegen.

3.5.2 Erste Schritte und zu beachtende Rahmenbedingungen

Die Erstellung einer Case Study ist ein Politikum

Die Erstellung einer Case Study ist nicht mit der eines Artikels zu vergleichen. Sie stellt in gewisser Art und Weise immer ein Politikum dar, da hier der Kunde des Unternehmens involviert ist. Daher sind immer bestimmte Rahmenbedingungen zu beachten. Zur Publikation einer Case Study sind zunächst die folgenden Schritte notwendig:

Vereinbarung sofort treffen

- Bereits direkt nach Abschluss des Produktgeschäftes bzw. nach Auftragserteilung einer Consultingleistung wird mit dem Kunden vereinbart, dass eine Case Study erstellt werden soll, in der der Kunde referenziert und zitiert werden darf. Viele Firmen ziehen diesen Schritt sogar insoweit vor, dass er bereits Gegenstand der Vertragsverhandlungen ist. Um hier dem Kunden die Case Study schmackhaft zu machen, werden von Produkthäusern gerne auch noch mal zusätzliche Rabatte gewährt. Consultinghäuser tun sich diesbezüglich etwas schwerer, da hier ein weiterer Rabatt monetär mehr ins Gewicht fallen würde, als dies bei einem Produktgeschäft der Fall wäre.

Erstellung sofort beginnen

- Die Erstellung der Case Study wird dann so schnell wie möglich direkt im Anschluss vorgenommen. Idealerweise ist die Case Study fertig gestellt und vom Kunden freigegeben, bevor das Projekt eigentlich beginnt, getreu dem Motto: Was man hat, das hat man. Begründung: Es können sich völlig unabhängig von dem eingesetzten Produkt oder der in Anspruch genommenen Dienstleistung so viele Rahmenbedingungen im Projekt ändern, dass man hier möglichst schnell die Case Study fertig stellen sollte.

Platzierung parallel zur Erstellung

- Parallel zur Erstellung wird die Presseagentur mit der Platzierung beauftragt. Ziel muss es sein, aus den oben aufgeführten Gründen eine Zeitschrift oder ein Magazin zu finden, das diese auch möglichst bald veröffentlicht, so dass ein Redaktionsschlusstermin in naher Zukunft liegt.

- Dieser Redaktionsschlusstermin ist dann auch ein gutes „Druckmittel", um die interne Freigabe der Case Study beim Kunden zu beschleunigen. Sobald diese vorliegt, sollte die Case Study noch am selben Tag der Redaktion eingereicht werden.

Druckmittel

Wie dieser Auflistung zu entnehmen ist, liegt hier eine zeitkritische Vorgehensweise vor, über der ständig ein möglicher Umschwung innerhalb des Projektes schwebt. Man muss jedoch auch erst einen Kunden finden, der sich bereit erklärt, die Case Study innerhalb so kurzer Zeit und vor allem bereits zu Beginn des Projektes zu erstellen. Viele Unternehmen wollen zu Recht erst mal abwarten, wie sich denn das Produkt oder die Dienstleistung im Laufe des Projektes im Praxiseinsatz darstellt.

Zeitkritische Vorgehensweise

3.5.3 Die Platzierung einer Case Study

Eine Case Study wird völlig anders platziert als ein Fachartikel oder ein Produktartikel. Wesentliches Unterscheidungsmerkmal ist: Der inhaltliche Leitfaden einer Case Study existiert bereits, sie ist im Geiste fix und fertig geschrieben und muss eigentlich bei Auftragserteilung durch eine Redaktion nur noch erstellt werden. Oft existiert die Story sogar bereits und die Presseagentur oder das Unternehmen bietet den Redaktionen ein „fertiges Produkt" an. Das bedeutet wiederum, dass die Redaktion relativ wenig Einfluss auf die Story hat (im Gegensatz zum Fachartikel). Die folgenden Parameter stehen fest und können nicht verändert werden:

Wesentliches Unterscheidungsmerkmal

- Der Kunde
- Das Produkt oder die Dienstleistung
- Das Projekt
- Der Inhalt

Feststehende Parameter

Der Redakteur steht also quasi vor der Entscheidung: Friss oder stirb! Im Normalfall kann er noch nicht einmal größere textuelle Änderungen vornehmen, ohne diese mit dem Kunden, der in der Case Study referenziert wird, abzustimmen.

Friss oder stirb!

Daher ist es manchmal etwas schwierig eine Case Study bei Magazinen zu platzieren, die Artikel gerne und umfangreich redigieren. Auf der anderen Seite kann der Redakteur davon ausgehen, dass die Qualität der Case Study hochwertig ist, da sie beim Kunden die ein oder andere Freigabeinstanz durchlaufen ist.

Was sonst noch bei einer Platzierung einer Case Study zu beachten ist, soll erst in Abschnitt 3.6.5 behandelt werden, wenn wir uns mit der Platzierung einer Success Story beschäftigen, da dies nahezu der gleiche Prozess ist.

3.6 Die Success Story

3.6.1 Einführung

Weiterführung der Case Study

Die Success Story ist sozusagen die Weiterführung der Case Study. Nur mit dem großen Unterschied: Das Projekt ist ERFOLGREICH beendet. Damit sind die zeitkritischen Aspekte, die bei der Case Study zu beachten sind, hier nicht von Belang. Das heißt jedoch nicht, dass nicht die Gefahren des Projektes trotzdem über der Success Story schweben, also dass bei negativem Projektverlauf auch die Success Story hinfällig ist.

In diesem Kapitel wollen wir uns mit den folgenden Aspekten von Success Stories beschäftigen:

- Dem Unterschied zu einer Case Study, also was die wesentlichen Differenzierungsmerkmale sind.

Zeitliche Rahmenbedingungen

- Wie man eine Success Story erstellt, was dabei zu beachten ist, welche Rolle der Kunde spielt und welchen zeitlichen Rahmenbedingungen eine Success Story unterliegt.
- Wie man eine Success Story in der Presse erfolgreich platziert.
- Wie man intern die Produktion dieses sehr wichtigen Instrumentes der Pressearbeit forciert.

3.6.2 Die wesentlichen Unterschiede zwischen einer Case Study und einer Success Story

Einige Unterschiede

Wir haben bereits erwähnt, dass eine Success Story praktisch die Weiterführung einer Case Study ist. Trotzdem existieren einige Unterschiede, auf die wir im Folgenden kurz eingehen wollen. Der wichtigste Unterschied wurde bereits erwähnt: Das Projekt muss erfolgreich durchgeführt worden sein und das Produkt oder die Dienstleistung muss ihren entsprechenden Anteil an diesem Erfolg haben bzw. dazu beigetragen haben.

Ist das Projekt nicht erfolgreich beendet oder gar abgebrochen worden, so ist auch die Success Story hinfällig, völlig unabhängig davon, ob das Produkt oder die Dienstleistung, die in der Success Story herausgestellt werden soll, dafür verantwortlich war oder nicht. Eine Case Study hingegen ist unabhängig vom Projekt bzw. Projekterfolg zu sehen, da sie im Idealfall bereits zu Projektbeginn fertig gestellt wird.

Praxistauglichkeit

Ein weiteres wesentliches Unterscheidungskriterium ist bezüglich der Produktsicht die Praxistauglichkeit des im Projekt eingesetzten Werkzeuges – diese kann nur in einer Success Story herausgestellt werden, in einer Case Study liegt der Schwerpunkt dagegen auf der Erfüllung unterschiedlicher Featurewünsche des Kunden.

Bei einer Dienstleistung ist dies vergleichbar – so kann in einer Case Study eigentlich nur dargestellt werden, *warum* die Dienstleistung in Anspruch genommen wird (bisher gute Erfahrungen, die man mit dem Unternehmen gesammelt hat, günstiger Preis, bekannt für das Know-how auf dem Gebiet, usw.). Die Success Story hingegen stellt unter Beweis, dass der Kunde hier auch die richtige Wahl getroffen hat und durch die in Anspruch genommene Dienstleistung das Projekt erfolgreich abgeschlossen werden konnte[72].

Produktionszeit

Ein weiterer Unterschied besteht in der erheblich längeren Produktionszeit der Success Story gegenüber der Case Study, auf die wir im weiteren Verlauf dieses Abschnitts noch zu sprechen kommen. Entscheidenden Einfluss hat hier die Projektlaufzeit.

3.6.3 Die Erstellung einer Success Story

Nachdem eine Success Story als Weiterführung einer Case Study zu sehen ist, unterscheiden wir im Folgenden zwei unterschiedliche Situationen:

Zwei Situationen

- Erstellen einer Success Story auf Basis einer Case Study
- Erstellen einer Success Story ohne vorherige Case Study

Es liegt auf der Hand, dass die erste Situation deutlich weniger aufwändig ist. Dafür sprechen die folgenden Gründe:

Abstimmung mit dem Kunden

- Der schwierigste Prozess bei der Erstellung einer Success Story wurde schon im Vorfeld erfolgreich durchlaufen: Die Abstimmung mit dem Kunden.

[72] Natürlich wird man es nie erreichen, dass Aussagen wie: „Ohne die Beratung von xy hätten wir dieses Projekt niemals alleine geschafft" in einer Success Story auftauchen.

- Damit stehen auch bereits die notwendigen Ansprechpartner fest und man kennt ihre Gewohnheiten und Sentimentalitäten.
- Die wesentlichen Inhalte des Rahmengerüstes können aus der Case Study übernommen werden, insbesondere gilt dies für:

Inhalte des Rahmengerüstes

  - Firmenbeschreibung
  - Logos
  - Projektbeschreibung
  - Fotos
  - etc.

Daher ist es eigentlich Pflicht für jedes Unternehmen, das bereits eine gute Case Study mit einem Kunden aufgesetzt hat, auch eine Success Story im Anschluss zu erstellen. Es ist jedoch zu beachten, dass nicht jedes Projekt auch erfolgreich endet – eigentlich scheitern immer noch die meisten – daher wird sich niemals aus jeder bereits produzierten Case Study auch eine folgende Success Story produzieren lassen.

Ohne Case Study muss bei Null angefangen werden

Wenn man hingegen bei der zweiten Variante ansetzt – also bei der Erstellung einer Success Story, die nicht auf einer Case Study basiert, müssen die in der obigen Aufzählung angeführten Arbeiten durchgeführt werden. Wir können also festhalten: Existiert bereits eine Case Study, sind die Basisarbeiten schon weitgehend abgeschlossen, im anderen Fall muss bei Null angefangen werden. Sind die Basisarbeiten erledigt, wird in den beiden oben unterschiedenen Situationen dann gleich vorgegangen.

Beiden Varianten gemeinsam ist: Es existiert ein enormer Abstimmungsaufwand. Es ist immer ein Hin und Her zwischen dem Unternehmen, das seine Produkte oder/und Dienstleistungen so optimal wie möglich platzieren will, und dem Kunden, der sich zu Recht nicht als Marketinginstrument missbrauchen lassen will.

Die folgenden Schritte werden nach der Erledigung der Basisarbeiten durchgeführt:

Schlüsselsituationen suchen

- Zunächst werden Schlüsselsituationen im Projekt gesucht, wo das Produkt oder die in Anspruch genommene Dienstleistung offensichtlich das Projekt vorangebracht hat. Dabei muss dieser Mehrwert sowohl vom Kunden als auch vom Unternehmen so gesehen werden. Existiert die jeweils notwendige Übereinkunft, so sind die aufgefundenen Situationen aufzulisten und hinsichtlich ihres Einflusses auf den Gesamterfolg des Projektes zu gewichten.
- Je nach Umfang der geplanten Success Story werden dann die geeigneten Kandidaten selektiert.

- Je nach durchgeführtem Projekttyp werden im Anschluss Messfaktoren festgelegt, in deren Zusammenhang die identifizierten Schlüsselsituationen ihren Einfluss hatten. Üblicherweise handelt es sich dabei um:
  - Erhöhung der Qualität
  - Einsparung an Projektressourcen
  - Wiederverwendbarkeit in anderen Projekten

Typische Messfaktoren

- Nach einer ersten textuellen Ausformulierung beginnt die schwierige Phase der Abstimmung, hier geht es darum einen Mittelweg zwischen den Ansprüchen des Kundens und den Erwartungen des Unternehmens zu finden.
- Steht der Text, kann mit der grafischen Aufarbeitung begonnen werden. Dazu zählen[73]:
  - Die Integration von Zitaten mit den entsprechenden Fotos (idealerweise vom Projektleiter).
  - Grafik vom RoI des Produkteinsatzes.
  - Firmenlogos, Produktlogos, etc.
  - Weitere grafische Elemente zur allgemeinen Erläuterung, um was es in dem Projekt ging.
  - usw.

Grafische Aufarbeitung

3.6.4 Zeitliche Aspekte

Langwierigster Ergebnistyp der Pressearbeit

Hinsichtlich des Zeitbedarfs ist eine Success Story so ziemlich der langwierigste Ergebnistyp, der in der Pressearbeit existiert. Abbildung 21 zeigt den zeitlichen Ablauf, der bei der Erstellung einer Success Story zu berücksichtigen ist. Es wird offensichtlich, dass der entscheidende Punkt in dem Startzeitpunkt des eigentlichen Projektes liegt und damit die Projektlaufzeit einen direkten Einfluss auf die Dauer der Produktion einer Success Story hat. Bei einer Dauer von zwei bis drei Jahren Projektlaufzeit verzögert sich die Success Story entsprechend.

Abstimmungszeit ist die kritische Phase

Aus Abbildung 21 wird ebenfalls ersichtlich, dass die kritische Phase – wie schon bei der Case Study – die Abstimmungszeit der eigentlichen fertigen Story mit dem Kunden ist. Das ist auch der wesentliche Grund dafür, dass die Story erst *nach* dem Projektende verfasst werden soll. Ansonsten ist die Success Story zu sehr den Emotionen, die während der Projektlaufzeit immer wieder hochkommen, ausgesetzt.

---

[73] Wurde zuvor eine Case Study erstellt, so liegen diese Dinge meist schon vor.

Abbildung 21: Der zeitliche Ablauf bei der Erstellung einer Success Story Abstimmungszeit ist die kritischste Phase

Die eigentliche Erstellung ist nicht zeitintensiv

Die eigentliche Erstellung – sprich der Prozess des Schreibens selbst – nimmt eigentlich am wenigsten Zeit in Anspruch, dies kann in wenigen Tagen abgewickelt werden, zumal ja bereits während der Projektlaufzeit einiges an Vorarbeiten geleistet werden kann. Der wichtigste Schritt während der Projektlaufzeit besteht darin, sich den potentiellen Autor auf Kundenseite langsam aber sicher zum Champion[74] aufzubauen.

[74] Unter einem Champion wird in diesem Zusammenhang ein Mitarbeiter des Kunden verstanden, der den Lieferanten wohlwollend behandelt und bei kritischen Situationen als Fürsprecher fungiert. Es gibt die unterschiedlichsten Möglichkeiten, wie ein Champion aufgebaut wird. Näheres dazu ist der einschlägigen Literatur zum Thema Vertrieb zu entnehmen.

3.6.5
Platzierung einer Success Story

Die Platzierung einer Success Story ist etwas einfacher

Die Platzierung einer Success Story ist etwas einfacher als die einer Case Study. Das Wichtigste ist, wie schon bei der Case Study, dass der Kunde in der Story namentlich aufgeführt wird, da sie ansonsten nicht glaubhaft wirkt. Schließlich wird die Story aus Sicht des Kunden und vom Kunden geschrieben.

Zeitpunkt der Kontaktaufnahme zum Redakteur

Die große Frage, die sich in diesem Zusammenhang immer wieder stellt: „Ab wann wendet man sich an einen Redakteur, um die Story zu platzieren?" Das Wie, sei erst mal vernachlässigt. Es ist sehr schwierig, den optimalen Zeitpunkt zu erwischen. Kommen wir noch mal auf Abbildung 21 zurück. Im vorherigen Abschnitt hatten wir bereits festgehalten, dass es nicht ratsam ist, bereits während der Projektlaufzeit die Success Story zu schreiben, da sie dort zu vielen Projekteinflüssen unterliegt. Demzufolge sollte man sich zu diesem Zeitpunkt auch noch nicht an einen Redakteur wenden. Schließlich weiß man nie, aus welchen Gründen auch immer das Projekt letztendlich noch scheitern kann. Die Gründe müssen gar nicht mit dem im Projekt zum Einsatz kommenden Produkt oder der Dienstleistung in direktem Zusammenhang stehen.

Abnahme des Projektes ist zu spät

Wartet man jedoch bis zur Abnahme des Projektes – durch wen auch immer – so vergeht zu viel Zeit zwischen dem Projektende und dem letztendlichen Erscheinen (also dem Abdruck in einem Magazin) der Success Story. Wann ist also ein guter Zeitpunkt? Die Erfahrung hat hier gezeigt, dass man diesen nicht an bestimmten Ereignissen oder Terminen festmachen kann, sondern dass sich das platzierende Unternehmen hier auf sein eigenes Bauchgefühl verlassen muss. Damit steht jedoch auch eins fest: Der Zeitpunkt muss vom platzierenden Unternehmen festgelegt werden und nicht von der Presseagentur, da diese zu wenig Informationen über das Projekt selber hat.

Bevor man sich letztendlich mit einem Redakteur in Verbindung setzt, müssen die folgenden Bedingungen eingetreten sein:

- Der Kunde hat schriftlich zugestimmt, dass die Success Story unter seinem Namen veröffentlicht wird[75] und dass der Kundenname genannt werden darf.

[75] Das bedeutet noch lange nicht, dass er sie auch schreiben muss, dies kann entweder vom platzierenden Unternehmen oder von der Presseagentur übernommen werden. Wichtig ist nur, dass ein Mitarbeiter des Kunden letztendlich als Autor unter dem Artikel steht.

Abstimmung des Bildmaterials

- Das in der Success Story bereitgestellte Bildmaterial muss mit dem Kunden abgestimmt sein. Die Erfahrung hat gezeigt, dass viele Unternehmen, wenn es um die Verwendung des Logos geht, hier spezielle Vorgaben haben, wann wer und warum das Logo verwenden darf. Dies muss im Vorfeld (also während der Projektlaufzeit) bereits festgelegt werden.
- Der Autor auf Kundenseite steht bereits namentlich fest.
- Der Zeitpunkt, bis zu dem dieser Autor die Success Story fertig gestellt haben wird, ist festgelegt.
- Der Umfang, in dem der Autor von dem Unternehmen und/oder der Presseagentur des Unternehmens unterstützt wird, ist festgelegt.

Klar definierter Freigabeprozess

- Der Freigabeprozess ist klar definiert und mit Meilensteinen versehen. Ein Überschreiten eines solchen Meilensteines von Kundenseite entspricht automatisch der Freigabe der Success Story.

Erst dann hat die Presseagentur alle notwendigen Informationen zusammen, um mit einer Redaktion konkret in Kontakt zu treten:

Grundlagen-informationen

- Wer ist Autor?
- Welches Bildmaterial wird enthalten sein?
- Bis wann kann abgeliefert werden?
- Wie umfangreich wird die Story (Anzahl Zeichen) sein?

Kommen wir im Folgenden zu dem *Wie* – also auf welche Art und Weise die Success Story platziert werden kann. Hier gibt es kein Pauschalrezept. Eins gilt jedoch immer: Man sollte dem Redakteur nichts vormachen, sondern klipp und klar sagen, dass es sich um eine Success Story des Unternehmens xy handelt und der Text nicht großartig verändert werden darf (es sei denn, der veränderte Text wird wieder mit dem Kunden abgestimmt). Handelt es sich um einen namhaften Kunden, so tut man sich hier sicherlich leichter. Die Kunst der Platzierung besteht im Wesentlichen darin, dass man einen Redakteur findet, für den das eigentliche Thema der Success Story gerade von Bedeutung ist. Nur im Notfall sollte man auf ein Advertorial zurückgreifen. Nicht nur weil dies mit zusätzlichen Kosten verbunden ist, sondern hauptsächlich deshalb, weil die Glaubwürdigkeit von Advertorials sehr niedrig ist.

3.6.6 Exkurs: Motivationsaspekte zur Produktion von Case Studies und Success Stories

3.6.6.1 *Einführung*

Hoher Stellenwert

Den beiden letzten Kapiteln war zu entnehmen, welch hohen Stellenwert sowohl Case Studies als auch Success Stories für Unternehmen haben. Demzufolge sollte jedes Unternehmen darauf bedacht sein, möglichst viele dieser Hilfsmittel zur Verfügung zu haben. In diesem Abschnitt wollen wir darstellen, wie einerseits die Marketing- und Presseverantwortlichen eines Unternehmens dazu motiviert werden können, möglichst viele Case Studies und Success Stories zu produzieren und wie man neben der Pressearbeit eine generelle Konzeption dieser Marketinghilfsmittel vornimmt.

3.6.6.2 *Variable Gehaltsanteile*

Aktuelle Gehaltsmodelle

Heutzutage ist es üblich, dass Gehälter nicht mehr als Fixum ausgezahlt werden, sondern immer ein variabler, leistungsorientierter Anteil in dem Gehalt enthalten ist – zumindest im Management hat sich dies bereits etabliert. Es lässt sich zwar darüber streiten, aber letztendlich ist Geld doch einer der wichtigsten Motivationsfaktoren in der IT-Branche. Dabei gilt generell die folgende Formel:

Zielgehalt = Fixum + variabler Anteil

Unterschiedlich ist das Verhältnis zwischen Fixum und variablem Anteil. Meist liegt dies bei 50 zu 50 oder 40 zu 60 im Vertrieb und bei 80 zu 20 im Marketing.

Provisionsmodelle nur im Vertrieb nachvollziehbar

Nun ist es aber so, dass in den unterschiedlichen Vertriebspositionen jeweils ausgefeilte und absolut nachvollziehbare Provisionsmodelle den variablen Anteil des Zielgehalts bestimmen. Im Marketing hingegen ist dies definitiv nicht so. Oft wird aus lauter Ideenlosigkeit und Verzweiflung der variable Anteil des Marketings am Gesamtumsatz des Unternehmens orientiert[76]. Dies ist natürlich absoluter Blödsinn, da das Marketing hierauf keinen direkten Einfluss hat.

Wesentlich sinnvoller ist da eine Regelung, bei der man das Marketing anhand konkreter durchzuführender Aktivitäten misst und daran auch den variablen Anteil festlegt.

Wesentlicher Anteil für Case Studies und Success Stories

Das Erstellen von Case Studies und Success Stories sollte dabei einen wesentlichen Anteil ausmachen. Natürlich kann man noch jede Menge weiterer Aktivitäten (auch innerhalb der Pressearbeit) finden, die sich innerhalb eines Verprovisionierungsmodells integrieren lassen, man sollte es jedoch immer in einer Form halten, die halbwegs verständlich ist. Über das Jahr hinweg können die Ziele auch quartalsweise anderer Natur sein.

Marketingleiter wird anhand der Zielerreichung seiner Mitarbeiter gemessen

Als sinnvoll hat sich ein Modell erwiesen, bei dem der Marketingleiter anhand der Zielerreichung seiner Mitarbeiter gemessen wird. Dies soll anhand eines Beispiels erläutert werden, wobei wir jetzt ausschließlich die variablen Anteile für die Pressearbeit betrachten. Der Einfachheit halber nehmen wir an, dass diese genau die Hälfte, also 50% des variablen Anteils ausmachen. Dies ist durchaus eine realistische Vorgabe für IT-Unternehmen.

Wir stellen uns dazu eine Marketingabteilung vor, die neben dem Marketingleiter die folgenden Positionen besetzt hat:

Webmaster

- Webmaster – er ist nicht nur verantwortlich für den Aufbau der eigenen Webseite, sondern auch dafür, dass alle Veröffentlichungen wie zum Beispiel Pressemitteilungen auf anderen Webseiten referenziert werden. Sein variabler Anteil setzt sich hinsichtlich der Pressearbeit wie folgt zusammen:
  - 25% Anzahl der Clicks auf die im eigenen Webauftritt hinterlegten Pressematerialien und Success Stories und Case Studies.
  - 25% auf Downloads von Pressematerialien und eintreffende Nachfragen von Redakteuren und Journalisten.

---

[76] Die zweithäufigste Variante besteht darin, das Marketing anhand der Anzahl der generierten Neukontakte (Ledas) zu messen. Auch diese Zielvorgabe ist nicht besonders ideenreich und sinnvoll, schließlich wird hier ausschließlich Quantität und nicht im Geringsten Qualität bewertet. Ganz im Gegenteil, man kann sogar sagen, dass diese Vorgehensweise kontraproduktiv ist, denn es ist wesentlich einfacher (und vor allem billiger), minderwertige Leads zu generieren als qualitativ hochwertige. Daher werden vom Marketing dann erst mal solche Aktivitäten bevorzugt durchgeführt, die eine Vielzahl von Leads ergeben. Pressearbeit gehört eindeutig nicht dazu, daher wird diese bei obigem Modell entsprechend stiefmütterlich behandelt.

- 50% auf externe Links oder Eintragungen, die einen Bezug zur Pressearbeit des Unternehmens haben.

Pressesprecher

- Pressesprecher – sein variabler Anteil wird natürlich zu 100% am Erfolg der Pressearbeit gemessen. Hier wäre beispielsweise die folgende Aufteilung denkbar:
  - 25% Anzahl aller Clippings
  - 25% vereinbarte Journalisten- oder Redakteursgespräche
  - 50% erstellte Success Stories und Case Studies[77]

Eventmanager

- Eventmanager – er ist verantwortlich für die Durchführung von Events; da Events immer ein Gegenstand des öffentlichen Interesses sind, werden 50% seines variablen Anteils anhand der am jeweiligen Event teilnehmenden Besucher gemessen, die verbleibenden 50% werden wie folgt aufgeteilt:
  - 25% Anzahl der am Event teilnehmenden Journalisten oder Redakteure (hier sollte die Zielvorgabe bei nicht mehr als zwei zwei Teilnehmern liegen).
  - 25% Anzahl der Clippings zu dem Event, wobei hier auch der Eintrag in einem Online-Veranstaltungskalender eines Verlages als Clipping gewertet wird.
  - 25% rechtzeitige Bereitstellung aller für die Presse notwendigen Informationsmaterialien zu dem Event auf der Webseite des Unternehmens (zum Beispiel Pressemitteilung, Agenda, Fotos der Keynotespeaker, Anfahrtsskizze u.v.m).
  - 25% Erstellung der Pressemappen für das Event[78].

Technisches Marketing

- Technisches Marketing – diese Position ist für die technische Unterstützung des Marketings verantwortlich. Die 50% seines variablen Anteils werden hinsichtlich der Pressearbeit dann wie folgt verteilt:
  - 25% Anzahl der technischen Artikel, die von ihm selber geschrieben werden (zum Beispiel zwei je Quartal)
  - 25% Unterstützung der Presseagentur (sehr schwer messbar)
  - 50% Begleitende Unterstützung der Case Studies und Success Stories (gemessen wird hier wie beim Pressesprecher die Anzahl)

[77] Damit sind nicht in der Presse abgedruckte Success Stories oder Case Studies gemeint, sondern die im nächsten Abschnitt beschriebenen Produktionen dieser Stories als zusätzliches Marketingmaterial.

[78] Diese Vorgehensweise erfordert eine enge Zusammenarbeit zwischen dem Eventmanager und dem Pressesprecher, die aber auch durchaus gewollt ist.

Für den Marketingleiter ergibt sich dann der folgende variable Anteil für die Pressearbeit[79]:

Zusammensetzung des Zielgehaltes des Marketingleiters

- 10% der Zielerreichung des Webmasters
- 20% der Zielerreichung des Eventmanagers
- 30% der Zielerreichung des technischen Marketings
- 40% der Zielerreichung des Pressesprechers

Abbildung 22 zeigt eine grafische Darstellung der Aufteilung des Gehaltsgefüges des Marketingmanagers. Wir sind hier von einem variablen Anteil von 40% ausgegangen.

Abbildung 22: Das Gehaltsgefüge des Marketingleiters eines Unternehmens, das die Pressearbeit forcieren will.

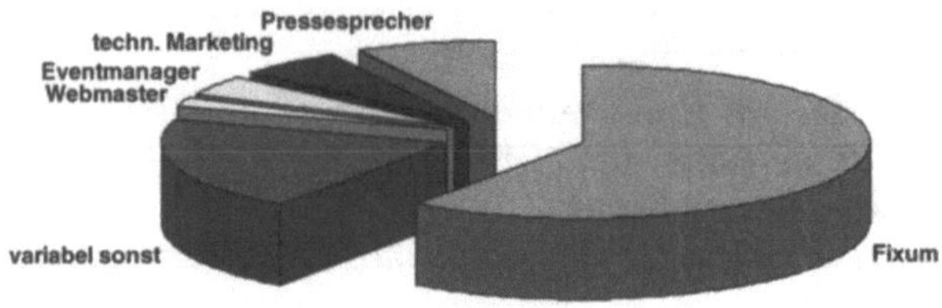

Wie bereits erwähnt macht ein solch hoher Anteil des variablen Anteils für die Pressearbeit besonders bei Unternehmen Sinn, die momentan in der Presse nicht so gut vertreten sind.

3.6.6.3 Generelle Vorgehensweise aus Sicht des Marketings

Die Marketingsicht

In diesem Abschnitt wollen wir von der ausschließlichen Sicht auf die Pressearbeit ein wenig abstrahieren und die Produktion von Case Studies und Success Stories aus der etwas weiter gefassten Marketingsicht betrachten. Dabei gehen wir im Folgenden davon aus, dass sowohl die Case Study als auch die Success Story als eigene Broschüre gedruckt wird. Sonderdrucke von in der Presse veröffentlichten Case Studies und Success Stories werden als Ergänzung dazu genutzt[80].

Eine Case Study hat genauso wie eine Success Story eine gewisse Struktur, die – einmal eingeführt – bei allen weiteren Case Studies und Success Stories so durchgehalten werden muss, um einen

[79] Auch hier werden nur die 50% des variablen Anteils für die Pressearbeit betrachtet, die Zusammensetzung der verbleibenden 50% seien hier nicht weiter von Interesse.

[80] Diese Situation tritt dann ein, wenn ein Unternehmen sehr viele dieser Berichte erzeugt.

Wiedererkennungseffekt zu erreichen. Diese Struktur hängt von einer Reihe von Rahmenbedingungen ab:

Rahmenbedingungen

- Die wichtigste Rahmenbedingung ist das Corporate Design, die Case Studies und Success Stories müssen absolut mit diesem übereinstimmen.
- Arbeitet das Unternehmen branchenübergreifend oder hat man sich auf eine bestimmte Branche fokussiert? Bei einer branchenübergreifenden Tätigkeit sollte die Branche, aus der die Case Study oder Success Story stammt, sofort erkennbar sein (zum Beispiel durch einen Einklinker, unterschiedliche Farbgestaltung oder einen Reiter – abhängig vom Corporate Design).

Produkt oder Produktpalette?

- Vertreibt das Unternehmen nur ein Produkt oder verfügt es über eine ganze Produktpalette? Ist letzteres der Fall, müssen auch hier sichtbare Unterscheidungen vorgenommen werden. Gleiches gilt bei unterschiedlichen Dienstleistungen.
- Abhängig von den beiden zuvor aufgeführten Punkten muss die Überschrift gewählt werden. Auf alle Fälle muss der Kunde namentlich in der Überschrift auftauchen sowie das eingesetzte Produkt bzw. die genutzte Dienstleistung. Ist das Unternehmen branchenübergreifend tätig und bietet unterschiedliche Produkte oder Dienstleistungen an, muss mit einer zweiten Überschriftzeile gearbeitet werden.

Budget ist wichtig

- Welches Budget steht für die Produktion von Case Studies und Success Stories zur Verfügung? Dies hat einen wichtigen Einfluss auf den Umfang, also ob man sich mit einem 1-Seiter begnügen muss oder ob man mehrseitige Broschüren produzieren kann. Da Case Studies und Success Stories ein sehr wichtiges Marketinginstrument sind, ist hier die falscheste Stelle, um an Kosten zu sparen.

Ferner muss festgelegt werden, wer die Zielgruppe für Case Studies und Success Stories ist. Üblicherweise verhält es sich hinsichtlich der Ausrichtung der Inhalte wie folgt:

Zielgruppen für Case Studies und Success Stories

- Case Studies werden eher auf Projektleiterebene verteilt, sie sollten daher technisch orientiert sein.
- Success Stories werden eher auf Managementebene benutzt, daher sollte der Stil der Success Story dem auch angepasst sein und die Aufmachung sehr professionell vorgenommen werden.

Erst wenn alle hier aufgeführten Rahmenbedingungen geklärt sind und im Corporate Design Manual festgehalten wurden, sollte mit der Produktion von Case Studies und Success Stories begonnen werden.

3.6.6.4
Fazit

Die beiden wichtigsten Marketinginstrumente

Case Studies und Success Stories stellen die beiden wichtigsten Marketinginstrumente dar. Dementsprechend hoch ist ihr Stellenwert. Beide Ergebnistypen der Pressearbeit haben gemeinsam, dass sie einen sehr hohen Abstimmungsbedarf mit dem jeweiligen Kunden haben. Während die Case Study inhaltlich eher oberflächlich ist, geht die Success Story ins Detail, da sie den konkreten Projekteinsatz eines Produktes darstellt bzw. den Nutzen einer Dienstleistung innerhalb eines Projektes herausstellt. Im Idealfall erstellt man mit ein und demselben Kunden sowohl eine Case Study als auch eine Success Story, da letztere auf ersterer aufbaut und viele grundlegende Elemente übernommen werden können.

Advertorial nur als letzte Möglichkeit

Die Platzierung einer Case Study oder Success Story ist schwierig, da die Inhalte nur in Abstimmung mit dem Kunden verändert werden können, worauf sich nur wenige Redaktionen einlassen. Nur als letzten Ausweg sollte man auf ein Advertorial zurückgreifen. Innerhalb des Marketings sollten spezielle Zielvereinbarungen getroffen werden, um die Produktion von Case Studies und Success Stories voranzutreiben. Ferner sollten diese beiden Instrumente der Pressearbeit auch losgelöst von der eigentlichen Pressearbeit erstellt und als Marketingmaterial verwendet werden.

3.7
Das Interview

3.7.1
Einführung

Ein weiterer wichtiger Bestandteil der Pressearbeit ist die Vereinbarung von Interviewterminen. Diese können entweder im Anschluss an eine Pressekonferenz stattfinden oder zum Beispiel auf Messen und Kongressen. Eine weitere Möglichkeit besteht in der direkten Terminvereinbarung mit einem Journalisten.

Zu unterscheiden sind dabei drei verschiedene Arten von Interviewterminen:

Drei verschiedene Arten von Interviewterminen

- Interviewtermine, bei denen man in Form von Redaktionsbesuchen (siehe Kapitel 3.11) eine Art Rundreise durch verschiedene Redaktionen macht. Hierbei handelt es sich um eine reine Informationsveranstaltung seitens des Unternehmens an die Presse.

- Interviewtermine, bei denen der Redakteur oder Journalist das Unternehmen (oder den Ausstellungsstand des Unternehmens auf einer Messe oder einem Kongress) persönlich besucht.[81] Auch dieser Interviewtyp hat rein informativen Charakter.
- Interviewtermine, bei denen ein konkretes Frage-und-Antwort-Szenario stattfindet, das dann auch in dieser Form abgedruckt wird.

Ausblick

Im Folgenden wollen wir darstellen, wie Interviews vorbereitet und durchgeführt werden, in welcher Form auch Zitate als Interviews verwendet werden können und welche Gefahren gekauften Interviews, also Interviews, die nur zum Abdruck kommen, wenn die interviewte Person bzw. das Unternehmen dafür bezahlt, innewohnen.

3.7.2 Vorbereitung und Durchführung eines Interviews

Das Wichtigste an einem Interview ist dessen akribische Vorbereitung, ohne die das Ganze leicht zu einem Desaster ausarten kann. Dies gilt für alle drei oben aufgeführten Interviewtypen. Sowohl die Länge des Interviews als auch die Inhalte müssen rechtzeitig festgelegt werden. Im Idealfall findet im Vorfeld des Interviews ein Telefonat mit dem Journalisten oder Redakteur statt, bei dem die Themen festgehalten werden, die im Interview besprochen werden sollen. Damit kann sich dann der Interviewte auf das Gespräch sehr gut vorbereiten. Eine generelle Regel bei Interviews dieser Art ist:

Generelle Regel bei Interviews

- Wird ein Mitglied des oberen Managements interviewt, sollte auf alle Fälle ein Techniker des Unternehmens bereit stehen, falls während des Interviews das Gespräch zu techniklastig wird.

Die Begründung liegt auf der Hand: Es kommt gerade bei Messen ab und zu vor, dass der ursprüngliche Ansprechpartner der Presse verhindert ist und einen Kollegen zu dem Interviewtermin schickt. Dieser interessiert sich auch für das Thema, aber im Gegensatz zu dem ursprünglich geplanten Ansprechpartner liegt sein Fokus nicht auf der Managementsicht, sondern eher im technischen Bereich. Auch wenn dies nicht die Regel ist – einer solchen Situation sollte man nicht unvorbereitet gegenüberstehen.

---

[81] Diese Art von Interviewterminen sind eher selten.

Press Briefings

Die beiden ersten Interviewtypen in obiger Aufzählung werden allgemein auch als Press Briefings bezeichnet. Das bedeutet, ein Vertreter (oder mehrere) eines Unternehmens informiert einen Journalisten oder Redakteur über das Unternehmen und die angebotenen Dienstleistungen bzw. Produkte.

Bei dem dritten Interviewtyp handelt es sich um Interviews, die auch in einer Frage/Antwort-Form abgedruckt werden. Zu unterscheiden sind zwei unterschiedliche Formen der Platzierung von Interviews in der Presse:

Zwei unterschiedliche Formen der Platzierung von Interviews

- Aktive Platzierung: Es wird eine besonders wichtige Nachricht veröffentlicht (diese Nachricht muss nicht vom eigenen Unternehmen kommen!). Nun wendet man (oder die Presseagentur) sich an die unterschiedlichen in Frage kommenden Redakteure und bietet einen Ansprechpartner für ein Interview an. Dieser Weg ist sehr schwierig, es muss ein unübersehbarer Zusammenhang zwischen der interviewten Person und der Nachricht existieren.
- Passive Platzierung: Ein Redakteur hat eine wichtige Nachricht erhalten und bittet nun um die Stellungnahme eines Vertreters aus dem Unternehmen. Auch hier gilt, dass eine solche Situation nur eintritt, wenn ein konkreter Zusammenhang besteht.

Für kleinere Unternehmen schwierig

Gerade für kleinere Unternehmen ist es sehr schwierig sich über ein Interview zu platzieren. Interviews werden häufig nur mit Personen durchgeführt, die entweder selber hinreichend bekannt oder deren Unternehmen von Bedeutung sind.

3.7.3
Zitate als eine Form des Interviews

„Pro"- und „Contra"-Modell

Wesentlich häufiger als Interviews werden Zitate in der IT-Presse genutzt. So gibt es Zeitschriften, die Artikel generell so aufbauen, dass zu einem bestimmten Thema immer ein „Pro"- und ein „Contra"-Zitat gesucht wird. Hier ist die Wahrscheinlichkeit schon größer, auch als Person, die nicht im Mittelpunkt des öffentlichen Interesses steht, zitiert zu werden.

Dabei ist zu beachten, dass man zumindest dem Autor des Artikels bekannt sein muss, und zwar in direktem Zusammenhang mit dem Thema, über das er gerade schreibt. Es liegt auf der Hand, dass hier ziemlich viel Zufall ist.

Was bringt es?

Es stellt sich auch weiterhin die Frage, ob es wirklich etwas bringt, wenn man zu einem bestimmten Thema zitiert wird. Dem Leser bleibt meistens nur das Thema in Erinnerung, allenfalls noch die Firma bzw. die Firmen, die in dem Artikel kontrovers zitiert wurden.

3.7.4
Gekaufte Interviews und ihre Gefahren

Es gibt IT-Magazine, die Interviews wie Anzeigen behandeln, diese also zum Kauf anbieten. Der inhaltliche Wert für den Leser kommt einem Wort gleich: Schrott! Ebenso kann man sich auch von dem Unternehmen des Interviewten ein Firmenprofil und einige Marketingbroschüren zusenden lassen. *Vorsicht!*

Es verdient hieran nur das IT-Magazin und die Mediaagentur, die das „Interview" vermittelt hat. Mittlerweile sind die IT-Magazine, bei denen man Interviews kaufen kann, auch auf dem Markt bekannt. Zu auffällig ist die interviewte Person dargestellt; Foto auf dem Titelblatt, nur angenehme Interviewfragen, bei denen der Interviewte das Unternehmen, das Produktportfolio und vor allem sich selbst im besten Licht darstellen kann. Richtig peinlich sind meist die im Interview integrierten Bilder aus dem privaten Umfeld des Interviewten – immer wieder gerne genommen: Der Manager auf seiner Harley in Freizeitkluft.

Das bedeutet, dass der Leser in der Regel weiß, dass es sich hier um ein gekauftes Interview handelt. Doch warum wird dies nach wie vor von Unternehmen genutzt? Hierfür gibt es eigentlich nur „niedere" Motive:

- Der Manager des Unternehmens, der sich hier interviewen lässt, leidet unter einer erheblich ausgeprägten Profilneurose. *Profilneurose*
- Der Interviewte sucht dringend einen neuen Job und nutzt dieses Selbstmarketing, um bei mehreren Headhuntern aufzufallen.[82]
- Der Marketingleiter des Unternehmens, dessen Manager hier interviewt wird, will sich bei seinem Chef (dem oft nicht bekannt ist, dass es sich um ein bezahltes Interview handelt) in einem besonders guten Licht darstellen. In diesem Fall wird der Manager des Unternehmens ahnungslos missbraucht. *Missbrauch*
- Die Presseagentur hat bisher so erfolglos gearbeitet, dass solche Schritte notwendig sind, um überhaupt eine redaktionelle Erwähnung in der Presse zu platzieren. *Unfähige Presseagentur*

Diese Vorgehensweise kann sogar zu einem Bumerang werden – so hat sich diese Art der Selbstdarstellung bereits als derart kontraproduktiv entwickelt, dass Kunden zu Recht die Frage stellen: *Bumerang*

---

[82] Es stellt sich jedoch die Frage, inwieweit sich die Tatsache, dass dieses Interview gekauft ist, auch im Bereich der Headhunter nicht schon herumgesprochen hat.

„Sind Ihre Produkte oder Dienstleistungen so schlecht, dass Sie es nötig haben Ihren Geschäftsführer derart zu präsentieren? Gibt es nichts anderes, worüber die Presse berichten könnte?"

Es ist also dringend von der Nutzung solcher Möglichkeiten einer redaktionellen Erwähnung abzuraten, nicht nur dass sie meist sehr teuer sind – sie bringen vor allem nichts, sie schaden eher.

3.8 Die Kurznotiz

Zusammenfassung der wichtigsten Meldungen

Die Kurznotiz wurde bereits bei der Pressemitteilung als ein mögliches Ergebnis erwähnt. Kurznotizen werden jeweils am Anfang eines IT-Magazins oder einer Zeitschrift aufgeführt. Sie beschreiben in wenigen Zeilen die wichtigsten Meldungen.

Je nach Seitenumfang der Zeitschrift nimmt der Meldungsteil einige Seiten in Anspruch und ist teilweise sogar in Rubriken unterteilt. So führt zum Beispiel die *iX* aus dem Heinz-Heise Verlag aus Hannover auf knapp 40 Seiten (und damit fast einem Viertel des Gesamtumfangs) die folgenden Rubriken für Kurznotizen[83]:

Rubriken für Kurznotizen

- CeBIT
- DVD-Brenner
- Einbaurechner
- WLAN-Sicherheit
- Hardware
- Multimedia
- Forschung
- Business Software
- CMS/XML
- Storage
- Beruf
- Mobiles/E-Mail-Filterung
- Sicherheit/E-Commerce
- Softwareentwicklung
- J2EE/Telekommunikation

[83] Die Rubriken wechseln von Ausgabe zu Ausgabe, je nach Aktualität oder Anlass, hier dargestellt ist die Ausgabe Mai 2003, die gerade „zufällig" auf Cornelia Versteegens Schreibtisch lag.

- Perl, Web3D-Konferenz
- Unix-Treffen
- Office-Suites
- World Wide Web
- Netze
- Linux
- Unix-Quellen
- Microsoft
- Management/Sicherheit
- Wirtschaft

Wichtiges Element des Pressemix

Kurznotizen sind ein wichtiges Element des Pressemix eines Unternehmens. Bleiben wir bei dem Beispiel *iX* – dieses IT-Magazin wirbt selber damit, dass nicht jeder die darin enthaltenen Artikel versteht. Die Kurzmeldungen hingegen werden von allen (und somit auch vom Management, das die Fachartikel in der Regel nicht liest) beachtet.

Ideale Ergänzung

Somit ist die Kurznotiz eine ideale Ergänzung der zuvor aufgeführten Artikelarten. Sie erhöht zudem deutlich das Clippingaufkommen. Berücksichtigt man noch die Tatsache, dass viele Leser aus Zeit- und zum Teil auch aus Verständnisgründen nur die Kurznotizen einer Zeitschrift lesen und nicht mehr die Artikel, so wird der Stellenwert noch deutlicher.

3.9 Der Veranstaltungshinweis

Hallo wir leben noch!

Der Veranstaltungshinweis wird von uns als ein „Hallo wir leben noch“-Zeichen gewertet. Wenn ein Unternehmen rein gar nichts zu vermelden hat, dann wird halt mal eine Pressemitteilung verfasst, dass man demnächst auf der Messe x oder dem Kongress y anzutreffen sei. Diese etwas abwertende Einleitung soll jetzt nicht zum Ausdruck bringen, dass Veranstaltungshinweise generell als etwas Überflüssiges zu sehen sind; es hängt stark davon ab, wie man sie behandelt. Im Folgenden wollen wir bereits einen kurzen Vorgriff auf das Kapitel 7 vornehmen, wo wir uns mit Guerilla-PR beschäftigen, die nachfolgend beschriebene Vorgehensweise ist dieser Technik der Pressearbeit angelehnt.

Ausgangssituation

Betrachten wir mal die Ausgangssituation: Auf einer CeBIT gibt es ca. 7.000 Aussteller. Angenommen, es würde jeder Aussteller eine Pressemeldung von einer Seite verfassen und davon ausgehen, dass diese in drei Magazinen abgedruckt wird. Dann würden in den Februar- und März-Ausgaben aller IT-Zeitschriften und -Magazine 21.000 Seiten Vorschau auf die CeBIT enthalten sein. Wohl mehr als unwahrscheinlich.

Also ist das blinde Versenden einer Pressemeldung, dass man auf der CeBIT ausstellt, so ziemlich das Papier nicht wert, auf dem sie ausgedruckt wird. Guerilla-PR funktioniert nun wie folgt:

Funktionsweise von Guerilla-PR

- Es wird zwar eine entsprechende Pressemeldung verfasst, diese wird jedoch ausschließlich auf der unternehmenseigenen Webseite sowie auf dem Presseportal der Presseagentur veröffentlicht.
- An ausgewählte Interessenten und Kunden wird diese Pressemitteilung von den jeweils zuständigen Vertriebsmitarbeitern (nicht von der Presseagentur!) gekoppelt mit einer entsprechenden Einladung versendet.[84]

Wichtige Aufgabe der Presseagentur

- Parallel dazu versucht die Presseagentur telefonisch Gesprächskontakte mit Journalisten und Redakteuren für die Messe selber zu vereinbaren. Das entscheidende bei diesen Telefonaten ist, dass dabei nachgefragt wird, welcher Bereich bzw. welche Themen der CeBIT im Vorfeld und im Nachfeld der Messe für eine redaktionelle Berichterstattung vorgesehen sind. Nur wenn das Thema für das Unternehmen, das die Presseagentur vertritt, von Bedeutung ist, kann dieser Faden aufgenommen werden. Dann funktioniert Guerilla-PR wie folgt: Während des Gesprächs wird dem Redakteur die Pressemeldung per E-Mail zugesendet und einige Sekunden später wird er direkt auf die Meldung angesprochen: „Ich habe Ihnen gerade ... müsste soeben in Ihrem Postkorb eingetroffen sein ... werfen Sie doch mal kurz einen Blick drauf, ob das für Sie von Interesse sein könnte... usw.“ Ganz wichtig: Das funktioniert ausschließlich dann, wenn der Redakteur selber das Thema genannt hat und eine mindestens 75%ige inhaltliche Übereinstimmung mit der Meldung existiert – ansonsten fühlt sich der Redakteur zu Recht verschaukelt und man kann sich eine künftige Kontaktaufnahme vorerst mal sparen. Weitere Guerilla-Techniken für die Kontaktaufnahme sind ebenfalls Kapitel 7 zu entnehmen.

---

[84] Wie eine solche Einladung zu verfassen ist, werden wir später in Kapitel 7 erläutern.

- Während eine CeBIT aufgrund ihrer Größe und Bedeutung in nahezu jeder Zeitschrift erwähnt wird, ist dies bei den tausenden von Fachkongressen längst nicht der Fall. Hier bringt es somit noch weniger, wenn man auf konventionellem Weg eine Pressemitteilung darüber versendet, dass das Unternehmen auf dem Fachkongress xy vertreten ist und einen Vortrag hält. Daher setzt hier die Guerilla-Technik bereits bei der Nachfrage an, welche Konferenz überhaupt in der Berichterstattung vorgesehen ist.

Fachkongresse noch kritischer als Großveranstaltungen

- Ganz anderen Bedingungen unterliegen die Veranstaltungskalender, die sowohl online als auch in einer Printversion von den Verlagen gepflegt werden. Hier ist man jedoch nur vertreten, wenn man eine eigene Veranstaltung plant.

Besonderheit: Veranstaltungskalender

3.10 Die Pressekonferenz

3.10.1 Einführung

Zur Pressearbeit gehört die regelmäßige Veranstaltung von Pressekonferenzen. Doch was heißt regelmäßig? Ein Unternehmen wie IBM oder Microsoft kann sich sicherlich erlauben, alle zwei oder drei Wochen eine Pressekonferenz einzuberufen – doch was ist mit den anderen zigtausend Unternehmen der IT-Branche? Wie viele Pressekonferenzen soll man veranstalten?

Regelmäßige Veranstaltung von Pressekonferenzen

Eins ist sicher – derzeit werden Redakteure und Journalisten mit Einladungen zu Pressekonferenzen geradezu überschwemmt, würden sie zu jeder Konferenz gehen, sie wären keinen Tag mehr in der Redaktion. Daher sollte die folgende Regel beachtet werden:

- Eine Pressekonferenz sollte ausschließlich dann einberufen werden, wenn entweder das Thema von herausragender Bedeutung ist oder einer der Sprecher eine absolute Koryphäe auf seinem Gebiet darstellt.

Regel zur Veranstaltung von Pressekonferenzen

3.10.2 Planung und Durchführung einer Pressekonferenz

Bei der Planung und Durchführung der Pressekonferenz ist wie folgt vorzugehen:

- Im ersten Schritt ist eine Liste an Journalisten und Redakteuren zu erstellen, bei denen man der Überzeugung ist, dass das The-

Wer soll eingeladen werden?

ma für sie von Interesse wäre. Hierbei sollte realistisch vorgegangen werden, denn wenn man nach Erstellung dieser Liste feststellt, dass das Thema voraussichtlich nicht genügend Teilnehmer anlockt, hat man hier einen noch sehr frühen Zeitpunkt, um die Durchführung der Pressekonferenz zu stoppen. Ferner ist eine Mindestzahl an Teilnehmern festzulegen.

- Im nächsten Schritt ist eine Agenda zu erstellen (maximal 3 Stunden mit Pausen) die auf den ersten Blick erkennen lässt, um was es in der Pressekonferenz geht.
- Je nach Budget ist die Pressekonferenz vormittags oder am späten Nachmittag mit Open End (Dinner und Getränke inklusive) durchzuführen.
- Als Durchführungsort für die Pressekonferenz ist eine Lokation zu wählen, die mindestens eine der folgenden Bedingungen erfüllt:

Bedingungen für den Veranstaltungsort

  - Sie ist zentral gelegen und gut erreichbar.
  - Sie hat einen wohlklingenden Namen oder ist sehr bekannt.
  - Sie hängt thematisch mit dem Motto der Pressekonferenz zusammen.
- Die Agenda und der Veranstaltungsort ist in ein Einladungsschreiben zu integrieren, in dem aufgeführt wird, welchen Nutzen der Journalist bzw. der Redakteur davon hat, wenn er die Pressekonferenz besucht.
- Ferner ist dem Einladungsschreiben ein bereits ausgefülltes Antwortfax beizufügen, wo der Journalist bzw. Redakteur die folgenden Möglichkeiten ankreuzen kann:

Inhalte eines Antwortfaxes

  - Ja, ich komme zur Pressekonferenz.
  - Nein, ich bin leider anderweitig terminlich gebunden, bitte schicken Sie mir ausführliche Presseinformationen zu.
  - Nein, ich komme nicht zur Pressekonferenz und bin an dem Thema nicht interessiert.
- Eine Woche nach Versendung der Einladungen muss jeder Journalist und Redakteur, von dem bisher keine Rückmeldung kam, telefonisch kontaktiert werden.
- Wenn eine Woche vor der Pressekonferenz die im Vorfeld festgelegte Teilnehmerzahl noch nicht zu mindestens 50% erreicht ist, muss eine intensive Nachfassaktion gestartet werden.

Handouts sind wichtig

- Für die teilnehmenden Journalisten und Redakteure sind aussagekräftige Handouts zu erstellen. Je nachdem wie heterogen die Teilnehmer sind, müssen die Handouts unterschieden werden (technische Handouts und Handouts im Managementstil).

3.10.3
Sonstiges

Auf die sonstigen Erfordernisse, wie zum Beispiel organisatorische Absprachen mit dem Hotel u.ä., soll an dieser Stelle nicht weiter eingegangen werden. Veranstaltet man eine Pressekonferenz unter Zuhilfenahme einer Presseagentur, so ist es üblich, dass die Agentur nach Anzahl der Teilnehmer bezahlt wird. Hier sollte jedoch in jedem Fall eine Höchstsumme vereinbart werden.

Besonderheit Pressekonferenzen auf Messen

Eine Besonderheit sind Pressekonferenzen auf der CeBIT – diese Möglichkeit sollte jedoch nur wahrgenommen werden, wenn man etwas Neues zu berichten hat. Wenn die Pressekonferenz im Pressezentrum der Messe stattfindet, braucht man sich um viele organisatorische Dinge nicht mehr zu kümmern, da die Messe AG hier einen umfangreichen Service bereitstellt.

3.11
Der Redaktionsbesuch

3.11.1
Einführung

Etwas geringerer Koordinierungsbedarf

Redaktionsbesuche haben im Gegensatz zu Pressekonferenzen einen etwas geringeren Koordinierungsbedarf, trotzdem fließt einiger Planungsaufwand in ein solches Vorhaben. Hierauf gehen wir im nächsten Abschnitt ein. Ferner behandeln wir die eigentliche Durchführung des Besuches und betrachten die wichtigsten Regeln, die dabei eingehalten werden müssen.

Zum Schluss widmen wir uns einem Thema, das immer wieder gerne vernachlässigt wird: Die Nachbearbeitung von Redaktionsbesuchen! Auch die Auswertung dessen, was der Redaktionsbesuch letztendlich gebracht hat, ist von Bedeutung, allerdings muss hier beachtet werden, dass eine solche Auswertung nur dann Sinn macht, wenn sie über einen längeren Zeitraum vorgenommen wird.

3.11.2
Planung

Sorgfältige Planung ist Voraussetzung

Ein Redaktionsbesuch muss sorgfältig geplant sein. Da diese Planung aufwändig ist, führt man im Idealfall gleich mehrere Redaktionsbesuche am gleichen Tag oder innerhalb eines kurzen Zeitraumes von 2-4 Tagen durch. Man spricht in diesem Zusammenhang auch von einer Redaktionstour.

Wir haben bereits einige Aspekte einer Redaktionstour in Kapitel 2.5 betrachtet, als wir den Publikationskalender vorgestellt haben. Das Wichtigste ist die gezielte und aufeinander abgestimmte Vorgehensweise. So bringt es relativ wenig, wenn man einen Serienbrief an alle Journalisten schreibt und darauf wartet, dass die einzelnen Termine der Reihe nach und ohne irgendwelche Überschneidungen eintreffen werden. Eine Redaktionstour muss stufenweise geplant werden.

Stufenweises Vorgehen

Dabei sind zunächst in Abhängigkeit des Themas, das bei der Redaktionstour besprochen werden soll, die fünf bis acht wichtigsten Journalisten festzulegen. In der Regel handelt es sich dabei um Redakteure, die schon häufig über dieses Thema berichtet haben und sich offensichtlich dafür interessieren.

Diese fünf bis acht Journalisten sind zunächst per E-Mail zu kontaktieren, dabei wird eine knappe Beschreibung des Themas geliefert und ein Terminvorschlag für den Redaktionstermin vorgeschlagen. Sehr oft erhält man bereits auf diese erste Kontaktaufnahme ein Feedback (natürlich abhängig davon, wie gut man den Journalisten kennt). Drei Möglichkeiten bestehen:

Drei Möglichkeiten

- Zusage
- Absage
- Weiß noch nicht

Da, wo kein Feedback kommt, muss nachtelefoniert werden. Im Idealfall liegt die Zusagenquote bei ca. 50%, so dass man schon mal eine Sicherheit hat: Die Redaktionstour wird stattfinden! Ferner hat man auch einen Zeitrahmen. Nun geht es darum, die „Lücken" zwischen diesen Terminen zu füllen und weitere Termine zu vereinbaren. Man erweitert also den Kreis der anzusprechenden Redakteure und Journalisten.

Da man nun schon terminlich nicht mehr so flexibel ist, sollte dies ausschließlich über Telefon passieren, also: „Wir sind am x.x. in y und könnten um z Uhr bei Ihnen in der Redaktion vorbeischauen ..." Eine gute Presseagentur wird es schaffen, auf diese Art und Weise noch den ein oder anderen zusätzlichen Termin zu bekommen, es sei denn, das Thema ist völlig uninteressant.

Grundlagen stehen

Damit sind die wichtigsten Grundlagen geschaffen: Termine und Ansprechpartner stehen fest und die Reiseplanung mit allem, was damit in Zusammenhang steht, kann vorgenommen werden. Bevor wir jetzt zur Durchführung des Redaktionsbesuches kommen, soll noch ein wichtiger Bestandteil der Planung angesprochen werden: Was bringt man dem Journalisten oder Redakteur an Informationsmaterial mit?

Dies ist natürlich auch abhängig davon, wie der Kontakt bisher mit Informationsmaterial „versorgt" wurde, bewährt hat sich eine Pressemappe, die sich wie folgt zusammensetzt:

- Eine Pressemeldung über das Thema, das Gegenstand des Redaktionsbesuches ist. *Pressemeldung*
- Hintergrundmaterial zu diesem Thema, zum Beispiel in Form von White Papers. *Hintergrundmaterial*
- Eine CD mit den Texten in digitalisierter Form und umfangreichem Bildmaterial. *Bildmaterial*
- Wenn mehrere Personen bei dem Redaktionstermin anwesend sind, eine kurze Zusammenfassung der einzelnen Bios. *Bios*
- Eventuell noch ein „Fragen/Antworten"-Papier, also eine Auflistung an typischen Fragen, die erfahrungsgemäß im Kontext des Themas immer wieder gestellt werden und die dazugehörigen Antworten. *„Fragen/Antworten"-Papier*

3.11.3 Durchführung

Bei der Durchführung einer Redaktionstour werden immer wieder die gleichen Fehler gemacht, daher wollen wir dieses Kapitel mit der Auflistung der typischen Fehler beginnen und parallel dazu darstellen, wie ein Redaktionsbesuch durchgeführt werden muss. Die häufigsten Fehler sind:

- Keine genaue Zeitabsprache: Es ist von elementarer Bedeutung, dass sowohl im Vorfeld des Termins vereinbart wird, wie lange der Termin dauern soll, als auch zu Beginn des Termins nochmals nachgefragt wird, ob der Zeitrahmen so geblieben ist. Schließlich kann sich im letzten Moment ja noch was geändert haben. *Die häufigsten Fehler*
- Fehlende Vorstellung: Viel zu oft wird sofort mit der Tür ins Haus gefallen, ohne dass eine Vorstellungsrunde vorangestellt wird. Nicht nur, dass dies schon alleine die Höflichkeit gebietet, der Redakteur will schließlich wissen, mit wem genau er es zu tun hat. Üblicherweise übernimmt diese Vorstellungsrunde die Presseagentur, die zunächst den Journalisten und das Magazin, für das er arbeitet, kurz vorstellt und anschließend die anwesenden Personen des Unternehmens. *Fehlende Vorstellung*

Keine Ausrichtung auf den Journalisten

- Keine Ausrichtung auf den Journalisten: Gerade wenn viele Redaktionstermine in enger Reihenfolge stattfinden ist häufig festzustellen, dass immer wieder dieselbe Präsentation genutzt wird. Doch hat man häufig einen Mix von technisch sehr versierten bis hin zu technisch völlig unbelasteten Redakteuren. Dementsprechend müssen auch die Präsentationen unterschiedlich ausgerichtet sein.

Zu viele Monologe

- Zu viele Monologe: Der grauenvollste Redaktionsbesuch gestaltet sich wie folgt: Das Unternehmen hält einen einstündigen Monolog und kurz vor Schluss kann dann der Redakteur ein oder zwei Fragen stellen. Stattdessen sollte von Anfang an der Redakteur in die Präsentation mit eingebunden werden, indem ihm zum Beispiel direkt Fragen gestellt werden.

Keine Besprechung der weiteren Vorgehensweise

- Keine Besprechung der weiteren Vorgehensweise: Oft wird die zur Verfügung stehende Zeit bis zur letzten Minute ausgereizt, um das tolle Produkt oder die überragende Dienstleistung vorzustellen. Dabei gerät völlig in Vergessenheit, warum man eigentlich bei einer Redaktion ist: Der Redakteur soll doch bitte darüber in einer der nächsten Ausgaben berichten! Also sollten zumindest die letzten 5 bis 10 Minuten dafür reserviert werden, die weitere Vorgehensweise mit dem Redakteur zu besprechen.

Fehlende Protokollführung

- Fehlende Protokollführung: Viele Presseagenturen machen den Fehler, dass sie teilnahmslos bei dem Termin dabeisitzen, anstatt Protokoll zu führen. So ist es sehr wichtig, dass alle Fragen, die der Journalist gestellt hat, mitgeschrieben werden, besonders wenn das Unternehmen bei der Beantwortung mehr oder weniger „rumgeeiert“ hat! Nicht nur, dass man hier sehr viel für die weiteren Termine lernen kann, diese Fragenliste ist auch ein hervorragender Input für künftige Fragen&Antworten-Papiere.

Diese Liste kann noch fortgesetzt werden. Unternehmen, die eine professionelle Redaktionstour vornehmen möchten, können sich auf der Webseite www.guerilla-pr.de/redaktionstour.html informieren.

3.11.4 Nacharbeit und Auswertung

Artikel bereits vor Ort vereinbaren

Die beste Redaktionstour hat keinen Nutzen, wenn sie nicht entsprechend nachbearbeitet und letztendlich hinsichtlich ihres Erfolges ausgewertet wird. Wir haben bereits im Abschnitt zuvor auf die Bedeutung einer Protokollführung hingewiesen. Ebenfalls erwähnt wurde die Abstimmung der weiteren Vorgehensweise. Im Idealfall wird bereits konkret vor Ort ein Artikel vereinbart.

Ist man gut vorbereitet, so kann man entweder selber einen Artikel anbieten oder einen Kunden aufführen, der bereit ist, hier einen Artikel zu schreiben (auf die größere Seriosität der letzten Alternative wurde bereits mehrfach hingewiesen).

Redaktionelle Berichterstattung ist nicht garantiert

Aber auch wenn für den Journalisten das Thema nicht so interessant war, dass er es mit einem Artikel berücksichtigen möchte, kann zumindest eine Erwähnung im Nachrichtenteil abgesprochen werden. Natürlich ist ein Redaktionsbesuch niemals eine Garantie dafür, dass auch eine redaktionelle Berichterstattung erfolgt. Wenn das Thema sich letztendlich als uninteressant für den Redakteur herausstellt, wird es auch keinen redaktionellen Beitrag dazu geben. In diesem Fall hat man aber zumindest erreicht, dass man den Redakteur mal gesprochen hat und dieser nun das Unternehmen kennt.

Weniger ist mehr

Zum Schluss sei noch angemerkt, dass eine Redaktionstour nicht jeden Monat durchgeführt werden kann und darf. Man sollte sich hier auf zweimal im Jahr beschränken und diese dann aber richtig und professionell durchführen. Denn wenn der Redakteur von dem Termin angetan war, so wird er sich auch ein zweites Mal mit dem Unternehmen treffen – hat man jedoch nur belanglose Themen behandelt, wird der Redakteur einen weiteren Termin zu Recht als Zeitverschwendung werten und nicht mehr wahrnehmen.

Die Auswertung einer Redaktionstour kann, wie bereits eingangs angedeutet, erst einige Monate nach der Tour vorgenommen werden, wenn man die Clippingliste entsprechend analysiert. Hier zeigt sich dann wirklich, wie erfolgreich die Tour war. Durchschnittlich sollte mindestens ein Drittel der besuchten Redaktionen eine redaktionelle Berichterstattung vorgenommen haben, ideal wäre die Hälfte. Ansonsten war entweder das Thema uninteressant oder die Presseagentur hat die falschen Redakteure ausgewählt!

3.12 Fazit

In diesem Hauptkapitel haben wir die wesentlichen Ergebnistypen der Pressearbeit vorgestellt. Dabei handelte es sich um:

In diesem Kapitel behandelte Ergebnistypen

- Die Pressemitteilung
- Den Fachartikel oder Methodenartikel
- Den Produktartikel
- Die Case Study

- Die Success Story
- Das Interview
- Die Kurznotiz
- Den Veranstaltungshinweis
- Die Pressekonferenz
- Den Redaktionsbesuch

Der gesunde Mix aus allen diesen Ergebnistypen stellt letztendlich eine professionelle Pressearbeit dar.

4 Nutzwertanalyse der einzelnen Ergebnistypen

4.1 Einführung

Natürlich sind die im vorherigen Kapitel aufgeführten unterschiedlichen Ergebnistypen auch von unterschiedlichem Nutzen für das publizierende Unternehmen. In diesem Kapitel wollen wir zwei unterschiedliche Nutzwertanalysen betrachten:

Zwei unterschiedliche Nutzwertanalysen

- Die Nutzwertanalyse für Produkthäuser und
- die Nutzwertanalyse für Dienstleistungsunternehmen

Bevor wir auf diese beiden Nutzwertanalysen eingehen, werden wir kurz erläutern, wo der Unterschied hinsichtlich der Pressearbeit zwischen Produkthäusern und Dienstleistungsunternehmen liegt. Im Anschluss gehen wir dann auf die einzelnen Ergebnistypen des vorherigen Kapitels ein und stellen dar, inwieweit sie von Produkthäusern und Dienstleistungsunternehmen in unterschiedlicher Art und Weise genutzt werden sollten und welche Vorteile daraus für die Öffentlichkeitsarbeit entstehen.

Gemeinsamkeiten

Auf Basis dieser Angaben stellen wir dann die beiden Nutzwertanalysen vor und fassen zusammen, wo auch Gemeinsamkeiten festzustellen sind.

Heikles Thema

Am Ende des Kapitels gehen wir auf ein sehr heikles Thema innerhalb der Pressearbeit ein: Das Bilden von Statistiken. Wir haben im bisherigen Verlauf dieses Buches schon des Öfteren von Auswertungen gesprochen, jetzt wollen wir dies insofern weiterführen, als wir aus den Auswertungen Statistiken und Hochrechnungen ableiten.

4.2 Unterschiede in der Pressearbeit bei Produkthäusern und Dienstleistungsunternehmen

4.2.1 Einführung

Vermarktung des Produktes

Bei einem Produkthaus steht die Vermarktung des Produktes im Vordergrund. Sicherlich soll auch der Herstellername in der Presse häufig auftauchen, wichtiger aber ist es, dass der Produktname bekannt ist. Dies ist besonders dann der Fall, wen man sich auf einem Verdrängungsmarkt (wie zum Beispiel im Bereich Konfigurationsmanagement) befindet, wo die zur Verfügung stehenden Produkte sich hinsichtlich ihrer Leistungsfähigkeit ziemlich aneinander angeglichen haben.

Vermarktung des Firmennamens

Dienstleistungsunternehmen hingegen müssen in erster Linie den Firmennamen vermarkten und in der Presse positiv darstellen[85], die angebotene Dienstleistung ist zunächst zweitrangig, weil sich das Dienstleistungsportfolio über die Jahre hinweg kontinuierlich ändert bzw. den Marktbedürfnissen anpasst. Die einzige Ausnahme besteht darin, wenn ein Unternehmen eine bestimmte Dienstleistung exklusiv anbietet und damit dann ein Alleinstellungsmerkmal innehat. In diesem Fall werden das Unternehmen und diese Dienstleistung in einem Atemzug in der Presse vermarktet[86].

Unterschiedliche Gesichtspunkte

Im Folgenden wollen wir kurz die einzelnen Ergebnistypen des letzten Kapitels nochmals aufführen und unter dem Gesichtspunkt betrachten, inwieweit sie von Produkthäusern bzw. Dienstleistungsanbietern in unterschiedlicher Art und Weise für die jeweilige Pressearbeit genutzt werden.

4.2.2 Pressemeldungen

Produkthäuser publizieren ein Vielfaches an Pressemeldungen im Vergleich zu Dienstleistungsunternehmen. Dies hat unterschiedliche Gründe, die im Folgenden kurz aufgelistet werden sollen:

---

[85] Sozusagen als Know-how-Träger für eine bestimmte Thematik.

[86] Diese Situation stellt jedoch eine absolute Ausnahme dar und soll daher hier nicht mehr weiter betrachtet werden.

- Produkthäuser bringen mindestens zweimal im Jahr ein neues Release eines Produktes auf den Markt. Verfügt dann ein Produkthaus auch noch über eine ganze Produktpalette, so kommen bereits hier eine Reihe von Pressemeldungen zusammen.
- Im Gegensatz zu Dienstleistungsunternehmen sind Produkthäuser wesentlich häufiger an der Börse notiert und alleine deshalb schon gezwungen eine Reihe von Pressemeldungen zu veröffentlichen, wie zum Beispiel die Quartalsberichte.

Börsennotierung spielt auch eine Rolle

- Produkthäuser haben auch den Vorteil, dass die Verfügbarkeit einer neuen Produktversion in der Presse immer noch als mitteilenswerter betrachtet wird als zum Beispiel der Abschluss eines Consulting- oder Entwicklungsprojektes. Etwas bösartig formuliert ist letzteres für die Presse nur dann interessant, wenn das Projekt gescheitert ist.

Auswirkungen auf den Newsteil

Konsequenz dieser Tatsache ist, dass Produkthäuser im Newsteil einer IT-Zeitschrift oder eines Magazins wesentlich häufiger abgedruckt sind, als dies bei Dienstleistungsunternehmen der Fall ist. Da die Berücksichtigung innerhalb des Newsteils wesentlich weniger Aufwand erfordert, als das im übrigen redaktionellen Teil der Fall ist, kann schon hier festgehalten werden, dass die Pressearbeit für Dienstleistungsunternehmen wesentlich schwieriger durchzuführen ist als für Produkthäuser.

4.2.3 Artikel

Im vorherigen Kapitel haben wir unterschieden zwischen den folgenden Artikeltypen:

Vier Artikeltypen

- Fach- und Methodenartikeln
- Praxistests
- Vergleichstests
- Testberichten

Dabei haben wir bereits aus Sicht eines Produkthauses dargestellt, dass diese Artikeltypen in unterschiedlichen Situationen des Salescycles unterschiedlichen Nutzen haben können. Bei unserer jetzigen Differenzierung können wir grob festhalten, dass Fach- und Methodenartikel eher für Dienstleistungsanbieter und die drei Produktartikeltypen eher für Produkthäuser geeignet sind. Natürlich bestätigen auch hier Ausnahmen die Regel, es gilt generell, dass ein abgedruckter Artikel, in dem das Unternehmen in irgendeiner Form genannt wird, einen Wirkungsgrad hat.

Gleicher Aufwand für beide

Die Platzierung dieser Artikel erfordert für Dienstleistungshäuser und Produkthäuser ungefähr den gleichen Aufwand. Allerdings tun sich Dienstleistungsunternehmen wesentlich leichter, einen Produkttest zu platzieren, als dies bei Produkthäusern der Fall ist, da hier der Werbungsanteil nicht so offensichtlich ist. Zudem verfügen Dienstleistungsunternehmen über eine Vielzahl an erfahrenen Beratern, die interessante Beiträge aus ihrem umfangreichen Erfahrungsschatz beisteuern können.

4.2.4 Case Studies und Success Stories

Diese beiden Ergebnistypen der Pressearbeit haben sowohl für Dienstleistungsunternehmen als auch für Produkthäuser einen sehr hohen Stellenwert. Die folgenden Eigenschaften sind für Produkthäuser und Dienstleistungsunternehmen jeweils die gleichen:

Vergleichbare Eigenschaften

- Der Aufwand zur Erstellung der jeweiligen Story ist ungefähr der gleiche.
- Der Aufwand zur Platzierung der jeweiligen Story ist vergleichbar.
- Für beide stellen Sonderdrucke ein hervorragendes Marketingmaterial dar.

Unterschiedlicher Wirkungsgrad

Etwas unterschiedlich ist der Wirkungsgrad. Während bei Produkthäusern schon die Case Story einen sehr hohen Wirkungsgrad hat, weil man sich hier bereits als besseres Produkt präsentieren kann, ist dies bei Dienstleistungsunternehmen noch nicht so effektiv. In erster Linie hat das Dienstleistungsunternehmen hier erst mal ein besseres Angebot erstellt. Ob dies durch das Know-how des Unternehmens oder den Angebotspreis der Fall war, bleibt in einer Case Study meist offen, da dies ungern veröffentlicht wird.

Auf der anderen Seite ist der Wirkungsgrad einer Success Story bei einem Dienstleistungsunternehmen wesentlich höher. Schließlich wird in dieser nachgewiesen, dass hier ein Consultingteam seinen Auftrag zur Zufriedenheit des Kunden erfüllt hat. Eine Success Story eines Produktherstellers hingegen bringt „nur" zum Ausdruck, dass das Werkzeug nicht versagt hat. Es sei denn, es sind Passagen der Form enthalten: Durch den Einsatz des Werkzeuges xy konnten 30% der geplanten Projektlaufzeit eingespart werden. Allerdings sind solche Aussagen nur sehr schwer nachweisbar und kaum ein Kunde lässt sich dazu hinreißen, derartige Rechenbeispiele bis ins Detail in einer Success Story aufzuführen (werden sie nicht aufgeführt, wirkt die Story unglaubwürdig).

4.2.5 Veranstaltungshinweise

Großer Unterschied zwischen Produkthäusern und Dienstleistungsunternehmen

Hinsichtlich der besuchten Veranstaltungen existiert ein großer Unterschied zwischen Produkthäusern und Dienstleistungsunternehmen. Während sich Produkthäuser meist auf Großveranstaltungen wie der Münchner SYSTEMS oder der CeBIT in Hannover konzentrieren, liegt bei Dienstleistungsunternehmen der Schwerpunkt eher auf Fachkongressen.

Nun kann aber die Presse nicht über jeden Fachkongress berichten, sondern beschränkt sich hier auf einige wenige und natürlich auf die Großveranstaltungen. Daher sind Veranstaltungshinweise für Dienstleistungsunternehmen nicht so von Interesse und entsprechend wenige Meldungen werden diesbezüglich verfasst.

Macht es wirklich Sinn?

Es stellt sich ohnehin die Frage, ob auch nur ein einziger Kunde bzw. Interessent sich vom Besuch eines Kongresses (wo er in der Regel eine ziemlich hohe Registrierungsgebühr bezahlen muss) überzeugen lässt, nur weil er der Presse entnommen hat, dass dort ein bestimmter Hersteller ausstellt. Letztendlich entscheidet er sich anhand des Konferenzprogramms und nicht anhand der Ausstellerliste der Veranstaltung. Daher sind eigentlich Pressemeldungen, dass ein Unternehmen Aussteller bei einem Kongress ist, ohnehin in Zweifel zu ziehen[87]. Und zwar sowohl für Produkthersteller als auch für Dienstleistungsunternehmen.

4.2.6 Budget

logische Konsequenz

Als logische Konsequenz aus den bisherigen Punkten liegt es auf der Hand, dass auch das Budget für die Pressearbeit meist bei Produkthäusern wesentlich größer ist als bei Dienstleistungsunternehmen. Selbiges gilt auch für die flankierende Anzeigenschaltung, sofern diese überhaupt noch stattfindet; auch diese wird primär von Produkthäusern und nicht von Consultingunternehmen genutzt.

Höhe des Budgets entscheidet

Da die Höhe des Budgets einen entscheidenden Einfluss auf die Qualität und Quantität der Pressearbeit hat, sind hier also die Dienstleistungsunternehmen gegenüber den Produktherstellern etwas im Nachteil. Einen gewissen Ausgleich können sich die Consul-

[87] Zumindest die Versendung an die Presse ist zweifelhaft, die Bereitstellung für die Vertriebsmitarbeiter und die Schaltung im Presseportal machen aus den im Kapitel zuvor aufgeführten Gründen durchaus Sinn.

tinghäuser jedoch dadurch verschaffen, dass sie über viele Mitarbeiter verfügen, die zumindest vom technischen Know-how her in der Lage sind, einen Fachartikel zu schreiben. Bei Produkthäusern, wo die Mehrzahl der Mitarbeiter im Vertrieb beschäftigt sind und hinsichtlich des zu verkaufenden Produktes nur über rudimentäres Wissen verfügen, ist das definitiv nicht so.

4.3 Nutzwertanalyse für Dienstleistungsunternehmen

Für Dienstleistungsunternehmen gestaltet sich die Nutzwertanalyse demnach wie folgt:

Belohnungssysteme nutzen

- Durch das in der Regel niedrige Budget müssen Dienstleistungsunternehmen ihre eigenen Mitarbeiter zum Schreiben motivieren. Über entsprechende Belohnungssysteme ist dies realisierbar.
- Wegen dem geringen Budget und dem hohen Potential an eigenen Autoren verzichten Consultinghäuser oft auf die Unterstützung durch Presseagenturen.

Know-how unter Beweis stellen

- Besonders Fach- und Methodenartikel haben für Dienstleistungsunternehmen einen hohen Wert, da sie hier ihr Know-how unter Beweis stellen können.
- Um die Präsenz in der Presse zu verstärken, können Dienstleistungsunternehmen mit Produkthäusern zusammenarbeiten – hier bietet sich besonders der Testbericht oder der Produktvergleich an.
- Case Studies und Success Stories haben für Dienstleistungsunternehmen den höchsten Wert, wobei Success Stories deutlich höher anzusiedeln sind als Case Studies.

Sponsoring lohnt sich eher

- Veranstaltungshinweise, in denen das Dienstleistungsunternehmen als Aussteller aufgeführt werden, sind von geringerem Wert. Allenfalls eine Nennung als Sponsor bringt einen gewissen Beitrag zur Imagesteigerung.
- Interviews sind (solange sie nicht gekauft sind oder in einem Magazin erscheinen, das bekannt dafür ist, dass man hier Interviews kaufen kann) ebenfalls von sehr hohem Stellenwert. Dabei muss aber das Interviewthema einen bestimmten Bereich des Dienstleistungsportfolio des Consultinghauses abdecken.

Gastkommentare sind eher selten

- Ebenfalls von hohem Stellenwert für Consultinghäuser ist es, wenn man die Gelegenheit erhält, ein Editorial zu schreiben. Dabei ist jedoch wie schon beim Interview darauf zu achten, dass dieses nicht gekauft sein darf. Problematisch ist allerdings, dass nur ganz wenige Zeitschriften Gastkommentare in Editorials zulassen.

4.4 Nutzwertanalyse für Produkthäuser

Für Produkthäuser gestaltet sich die Nutzwertanalyse etwas anders:

Hilfsmittel Anzeigenschaltung

- Da Produkthäuser in der Regel auch Anzeigen schalten, haben sie hier ein gutes Mittel in der Hand, um die Platzierung von Artikeln zu unterstützen.
- Da Produkthäuser über ein höheres Budget verfügen und nur wenige Mitarbeiter haben, die in der Lage sind gute Artikel zu schreiben, nehmen sie oft die Unterstützung durch Presseagenturen wahr.
- Besonders Produkttests oder Produktvergleiche haben für die jeweiligen Produkthäuser einen hohen Stellenwert. Da diese jedoch für einen Produktanbieter sehr schwer zu platzieren sind, sollten sie sich hier mit einem Consultinghaus zusammen tun.
- Case Studies und Success Stories haben für Produkthäuser den höchsten Wert, besonders wenn Return-on-Investment-Rechnungen enthalten sind.

Rol als Wertsteigerer

- Veranstaltungshinweise, in denen das Produkthaus als Aussteller aufgeführt wird, sind von geringerem Wert. Allenfalls eine Nennung als Sponsor bringt einen gewissen Beitrag zur Imagesteigerung.
- Interviews haben für Produkthäuser ebenfalls nur einen geringen Wert, es sei denn, das Produkthaus hat zusätzlich noch einen signifikanten Consultingbereich, der über ein solches Interview dann beworben werden kann[88].

4.5 Zusammenfassung der Nutzwertanalysen

Vergleicht man die beiden Nutzwertanalysen für Dienstleistungsunternehmen und Produkthäuser, so zeigt sich, dass neben den Unterschieden auch einige Gemeinsamkeiten feststellbar sind, die ja auch bereits im einleitenden Abschnitt dargestellt wurden.

---

[88] Auch hier gilt, dass das Interview nicht gekauft sein darf und in keiner Zeitschrift erscheinen sollte, die dafür bekannt ist, dass man dort Interviews kaufen kann.

In der folgenden Übersicht haben wir den Nutzwert der einzelnen Ergebnistypen für Produkthäuser und Dienstleistungsunternehmen gegenüber gestellt, dabei gilt das folgende Punktesystem:

Punktesystem für die Nutzwertanalyse

- 0 Punkte: Überhaupt kein Nutzen[89]
- 1 Punkt: Geringer Nutzen
- 2 Punkte: Nice to have
- 3 Punkte: Hoher Nutzen
- 4 Punkte: Sehr hoher Nutzen
- 5 Punkte: Wichtigster Ergebnistyp

Individuelle Ausgestaltung der Pressearbeit kann abweichen

Tabelle 5 fasst die unterschiedlichen Nutzwerte zusammen. Natürlich wird die individuelle Ausgestaltung der Pressearbeit bei jedem Produkthaus und bei jedem Dienstleistungsunternehmen ein wenig davon abweichen, generell kann Tabelle 5 hier aber als Orientierungshilfe genutzt werden.

Tabelle 5: Gegenüberstellung der Nutzwerte der unterschiedlichen Ergebnistypen für Dienstleistungsunternehmen und Produkthäuser

Ergebnistyp	Produkthaus	Dienstleister
Fachartikel	2	3
Methodenartikel	2	3
Produkttest	3	2
Produktvergleich	4	2
Case Study	4	3
Success Story	5	5
Interview	1	4
Veranstaltungshinweis	1	1
Editorial	1	4

4.6 Die Bedeutung von Statistiken

4.6.1 Einführung

Traue nie einer Statistik, die du nicht selber gefälscht hast!

„Traue nie einer Statistik, die du nicht selber gefälscht hast!" Dieser Satz bringt klar zum Ausdruck, was die große Gefahr von Statistiken ist: Sie können so manipuliert werden, dass es nicht auffällt. Es gibt hinreichend viele Beispiele für Manipulationen – die

[89] Wir haben in unserer Bewertung diese Einstufung nie vergeben, da unseres Erachtens jegliche redaktionelle Erwähnung immer auch irgendwo einen Nutzen für das Unternehmen darstellt.

meisten stammen aus der Politik. Somit ist gegenüber Statistiken also immer Vorsicht geboten. Dies gilt besonders für das Marketing innerhalb der IT-Branche und letztendlich gehört die Pressearbeit ja auch zum Marketing. In diesem Abschnitt wollen wir uns trotzdem mit Statistiken beschäftigen, da sie für die Pressearbeit notwendig sind. Schließlich sind Statistiken unter anderem dazu da, einen Trend zu erkennen, um rechtzeitig darauf reagieren zu können.

4.6.2 Möglichkeiten zur Bildung von Statistiken

Die meisten in der IT-Branche erstellten Statistiken sind völlig überflüssig!

Es stellt sich zunächst die generelle Frage, welche Statistiken überhaupt Sinn machen und welche völlig überflüssig sind. Man soll es nicht glauben, aber die meisten in der IT-Branche erstellten Statistiken sind völlig überflüssig! Sie dienen nur einem Zweck: Sie sollen eine Art Daseinsberechtigung untermauern, sei es von Mitarbeitern, die zur regelmäßigen Erstellung dieser Statistiken eingestellt sind, oder von Agenturen, die speziell hier einen Auftrag haben.

Bestes Beispiel aus der Pressearbeit ist hier die alle zwei Jahre durchgeführte LAC-Analyse. Die aus dem Datenmaterial ableitbaren Statistiken sind derart manipulierbar, dass eigentlich jede von der LAC erfasste Zeitschrift irgendwo Marktführer ist. Dies liegt daran, dass man beim Bilden der Statistiken eine beliebige Anzahl von Werten miteinander verknüpfen kann - auch wenn sie überhaupt keinen Sinn ergeben.

Manipulationsmöglichkeit

Natürlich ist diese Manipulationsmöglichkeit für die Anzeigenverkäufer von großem Wert - man kann sich vorstellen, welche Statistiken in den jeweiligen Verkaufsprospekten aufgeführt werden. Es hat sich jedoch mittlerweile auch schon auf dem Markt herumgesprochen, was von diesen Statistiken zu halten ist. Daher stellt sich hier auch zu Recht die Frage nach dem wirklichen Wert der LAC Statistiken.

Wir haben im vorherigen Kapitel bereits die Auswertung der Clippingliste ausführlich dargestellt. Bei dieser Auswertung ist ein wesentliches Kriterium zur Seriosität erfüllt: Die auszuwertenden Daten werden nicht auf irgendeine abenteuerliche Art und Weise miteinander verknüpft, sondern 1:1 ausgewertet. Daher ist diese Statistik auch nicht manipulierbar und sagt „ehrlich" aus, wie gut ein Unternehmen mit welchem Produkt oder welcher Dienstleistung in der Presse vertreten ist.

Doch ist die Clippingliste nur eine Basis für Statistiken (allerdings auch die umfangreichste), weitere Statistiken können gebildet werden für:

Resonanz auf die Pressearbeit

- Die Resonanz auf die Pressearbeit. Es macht durchaus Sinn, wenn in einer Kundenbefragung auch hinsichtlich der Präsenz des Unternehmens in der Presse nachgefragt wird. Was nützt die umfangreichste Clippingliste, wenn kein potentieller Interessent oder Kunde diese registriert? Hier erhält das Unternehmen wichtige Ergänzungsergebnisse hinsichtlich der Auswertung der Clippingliste, die eventuell sogar ein überaus positives Ergebnis der Clippingliste wieder relativieren könnten.

Einsatz der Presseerzeugnisse im Vertrieb

- Den effektiven Einsatz der Presseerzeugnisse im Vertrieb. Die Platzierung eines Artikels oder einer Success Story innerhalb einer Zeitschrift und die anschließende Bereitstellung als Sonderdruck für die Vertriebsmitarbeiter ist eine Seite, die andere (und eigentlich wichtigere) ist: Wie werden diese Sonderdrucke überhaupt genutzt? Die Messung des Einsatzes durch die Vertriebsmitarbeiter kann einerseits durch eine direkte Befragung vorgenommen werden und andererseits durch die Überwachung der Lagerbestände der Sonderdrucke. Auch dieses Ergebnis kann die Auswertung der Clippingliste relativieren, wenn zum Beispiel eine Success Story sich als „Ladenhüter" entpuppt oder eine Pressemeldung, die als weniger relevant eingestuft wurde, reißenden Absatz findet. Letztendlich sind diese Messungen zwar nicht 100%ig genau, aber sie lassen auf alle Fälle einen Trend erkennen.

Kosten-Nutzen-Verhältnis des Einsatzes der Presseagentur

- Das Kosten-Nutzen-Verhältnis des Einsatzes der Presseagentur. Die obigen beiden Punkte lassen eine kritische Betrachtung der Presseagentur zu. So hat jede Presseagentur bestimmte favorisierte Zeitschriften und Magazine, in denen sie Artikel und Stories platziert. Werden diese Magazine auch von den Kunden und Interessenten des Unternehmens gelesen? Verwendet der Vertrieb die Sonderdrucke dieser Zeitschriften und Magazine im tagtäglichen Einsatz?

Interne Zusammenarbeit mit der Vertriebsmannschaft

- Eine weitere Statistik kann hinsichtlich der internen Zusammenarbeit mit der Vertriebsmannschaft erstellt werden: Welcher Vertriebsmitarbeiter ist dazu in der Lage, nicht nur Lizenzen oder Dienstleistung zu kaufen, sondern auch mit dem Kunden Case Stories oder Success Stories zu vereinbaren? Diese Statistik ist besonders dann wichtig, wenn man zu einem bestimmten Thema demnächst eine entsprechende Story benötigt.

- Ebenso lässt sich diese Statistik für die technischen Mitarbeiter hinsichtlich ihrer Publikationen in der Presse führen.

Die Auswertung der hier beschriebenen Statistiken ist für die Pressearbeit (insbesondere für die zukünftige Pressearbeit) von großer Bedeutung. Gerade deshalb macht es wenig Sinn, wenn hier die Statistiken manipuliert werden.

4.6.3 Hochrechnungen auf Basis der Auswertungen

Der Leser wird sich jetzt sicher fragen: „Wenn schon Statistiken zweifelhaft sind, wie zweifelhaft müssen dann erst Hochrechnungen sein?" Doch auch hier wollen wir festhalten, dass es durchaus seriöse Hochrechnungen gibt. Wie schon bei den Statistiken gilt hier: Letztendlich betrügt man sich nur selber, wenn man versucht, diese zu manipulieren, und damit ist letztendlich keinem geholfen.

Mindestens 4 Quartale

Es sei jedoch darauf hingewiesen, dass die im Folgenden aufgelisteten Hochrechnungen nur auf einem Datenmaterial Sinn machen, das sich über mindestens 4 (besser mehr) Quartale erstreckt:

- In wie vielen Zeitschriften wird zukünftig über das Unternehmen, die Dienstleistungen des Unternehmens oder die Produkte berichtet werden?
- Welche generelle wertende Tendenz ist in der Berichterstattung zu erkennen – eher positiv oder eher negativ oder gleich bleibend?

Unterschiedliche Trends

- Wie „beliebt" sind die eingereichten Artikelangebote – welche Themen scheinen sich zum Hype, welche zum Ladenhüter zu entwickeln?
- Welche Kunden oder welche Branchen werden künftig für die Pressearbeit interessanter werden, in welche Richtung müssen also die Success Stories sich orientieren?
- usw.

4.7 Fazit

Unterschiedliche Schwerpunkte erforderlich

In diesem Kapitel haben wir zunächst die Unterschiede zwischen den Nutzwerten der einzelnen Ergebnistypen der Pressearbeit für Dienstleistungsunternehmen und Produkthäuser dargestellt. Wir haben dabei mittels der beiden Nutzwertanalysen festgestellt, dass hier in der Pressearbeit andere Schwerpunkte gelegt werden müssen.

Im Anschluss haben wir dargestellt, welche über die Auswertung der Clippingliste hinausgehenden Statistiken aus den Ergebnissen der Pressearbeit erarbeitet werden können. Sicherlich sind Statistiken immer ein heikles Thema – andererseits sind sie die Basis für Hochrechnungen, die die künftige Pressearbeit bestimmen.

5 Die wachsende Bedeutung des Internets

5.1 Einführung

Untersuchung des Mannheimer Zentrums für Europäische Wirtschaftsforschung

Das Internet ist heute zu einem Informationsmedium geworden, das nicht mehr wegzudenken ist. So verfügen nach Angaben einer Untersuchung des Mannheimer Zentrums für Europäische Wirtschaftsforschung (ZEW) aus dem Jahre 2003[90] 43 Prozent aller Mitarbeiter über einen Internet-Zugang, das entspricht einem Plus von 15 Prozent im Vergleich zum Jahr 2000. Die Zahl der Unternehmen mit Internet-Anschluss wuchs ebenfalls im Vergleich zum Jahr 2000 um acht Prozentpunkte auf aktuell 93 Prozent. 75 Prozent der Firmen verfügen über einen eigenen Internet-Auftritt, rund 39 Prozent nutzen das Medium als Vertriebskanal, vor allem im „Business-to-Business"-Bereich.

Besonders interessant sind die Ergebnisse der Media-Studie 2002 – Journalisten online[91]. Diese sagen einiges aus über die Bedeutung des Internets für Journalisten und Redakteure:

Ergebnisse

- Die wichtigsten Vorteile der Internetrecherche sind für Journalisten der „ständige Zugriff auf Informationen" (96 Prozent) und die „einfache Möglichkeit der Vorrecherche" (88 Prozent). Unwichtiger ist dagegen der Aspekt der Verknüpfung verschiedener Medien:
  - Bild,
  - Text,

---

[90] Quelle: www.pcwelt.de/news

[91] Die Vorgängerstudie aus dem Jahr 2000 [MedS2000] steht unter dem im Literaturverzeichnis angegebenen Link kostenlos zum Download zur Verfügung, die hier referenzierte Studie kann für 150,00 Euro direkt über News Aktuell als Herausgeber bezogen werden.

– Audio,
– Video.

Es mangelt an Qualität

- Die größten Schwächen des Internets sind aus Sicht der Befragten „das Auffinden von qualitativ hochwertigen Informationen" und „die Glaubwürdigkeit der gefundenen Informationen". Journalisten vertrauen Informationen aus dem Internet nur eingeschränkt.
- Mit Abstand am häufigsten werden Hintergrundinformationen im Internet gesucht. Aber auch die Recherche nach Nachrichten, Kontaktadressen und Pressemitteilungen hat einen hohen Stellenwert. Drei Viertel der Befragten waren zufrieden mit dem Nachrichtenangebot. Fast zwei Drittel der Befragten waren zufrieden mit dem Angebot an Kontaktadressen. Gut die Hälfte beurteilte die Qualität der im Internet angebotenen Pressemitteilungen und Hintergrundinformationen positiv.

Suchmaschinen und Webkataloge

- Für 92 Prozent der Befragten sind die wichtigsten Websites im redaktionellen Alltag Suchmaschinen und Webkataloge. Ergänzende Bedeutung haben Websites von Unternehmen und Verbänden, Onlinepublikationen von Medien und Datenbanken für Pressemitteilungen.

Einfluss von Onlinemedien

- Drei Viertel der Befragten sind der Meinung, dass die „zunehmende Technisierung der Arbeit von Journalisten" durch Onlinemedien stark beeinflusst wird. Ebenso unter erheblicher Einwirkung des Internets stehen ein „höherer Aktualitätsanspruch an Informationen", „Schnelllebigkeit von Informationen" und die „Ausweitung des journalistischen Berufsfeldes". Dagegen meinen die meisten Befragten, dass die Printmedien durch das Internet nicht an Bedeutung verlieren.

In diesem Kapitel wollen wir uns mit den wichtigsten Aspekten der Nutzung des Internets für Pressezwecke beschäftigen. Dazu betrachten wir zunächst die drei unterschiedlichen Presseportaltypen:

Drei Presseportaltypen

- Presseportale von Presseagenturen,
- Presseportale von unabhängigen Newsprovidern und
- Presseportale von Unternehmen selbst.

Auf letztere gehen wir im Anschluss genauer ein und beschreiben, welche wesentlichen Inhalte diese haben müssen und wie man den Traffic auf diesen erhöht.

Blick in die Zukunft

Zum Schluss gehen wir darauf ein, welche Stellung das Internet als Informationsmedium gegenüber den Printmedien hat, welche Vor- und Nachteile hier existieren, und wagen einen Blick in die Zukunft.

5.2 Presseportale

5.2.1 Einführung

Konsequente Nutzung üblich

Viele Redakteure und Journalisten begnügen sich nicht damit, ihre Informationen ausschließlich aus den täglich zugesendeten Pressemitteilungen zu erhalten, und nutzen konsequent das Internet. Dies geht bereits aus der zuvor dargestellten Studie hervor. Doch nun ist das Internet nicht gerade ein überschaubares Medium, wo man sofort findet, was man sucht. Und wenn Journalisten und Redakteure eins nicht haben, so ist das Zeit für stundenlanges Surfen im Internet.

Mittlerweile haben sich zwei unterschiedliche Methoden zum schnellen Finden wichtiger Inhalte bei Journalisten und Redakteuren etablieren können:

Zwei unterschiedliche Methoden

- Die Verwendung von Suchmaschinen
- Der Besuch von Presseportalen

Beide haben so ihre Vor- und Nachteile. Im Folgenden wollen wir uns mit den unterschiedlichen Presseportalen beschäftigen, die Informationen für die Presse bereitstellen.

5.2.2 Die unterschiedlichen Arten von Presseportalen

5.2.2.1 Einführung

Drei unterschiedliche Arten von Presseportalen

Es sind generell drei unterschiedliche Arten von Presseportalen zu unterscheiden:

- Presseportale einer Presseagentur
- Presseportale eines individuellen Unternehmens
- Allgemeine (übergreifende) Presseportale von Content Providern

Im Folgenden sollen diese drei Arten von Presseportalen näher dargestellt werden.

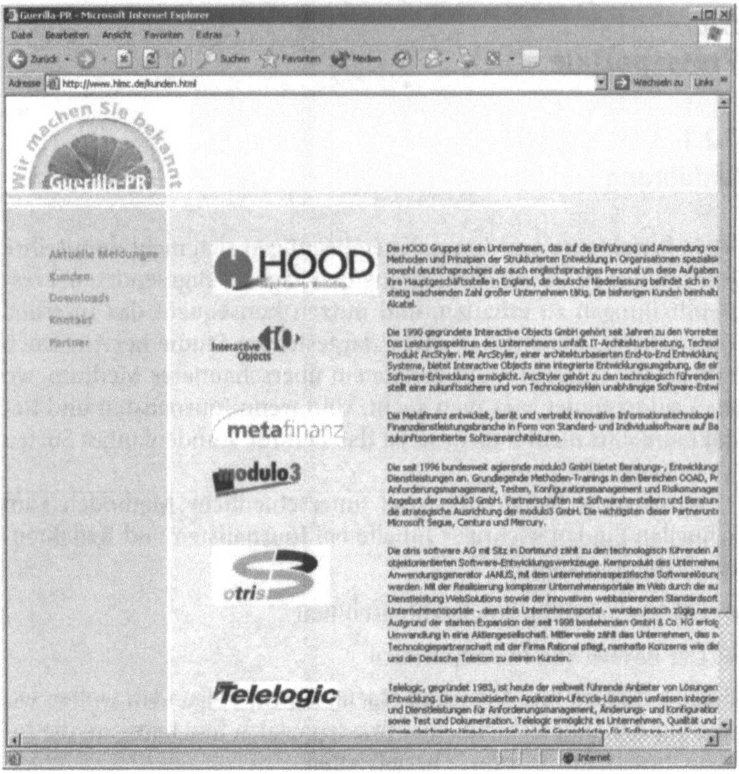

Abbildung 23: Beispiel für ein Presseportal einer Presseagentur

5.2.2.2 Presseportale von Presseagenturen

Presseportale von Presseagenturen zeichnen sich durch die Eigenschaft aus, dass hier ausschließlich Meldungen der Kunden der Presseagentur enthalten sind. Abbildung 23 zeigt ein typisches Beispiel der Presseagentur Guerilla-PR, die im weiteren Verlauf dieses Buches noch öfters referenziert wird.

Ein gutes Presseportal einer Presseagentur stellt für jeden Kunden einen separaten Bereich zur Verfügung. Inhalte dieses Bereiches sollten sein:

Inhalte des Kundenbereichs eines Presseportals

- Das Logo des Kunden mit einem entsprechenden Link zur Homepage des Kunden.
- Eine knappe Beschreibung des Kunden, wer er ist und was sein Geschäftsfeld ist.
- Eine knappe Beschreibung des Produktportfolios oder des Dienstleistungsspektrums des Kunden.
- Eine Übersicht der letzten Pressemeldungen des Kunden.

- Eine Übersicht, auf welchen Events (Messen, Kongresse, Seminare usw.) der Kunde demnächst anzutreffen ist.
- Einen entsprechenden Downloadbereich, der sich in die folgenden Unterbereiche aufgliedert:
  - Alle Pressemeldungen (zum Beispiel als PDF oder als WinWord)
  - Ergänzendes Bildmaterial zu den Pressemeldungen; dies kann sich aufteilen in:
    - Fotos der Geschäftsleitung und der Firmengebäude (immer wieder gerne genommen, sofern es so imposante Gebäude sind wie die von Oracle)
    - Fotos von gewonnenen Awards
    - Screenshots von Produkten oder auch Produktverpackungen
    - Strichzeichnungen von Projektdarstellungen
    - usw.

Inhalte des Downloadbereichs

- Sämtliche Broschüren des Kunden, die als PDF verfügbar sind, besonders wichtig sind:
  - Das Firmenprofil
  - Case Studies
  - Success Stories
  - White Papers
  - Produktbroschüren
  - Dienstleistungsübersichten
  - Schulungsbroschüren
  - Veranstaltungsankündigungen
  - usw.

Broschüren des Kunden

Kontinuierliche Pflege erforderlich

Ein solcher Downloadbereich muss kontinuierlich gepflegt werden. Die Aktualität der Inhalte ist entscheidend für den Zugriff seitens der Redakteure und Journalisten. Verantwortlich für die zeitgerechte Bereitstellung im Internet ist die Presseagentur, verantwortlich für die bereitgestellten Inhalte ist allerdings das beauftragende Unternehmen; das bedeutet, dass wenn das beauftragende Unternehmen der Presseagentur keine entsprechenden Inhalte liefert, natürlich auch keine entsprechenden Informationen auf dem Presseportal bereitgestellt werden können.

Auf die Verweilzeit achten

Damit sind jedoch nicht nur Uploads gemeint - auch die Verweilzeit der jeweiligen Inhalte auf dem Web sind vom Unternehmen festzulegen. Einzige Ausnahme sind Inhalte, die einen Endtermin haben und danach auf dem Web überflüssig sind - so zum Beispiel der Bewerbungsflyer für eine Roadshow oder eine Anwenderkonferenz. Derartige Inhalte kann die Agentur auch selbstständig aus dem Downloadbereich entfernen.

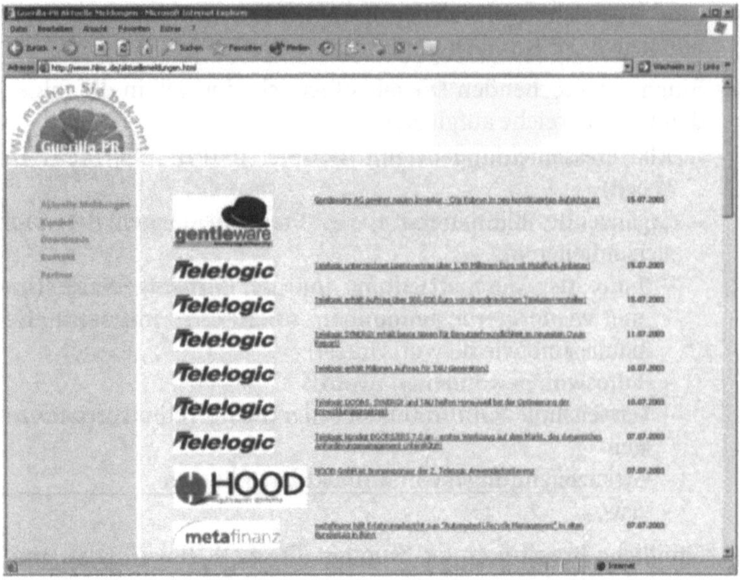

Abbildung 24: Beispiel für den Bereich „Aktuelle Meldungen" eines Presseportals einer Presseagentur

Im Bereich der aktuellen Meldungen eines Presseportals einer Presseagentur werden dann alle Meldungen aller Kunden nach Datum sortiert aufgelistet. Abbildung 24 zeigt hier ein Beispiel.

Reicht eine Überschrift?

Es lässt sich darüber streiten, ob die Überschrift alleine ausreicht oder ein erklärender Text (zumindest der Einleitungstext der Pressemitteilung) hinzugefügt werden sollte. Aus Sicht der Kunden einer Presseagentur ist es jedoch anzuraten hier nur mit der Überschriftenzeile zu arbeiten, da ein zusätzlicher erläuternder Text so viel Platz wegnehmen würde, dass nur wenige Meldungen auf einer Seite sichtbar wären.

Das Portal ist jedoch sehr sorgfältig zu pflegen – nichts ist peinlicher, als wenn ein Journalist oder Redakteur eine Pressemeldung erhält mit dem Hinweis, dass zugehöriges Bildmaterial vom Presseportal geladen werden kann, und dieses ist noch nicht oder nicht mehr auf dem Portal vorhanden.

5.2.2.3 Presseportale von individuellen Unternehmen

Nur eigene Meldungen

Presseportale von individuellen Unternehmen stellen ausschließlich die eigenen, das Unternehmen betreffenden Presseinformationen zu Verfügung. Sie sind im Prinzip ähnlich aufgebaut, wie dies bei den Presseportalen der Presseagenturen im Kundenbereich der Fall ist. Generell sind dabei Unterschiede festzustellen zwischen Presseportalen von Unternehmen die mit einer Presseagentur zusammenarbeiten und solchen, die dies nicht tun.

Erstere haben den Vorteil, dass sie sehr bequem mit Links auf das Presseportal ihrer Presseagentur verweisen können. Typische Beispiele dafür sind:

Typische Beispiele

- Den vollständigen Pressetext im WinWord Format finden Sie im Portal unserer Presseagentur.
- Zugehöriges Bildmaterial zu dieser Pressemeldung finden Sie im Portal unserer Presseagentur.
- Eine vollständige Pressemappe finden Sie im Portal unserer Presseagentur.
- Das Archiv unserer letzten Pressemeldungen finden Sie im Portal unserer Presseagentur.

Dabei sind diese Hinweise jeweils als Hyperlink mit einer direkten Verbindung zum eigenen Kundenbereich des Presseportals der Presseagentur verknüpft.

Viel Arbeit für Unternehmen, die nicht mit einer Presseagentur zusammenarbeiten

Unternehmen, die nicht mit einer Presseagentur zusammenarbeiten, müssen hier sämtliche Informationen selber ins Web stellen. Wie dies bewerkstelligt wird und vor allem welche Informationen bereitgestellt werden müssen, erläutern wir in Kapitel 5.3.

5.2.2.4
Presseportale von Content Providern

Presseportale von Content Providern sind insofern vergleichbar mit Presseportalen von Presseagenturen, als sie Informationen über unterschiedliche Firmen bereitstellen. Allerdings herrscht hier auch ein gewisses Informationsüberangebot, so dass sich der Journalist oder Redakteur nahezu vor der gleichen Ausgangssituation wiederfindet: Er muss aufwändig recherchieren.

Manche Portale bieten dazu einen „Eingrenzmechanismus" an, so lässt sich beispielsweise das Presseportal www.presseportal.de, dargestellt in Abbildung 25, derart eingrenzen, dass man nur alle Meldungen angezeigt bekommt, die mit Informationstechnologie in Verbindung stehen und innerhalb eines bestimmten Zeitraumes erschienen sind. Eine weitere Einschränkung kann man dann noch vornehmen, wenn man nur nach bestimmten Firmen suchen möchte.

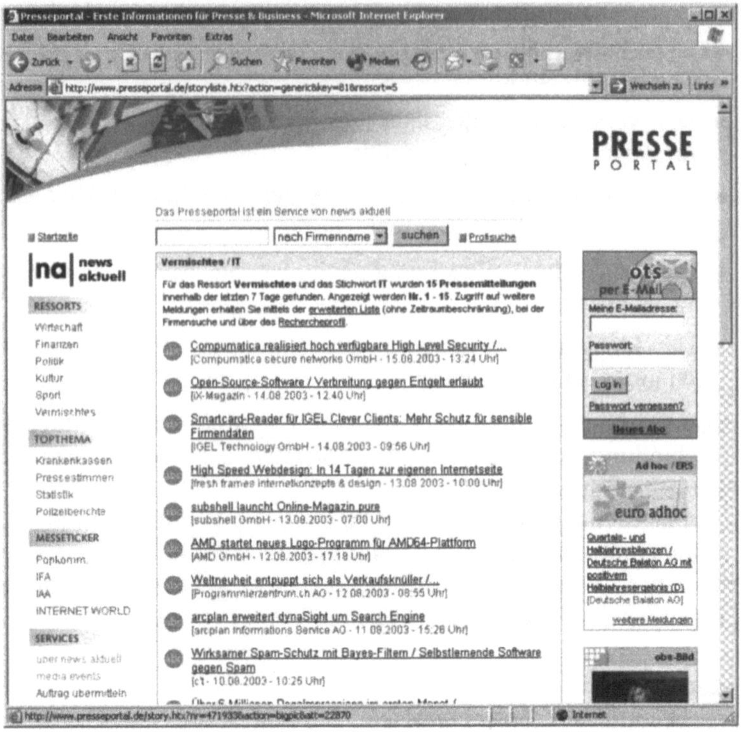

Abbildung 25: Beispiel für ein Presseportal

Das beste Presseportal

Das unserer Ansicht nach beste Presseportal ist unter www.pressrelations.de zu finden. Hier hat der Journalist die Möglichkeit, sich das gesamte Portal auf seine individuellen Bedürfnisse vollständig anzupassen. Dazu registriert er sich mit seinen entsprechenden Kontaktdaten und erhält im Anschluss die in Abbildung 26 dargestellte Dialogmaske zur näheren Eingrenzung der Themengebiete, die ihn besonders interessieren.

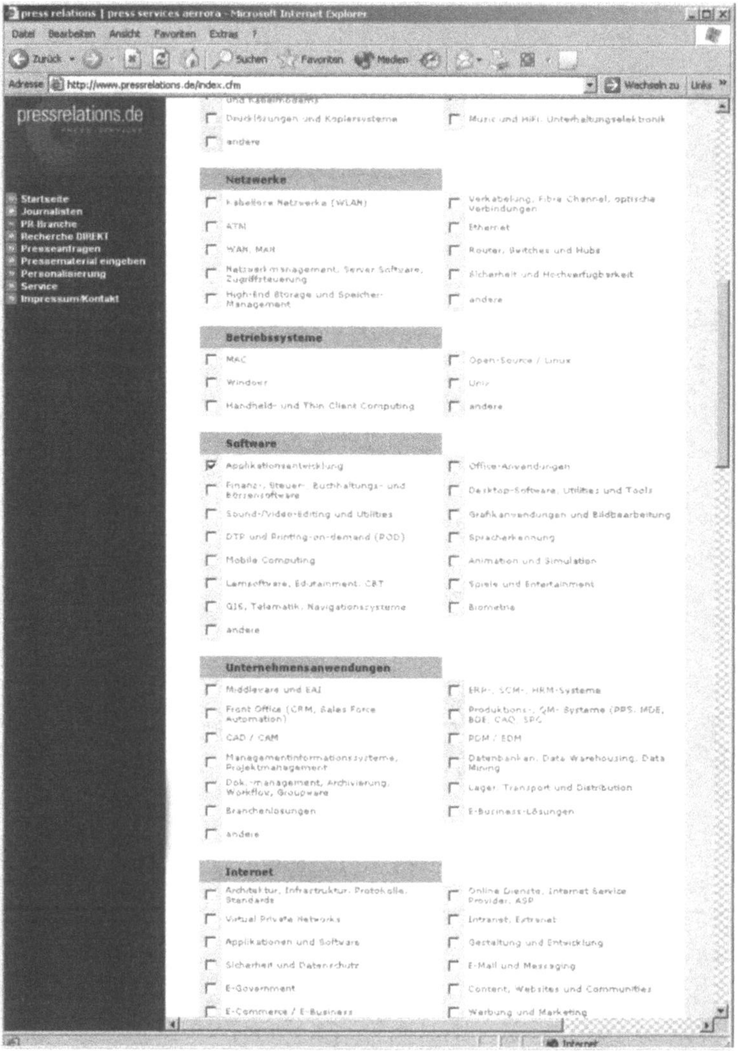

Abbildung 26: Dialogmaske zur Eingrenzung des Themengebietes

Nach der Eingrenzung des Themengebietes können noch die Informationsarten priorisiert werden; unterschieden wird dabei zwischen Pressemeldungen, News und einer Themenvorschau von Redaktionen[92]. Besonders nett ist dann die Möglichkeit sich die Darstellung in seiner Lieblingsfarbe und einer bevorzugten Schriftart anzeigen zu lassen. Abbildung 27 zeigt die zugehörige Dialogmaske.

[92] Besonders für freie Journalisten ein enorm wichtiger Punkt, natürlich werden auch Presseagenturen diesen Service zu schätzen wissen.

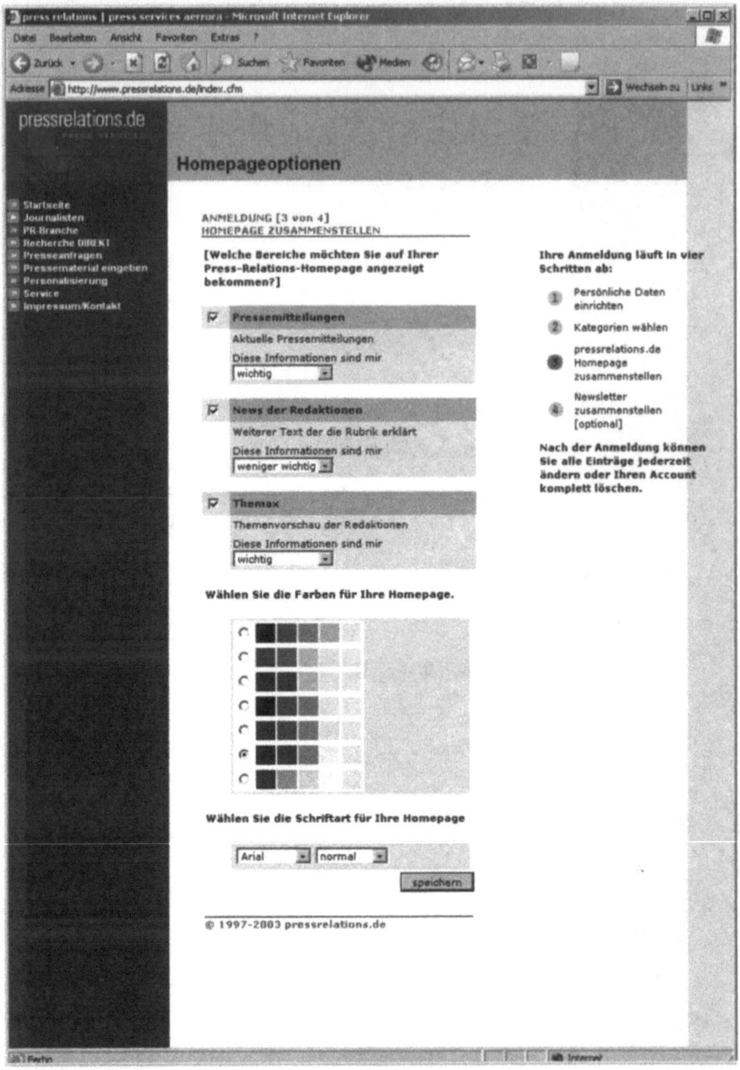

Abbildung 27: Dialogmaske zur weiteren Eingrenzung des Presseportals

Neben dieser Personalisierung kann auch ein zusätzlicher E-Mail-Newsletter eingerichtet werden, das heißt, der Journalist oder Redakteur braucht gar nicht mehr das Presseportal aufzurufen, sondern erhält alle Nachrichten bequem per E-Mail. Im letzten Schritt wird dann als besonderer Luxus noch festgelegt an welchem Wochentag der Newsletter eintreffen soll und in welchem Format dies geschehen soll. Ebenfalls kann festgelegt werden, ob über diesen Kanal auch Presseanfragen vermittelt werden sollen. Abbildung 28 zeigt die letzte Dialogmaske.

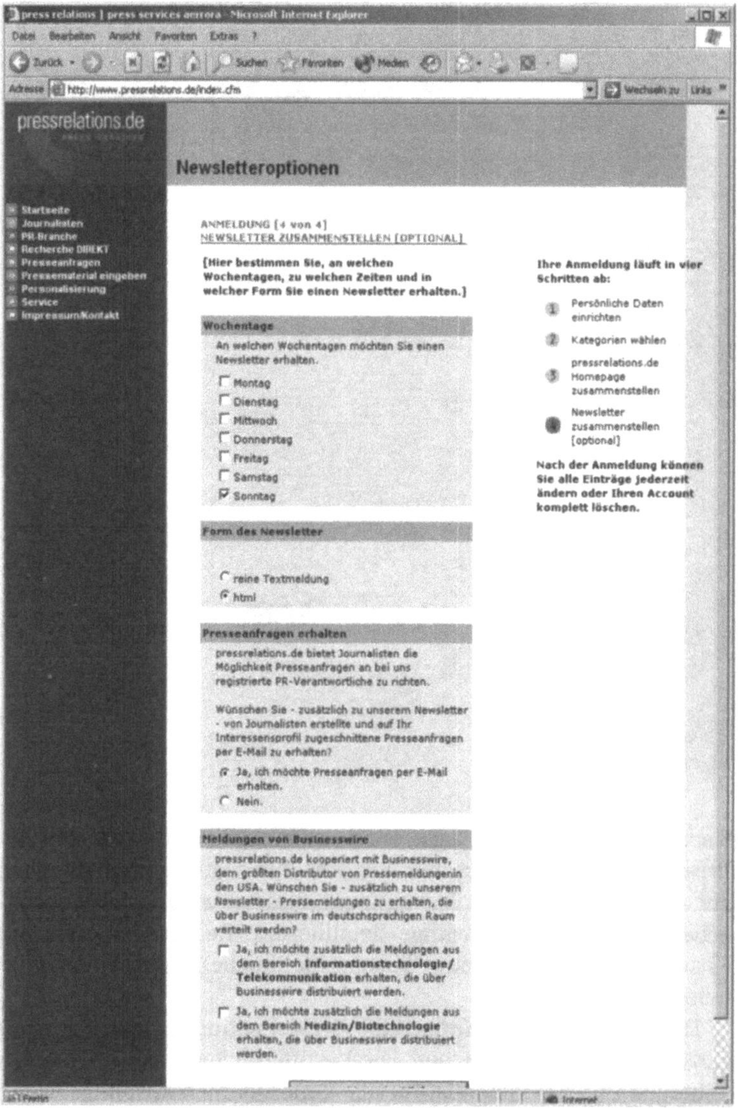

Abbildung 28: Festlegung des E-Mail-Newsletters

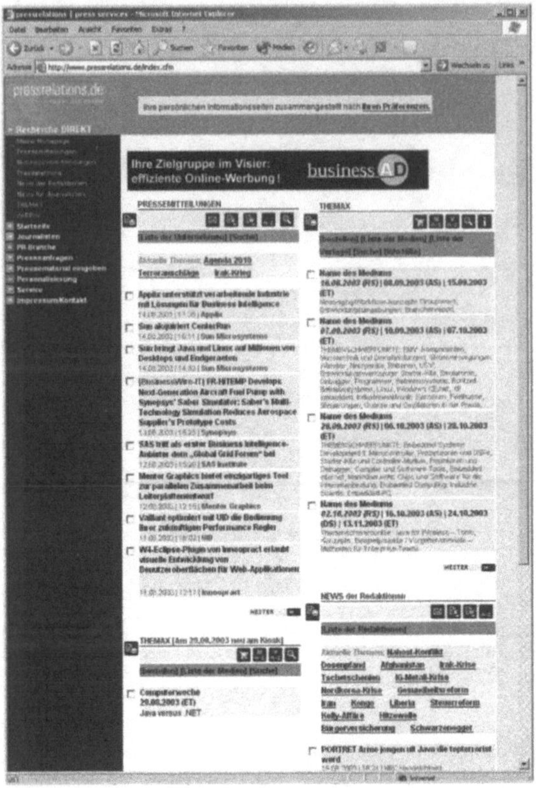

Abbildung 29: Das individuell zusammen gesetzte Presseportal

Nachdem man sich auf diese Weise angemeldet hat, baut sich das Presseportal automatisch neu mit den zuvor gemachten Angaben auf, siehe Abbildung 29. Die Nutzung dieses Presseportals ist weitgehend kostenlos, nur einige detailliertere Recherchen sind mit Kosten verbunden. So zum Beispiel die Suche in der Themendatenbank THEMAX[93].

Das Portal enthält mittlerweile Pressemeldungen von mehr als 4.000 Presseverantwortlichen. Die Veröffentlichung von Pressemitteilungen und Terminen ist für alle Unternehmen kostenlos, wenn diese die Eingabe ihrer Meldungen selbst übernehmen. Dazu steht ein entsprechendes Eingabeformular bereit, dargestellt in Abbildung 30.

[93] THEMAX ist eine maßgeschneiderte Themendatenbank für die Presse- und Medienarbeit von Unternehmen, Agenturen und Journalisten. Sie enthält Themenpläne von über 1.200 Titeln der Tages-, Wochen-, Publikums-, Wirtschafts- und Fachpresse. Mittels einer differenzierten Suche kann darin nach verschiedenen Kriterien wie Medienart, Titel, Volltext und Redaktionsschluss recherchiert werden.

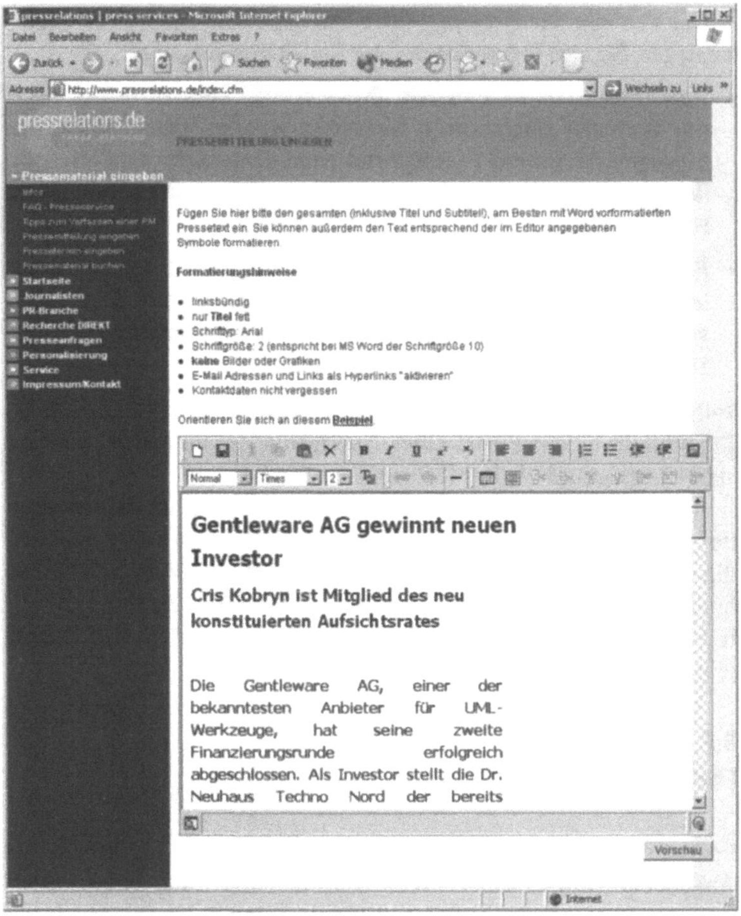

Abbildung 30: Formular zur Eingabe von Pressemeldungen

5.2.3 Vor- und Nachteile der jeweiligen Portale

Jedes Portal hat seine Vor- und Nachteile

Allein die Tatsache, dass sich alle drei Portaltypen haben etablieren können, ist ein Hinweis darauf, dass jedes Portal seine Vor- und Nachteile hat. Klarer Nachteil von unternehmenseigenen Portalen: Der Journalist oder Redakteur wird sich kaum die Mühe machen, alle Unternehmen, die er so kennt, im Web abzuklappern um eventuell Neuigkeiten zu finden. Hat er hingegen einen bestimmten Artikel in Arbeit und bringt er das Unternehmen mit dem Inhalt des Artikels in Verbindung, ist die Wahrscheinlichkeit schon viel größer, dass er konkret die Webseite und damit das Presseportal des Unternehmens besucht.

Die Vorteile der Nutzung eines Presseportals einer Presseagentur liegen für den Journalisten oder Redakteur wie folgt:

Vorteile der Nutzung eines Presseportals

- Innerhalb eines allgemeinen Presseportals können in der Regel nur textuelle Nachrichten hinterlegt werden, mehr nicht, wohingegen bei einem Presseportal eines Unternehmens[94] wesentlich ausführlichere Informationen zum Download bereitgestellt werden können.
- Bei einem Presseportal eines Unternehmens hat der Journalist oder Redakteur immer die Möglichkeit, sofort mit dem richtigen Ansprechpartner zu kommunizieren, bei einem kommerziellen Portal wird dies schon mühsamer.

Zusätzliches Informationsmedium

Somit ist das Presseportal eines Unternehmens nicht nur als Ergänzung zu einem Portal eines Newsproviders zu sehen, sondern als wichtiges zusätzliches Informationsmedium.

Klarer Nachteil von allgemeinen Presseportalen ist die Informationsflut, hier sind schon sehr aufwändige Eingrenzungen notwendig, wie sie aber zum Beispiel auf www.pressrelations.de sehr bequem vorgenommen werden können. Weiterer Nachteil ist die reine Bereitstellung von Text; Bildmaterial muss sich der Redakteur oder Journalist anderweitig besorgen.

5.2.4 Fazit

Presseportale gehören mittlerweile zum Standard

Presseportale gehören mittlerweile zum Standard innerhalb des Angebotsportfolios einer Presseagentur. Aber auch jedes Unternehmen der IT-Branche hat zumindest ansatzweise innerhalb seines Webauftrittes einen Bereich für die Presse vorgesehen. Zu beachten sind die jeweiligen Vor- und Nachteile der unterschiedlichen Portale, im Idealfall ist ein Unternehmen überall präsent. Während die Veröffentlichung von Pressemeldungen innerhalb von Presseportalen meist kostenlos und die Bereitstellung von Presseinformationen auf dem Presseportal der Presseagentur meist im Agenturhonorar enthalten ist, stellt lediglich das unternehmenseigene Presseportal einen gewissen Aufwand und damit Kostenfaktor dar. Wie ein solches unternehmensinternes Presseportal aufgebaut wird, soll Gegenstand des folgenden Abschnitts sein.

---

[94] Dies gilt natürlich auch für ein Presseportal einer Presseagentur.

5.3 Aufbau eines Pressebereichs innerhalb eines Internetauftrittes

5.3.1 Einleitung

Komfortabler Internetauftritt muss vorhanden sein

Im Folgenden gehen wir davon aus, dass das Unternehmen bereits über einen komfortablen Internetauftritt verfügt. Diese Annahme ist durchaus zulässig, da wir ja hier nur Unternehmen der IT-Branche darstellen. Daher wollen wir auch nicht bei Adam und Eva anfangen, sondern ausschließlich den Pressebereich betrachten.

In diesem Abschnitt gehen wir im Einzelnen auf die folgenden Inhalte ein:

- Generelle Inhalte des Pressebereichs
- Individuelle Meta-Tags für den Pressebereich
- Zu beachtende Regeln beim Aufbau des Pressebereichs

5.3.2 Generelle Inhalte des Pressebereichs

Corporate Identity beachten

Eins vorweg – der Pressebereich muss genau dem CI (Corporate Identity) des restlichen Webauftritts entsprechen. Schließlich ist davon auszugehen, dass nicht nur Journalisten und Redakteure den Pressebereich besuchen werden, sondern auch Kunden und vor allem Interessenten.[95] Ein Bruch des CI wäre hier nachteilig und irritierend.

Von zwingend bis „nice-to-have"

Es gibt gewisse Inhalte, die auf jeden Fall in dem Pressebereich auftauchen müssen und zusätzliche Informationsbereitstellungen, die sozusagen „nice-to-have" sind. Wir wollen uns hier primär mit den wichtigen Inhalten beschäftigen. Aufzuführen wären hier:

- Jede versendete Pressemitteilung: Jede Pressemitteilung muss genau an dem Tag, an dem sie versendet wird, auch auf dem Pressebereich veröffentlicht werden. Empfehlenswert ist dabei die folgende Darstellung. Der Titel der Pressemitteilung wird als Link dargestellt, bei Auswahl erhält man die vollständige Pressemeldung zunächst als HTML-Dokument (eventuell in einem separaten Fenster) dargestellt. Der einleitende Text der Presse-

[95] Dies ist sogar ausdrücklich gewollt.

mitteilung wird direkt unter dem Titel mit dem aktuellen Datum abgebildet. Unterhalb dieses Textes sind drei Verweise aufgeführt:

Bildmaterial

- Bildmaterial – hier werden (sofern verfügbar) die zum Download bereitstehenden Bilder als Thumbnails[96] dargestellt, durch einen Klick auf den Thumbnail kann man sich die entsprechende Grafik downloaden. Dies sollte mit einem entsprechenden Hinweis erläutert werden.

Textversion

- Textversion – hier sollte dem Besucher die Möglichkeit geboten werden, sich den Text der Pressemitteilung in unterschiedlichem Format downloaden zu können. Auch hier eine entsprechende kurze Erklärung.

White Papers

- White Papers – sofern verfügbar, sollten hier ergänzende Informationen zum Download angeboten werden, beispielsweise White Papers. Dies ist besonders für Journalisten und Redakteure sinnvoll, die die Meldung für so interessant halten, dass sie in Betracht ziehen, hierzu einen Artikel zu veröffentlichen.

Veranstaltungshinweise

- Veranstaltungshinweise: Auch wenn der unternehmensinterne Veranstaltungskalender bereits auf dem Webauftritt enthalten ist, er gehört nochmals in den Pressebereich. Und zwar nicht als Link sondern als erneute Auflistung. Hintergrund: Journalisten und Redakteure sind auf vielen Veranstaltungen zur Informationssammlung, sie können also bei der Betrachtung des Veranstaltungskalenders gleich entscheiden, ob sie auch das Unternehmen besuchen wollen. Im Idealfall wird jedem Veranstaltungshinweis ein Terminvereinbarungsformular hinterlegt mit der jeweiligen Angabe, wer vom Marketing/Pressebereich vor Ort als Ansprechpartner zur Verfügung steht.

Ansprechpartner

- Ansprechpartner: Für mögliche Nachfragen sollten immer die Ansprechpartner für die Presse aufgelistet werden. Dabei hat es sich als sinnvoll erwiesen, hier die folgenden Daten darzustellen:
  - Name und Foto[97] des Ansprechpartners
  - Funktion im Unternehmen
  - Adresse (postalisch)
  - Telefon, Fax und Handy

[96] Kleines Vorschaubild auf die Grafik mit extrem niedriger Auflösung, vermittelt eigentlich nur einen Eindruck, was den Besucher erwartet.

[97] Besonders das Foto ist wichtig, hiermit wird eine gewisse persönliche Beziehung bereits zu einem sehr frühen Zeitpunkt aufgebaut, mehr dazu ist dem Kapitel über Guerilla-PR zu entnehmen.

- Archivbereich: Nach einer gewissen Zeit sind Pressemeldungen „veraltet“, das bedeutet aber noch lange nicht, dass sie von der Webseite entfernt werden müssen, da sie besonders für Recherchezwecke immer noch durchaus geeignet sind. Daher sind sie in einen Archivbereich umzulagern (Vorsicht mit den Links!). Hier gilt die Regel: Alles was älter als 6 Monate ist, ist in den Archivbereich zu übertragen.

Archivbereich

5.3.3 Individuelle Meta-Tags für den Pressebereich

Journalisten und Redakteure nutzen das Web auch nicht anders, als dies die restlichen Nutzer des Internets tun. Das bedeutet, arbeiten mit Suchmaschinen. Sowohl Yahoo als auch Alta Vista und Google sind hier bevorzugte Suchmaschinen, wobei in den letzten Monaten sich Google immer deutlicher als die Suchmaschine Nummer 1 etabliert hat.

Suchmaschinen sind gängige Hilfsmittel

Meta-Tags verwendet mittlerweile nahezu jedes Unternehmen, um den Besucher auf die eigene Webseite zu locken. Ein weiteres Hilfsmittel sind Sponsored Links; hierauf gehen wir im nächsten Abschnitt detailliert ein.

Gerade für den Pressebereich eines Internetauftritts sollten individuelle Meta-Tags ausgewählt werden, da Journalisten und Redakteure zum Teil mit anderen Suchbegriffen arbeiten, als dies zum Beispiel die potentiellen Kunden des Unternehmens tun. Typische Beispiele sind:

Typische Beispiele

- Neue Version von ...
- Geschäftsbericht von ...
- Quartalsergebnis von ...
- Gewinn / Verlust
- Award zu ...
- u.v.m.

Die Einrichtung von Meta-Tags ist relativ simpel, die folgende Syntax beschreibt die Vorgehensweise:

<META NAME=“keywords“ CONTENT=“Quartalsergebnis, Gesamtergebnis, Gewinn“>

Syntax für ein Meta-Tag

Es gibt zahlreiche Tips und Tricks in der einschlägigen Literatur für die Erstellung von Meta-Tags, zu empfehlen ist zum Beispiel [Hort1999]. Wenn die Presseseite etwa häufig geändert wird, sollte der Suchmaschine der Befehl übertragen werden, die Seite immer wieder neu zu laden, anstatt aus dem Cache des Rechners geholt zu werden. Dies wird wie folgt erreicht:

<META http-equiv="expires" CONTENT="Zeitangabe"

Verfallsdatum

Dabei wird mit „Zeitangabe" das Verfallsdatum bezeichnet, zu dem die Seite also mit neuen Informationen versehen wurde.

5.3.4 Sponsored Links zur Erhöhung des Traffics auf dem Presseportal

Sponsored Links haben sich heutzutage als hilfreiches und zugleich kostengünstiges Hilfsmittel erwiesen, um den Traffic auf der Webseite signifikant zu erhöhen. Im Gegensatz zu den zuvor beschriebenen Meta-Tags sind sie jedoch mit Kosten verbunden.

Wie bereits erwähnt, ist Google zur Zeit die mit Abstand beliebteste Suchmaschine. Die drei folgenden Fakten (Stand Ende August 2003) sprechen hier eine deutliche Sprache:

Fakten, die für Google sprechen

- Die durchschnittlichen Klickraten bei Google liegen fünfmal über dem Branchendurchschnitt.
- Google ist gewachsen: von 0 auf 10.000 Werbekunden in nur 18 Monaten.
- Google kann auf 200.000.000 (200 Millionen) Besuche pro Tag verweisen.

Daher wollen wir im Folgenden darstellen, wie innerhalb dieser Suchmaschine Sponsored Links platziert werden können. Wir konzentrieren uns dabei auf das Google-Angebot der „AdWords". Dabei handelt es sich um die Möglichkeit, dass auf der rechten Seite, wenn bestimmte Keywords als Suchbegriff eingegeben werden, ein entsprechender Link zur Homepage des werbenden Unternehmen angegeben wird. Google geht dabei interessante Wege, was die Positionierung der unterschiedlichen Unternehmen betrifft[98].

[98] Wenn zum Beispiel zwei oder mehr Unternehmen dasselbe Schlagwort als Suchwort festlegen, werden diese in einer bestimmten Reihenfolge aufgelistet.

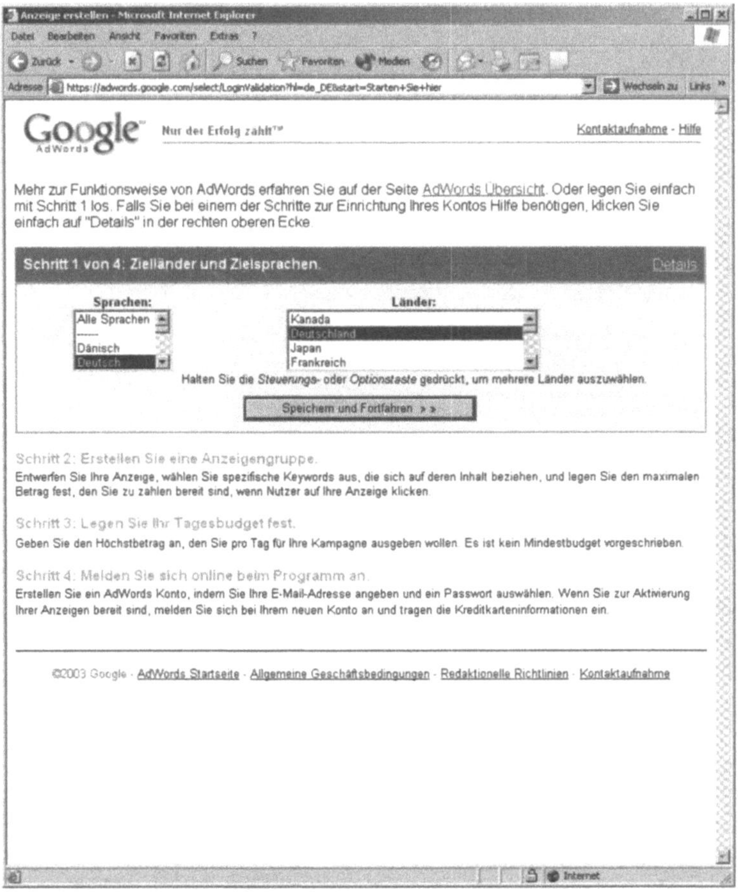

Abbildung 31: Schritt 1 zur Einrichtung eines Sponsored Links bei Google

So wird der Positionierungsrang einer Anzeige durch eine Kombination aus Cost per Click[99] (CPC) und Klickrate ermittelt. Wenn eine Anzeige für Nutzer irrelevant ist, wird sie nicht angeklickt und wandert automatisch auf einen Platz weiter unten auf der Seite. Die Anzeigen mit größerer Relevanz steigen dadurch weiter nach oben - und zwar ohne zusätzliche Kosten.

Schnell und einfach

Die Einrichtung kann jedes Unternehmen selber vornehmen, in der Regel ist nach ca. 15 Minuten der Sponsored Link live. Abbildung 31 zeigt den ersten Schritt, in dem die Zielländer und die Zielsprache festgelegt werden. Im zweiten Schritt wird dann die Anzeige selber erstellt, dargestellt in Abbildung 32.

[99] Die Abrechnung bei Google erfolgt anhand der Anzahl der Clicks auf den Link, das werbende Unternehmen kann dabei ein Limit festlegen. Die Einrichtungsgebühr kostet 5,00 Euro, eine monatliche Grundgebühr fällt nicht an.

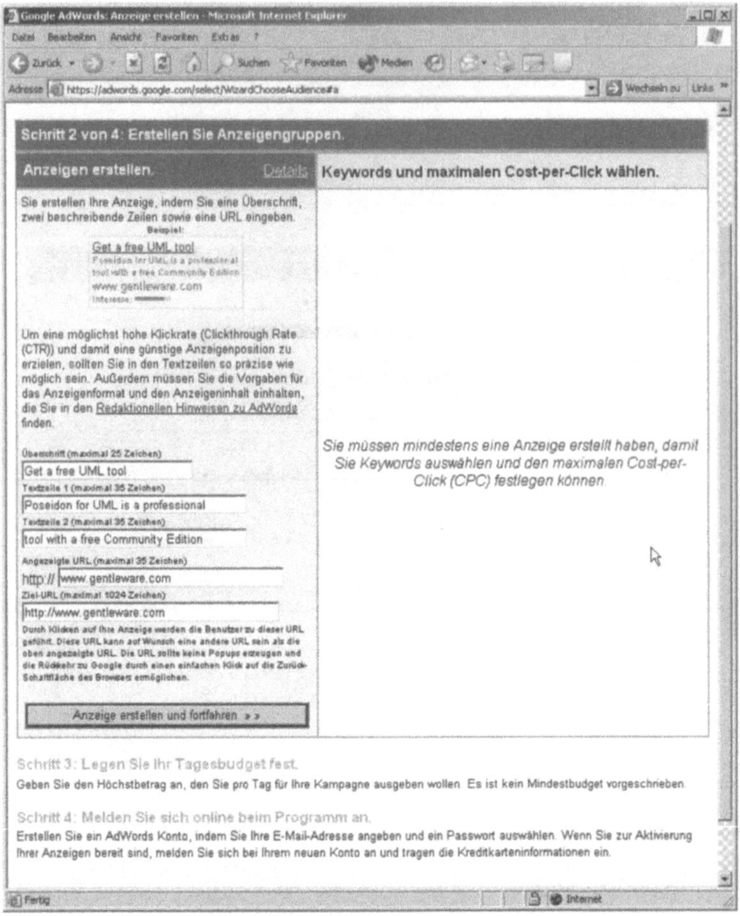

Abbildung 32: Schritt 2 zur Einrichtung eines Sponsored Links bei Google

Schlüsselwörter festlegen

Im Anschluss werden dann die einzelnen Schlüsselwörter (Keywords) festgelegt, bei deren Eingabe die Anzeige eingeblendet werden soll. Abbildung 33 zeigt die entsprechende Dialogmaske von Google.

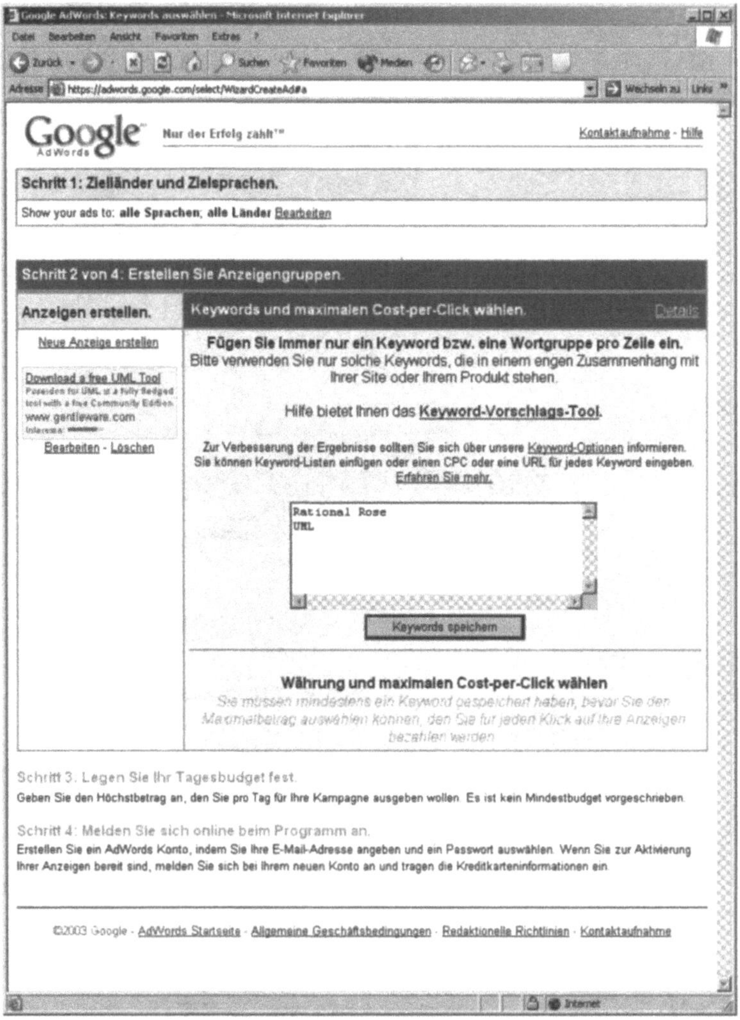

Abbildung 33: Festlegung der Keywords in Google

Automatische Kostenschätzung

Nach der Festlegung der Keyword erhält man einen besonderen Service. Google nimmt eine Kostenschätzung vor. Das bedeutet, dass basierend auf Erfahrungswerten der bisherigen Eingabe der Keywords ein tägliches Volumen berechnet wird, das maximal anfallen könnte. Erscheint einem dies zu hoch, hat man immer noch die Möglichkeit, entweder die Keywords selber zu ändern oder den Verbreitungsgrad hinsichtlich Zielsprachen und Zielländern einzuschränken. In Abbildung 34 ist die Kostenschätzung von Google dargestellt.

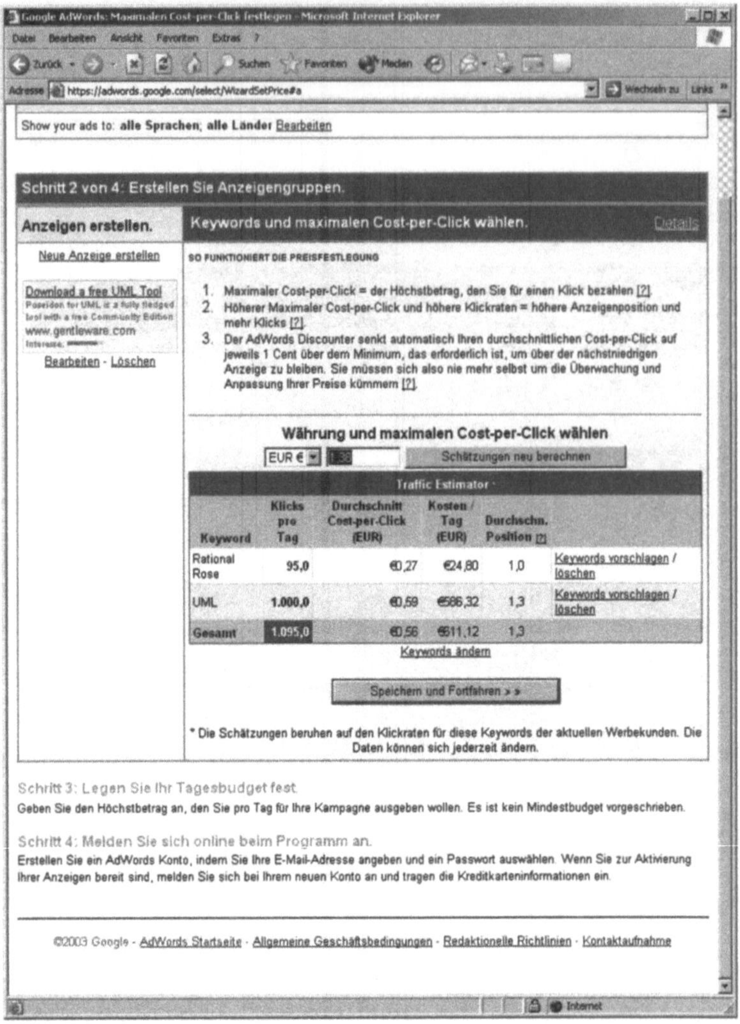

Abbildung 34: Kostenschätzung durch Google

Festlegung des Tagesbudgets

Im Anschluss hat man die Möglichkeit sein Tagesbudget genau festzulegen – also wie viel man dafür investieren will, dass sich Besucher über diesen Link zur eigenen Webseite manövrieren lassen. Man kann also den zuvor von Google geschätzten Wert deutlich geringer halten, allerdings mit dem Nachteil, dass sobald dieser Wert erreicht wurde, die Anzeige bei Eingabe des Keywords nicht mehr eingeblendet wird. Abbildung 35 zeigt die Dialogmaske zur Festlegung des Tagesbudgets.

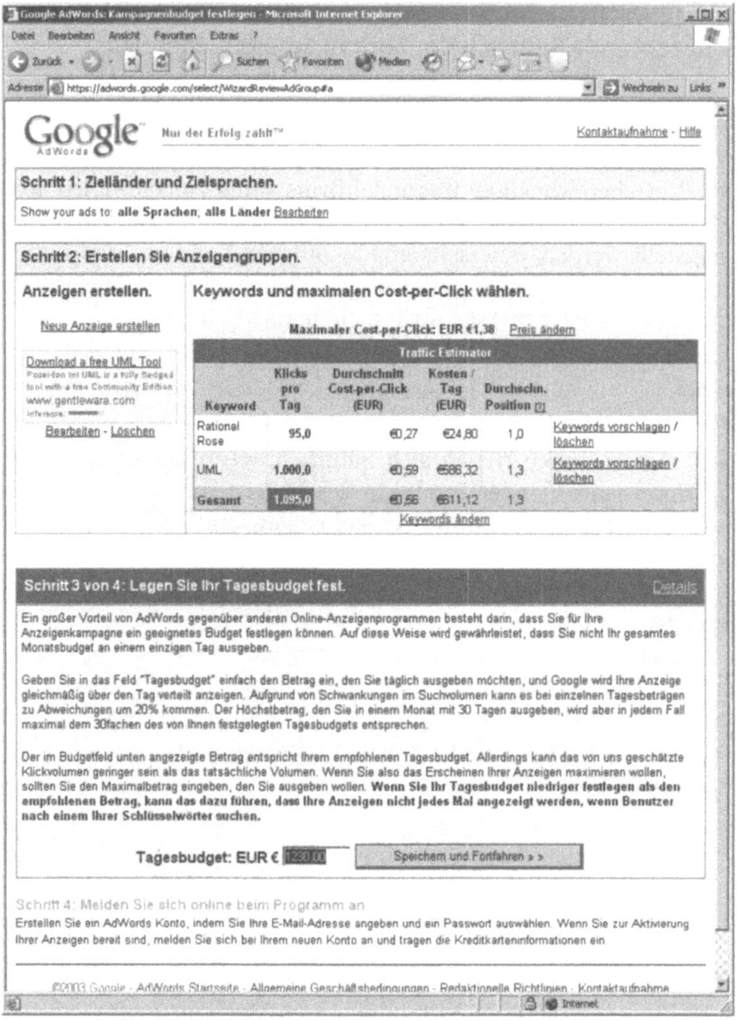

Abbildung 35: Festlegung des Tagesbudgets in Google

Nachdem so die wesentlichen Kenndaten festgelegt wurden, muss man sich nur noch anmelden und ein paar Minuten später ist der Sponsored Link live geschaltet.

5.3.5
Zu beachtende Regeln beim Aufbau des Pressebereichs

5.3.5.1
Einführung

Auch rechtliche Aspekte beachten

Der Pressebereich eines Internetauftritts unterliegt gewissen Regeln, die tunlichst zu beachten sind. Die wichtigsten sollen hier kurz dargestellt werden, einerseits aus rechtlichen Gründen und andererseits um zu vermeiden, dass wegen Kleinigkeiten ein ansonsten sehr gut gestalteter Presseauftritt nicht berücksichtigt wird.

5.3.5.2
Keine Artikelabdrucke ohne vorherige Genehmigung

Illegaler Upload von PDFs

Viele Unternehmen freuen sich natürlich, wenn ein Artikel über das Unternehmen oder Produkte des Unternehmens erscheinen. Voller Begeisterung wird der Artikel eingescannt und als PDF auf der Webseite für die Kunden zum Download bereitgestellt. Klingt gut – einziges Problem: Diese Vorgehensweise ist illegal, die Rechte liegen beim Verlag.

Die Verlage haben hier auch ein ureigenes Interesse, sie wollen nämlich auf diese Art und Weise zusätzlichen Umsatz generieren und Sonderdrucke verkaufen. Doch es gibt auch hier verschiedene Lösungsmöglichkeiten trotzdem ein derartiges Angebot im Web bereitzustellen:

Die beste und kostengünstigste Variante

- Die beste und kostengünstigste Variante: Man nimmt Kontakt mit dem Redakteur auf und fragt nach, ob man vom Verlag die Genehmigung dazu bekommt. Dies sollte schriftlich erfolgen, also entweder per E-Mail oder per Fax. Diese Vorgehensweise, sich an den Redakteur zu wenden, ist besonders dann sinnvoll, wenn man kaum oder keine Anzeigen in dem Magazin schaltet. Ist hingegen die Zeitschrift ohnehin im Mediaplan gut vertreten (werden also Anzeigen geschaltet) wendet man sich an den Mediavertreter.

Die zweite Alternative

- Die zweite Alternative ist mit Kosten verbunden; je nachdem wie gut das Unternehmen oder die Produkte des Unternehmens in dem Artikel abschneiden, wird man ohnehin die Überlegung anstellen, hier Sonderdrucke zu bestellen. In diesem Fall muss das PDF als kostenloser Service im Preis für die Sonderdrucke enthalten sein.
- Will man keine Sonderdrucke und ist die erste hier vorgeschlagene Alternative erfolglos, bleibt nichts anderes übrig als zu versuchen, das PDF käuflich zu erwerben.

- Will man auch das nicht, so gibt es noch eine gewisse Grauzone, indem man den Artikel zum Teil abtippt, also nicht einscannt!

5.3.5.3
Keine Benutzerlogins

Kontaktdaten über Registrierungsmechanismus

So sinnvoll es auf anderen Seiten des Webauftritts sein mag, den Inhalt einem Besucher nur dann zur Verfügung zu stellen, wenn er vorher über einen Registrierungsmechanismus seine Kontaktdaten zur Verfügung gestellt hat, auf der Presseseite sollte man eine solche Vorgehensweise tunlichst unterlassen. Das hat mehrere Gründe:

Mehrere Gründe

- Die Journalisten und Redakteure, die sich auf der Webseite einloggen würden, kennt man ohnehin zu 90% aus dem Presseverteiler – das Ganze macht also gar keinen Sinn.
- Geheime Informationen stehen hier auf keinen Fall, denn sonst würde man sie ja schließlich nicht der Presse zur Verfügung stellen.
- Journalisten und Redakteure besuchen etliche Webseiten dieser Art – würden sie sich erst jedes Mal über einen Benutzernamen und ein Kennwort einloggen müssen, bräuchten sie eine Datenbank zur Verwaltung dieser Angaben. Es liegt auf der Hand, dass Journalisten und Redakteure einer Webseite mit Registrierung fern bleiben würden.

5.3.5.4
Unterschiedliche Datenformate

Ursache: Unterschiedliche Layoutprogramme

Jede Redaktion bzw. jeder Layouter eines Verlages bevorzugt bestimmte Layoutprogramme und Datenformate. Es ist also durchaus sinnvoll, hier auf dem Webportal eine gewisse Anzahl unterschiedlicher Datenformate des Bildmaterials zur Verfügung zu stellen.

Dies betrifft nicht nur das Bildmaterial – auch Text muss in unterschiedlichen Varianten zur Verfügung gestellt werden, da einige Redaktionen sich auf Grund der Virengefahr weigern, WinWord-Dateien entgegenzunehmen bzw. zu öffnen. Die sicherste Variante ist sicherlich noch die Bereitstellung eines PDFs.

Generell sollten die folgenden Empfehlungen Berücksichtigung finden[100]:

Fotos

- Fotos wahlweise als schwarz/weiß und Farbe mit den folgenden Auflösungen bzw. Dateigrößen und Formaten:
  - TIFF: 300, 600 und 1.200 dpi zum Abdruck in Printmedien
  - jpg oder gif : ca. 10 kb für die Webseite

Sonstige Grafiken

- Sonstige Grafiken wahlweise als schwarz/weiß und Farbe mit den folgenden Auflösungen bzw. Dateigrößen und Formaten:
  - EPS: 300, 600 und 1.200 dpi zum Abdruck in Printmedien
  - Originaldatei (zwecks Weiterverarbeitung oder Exportierung in ein vom Layouter bevorzugtes Datenformat)

Logos

- Logos wahlweise als schwarz/weiß und Farbe mit den folgenden Auflösungen bzw. Dateigrößen und Formaten:
  - TIFF: 300, 600 und 1.200 dpi zum Abdruck in Printmedien
  - gif : ca. 10 kb für die Webseite

5.3.6 Sonstiges

Kann in Arbeit ausarten

Die bisherigen Ausführungen haben gezeigt, dass der Aufbau eines internen Presseportals sehr aufwändig sein kann. Je nach Anzahl der Sponsored Links kann man hier auch recht viel Geld ausgeben, man muss jedoch berücksichtigen, dass der Pressebereich nicht nur von Journalisten und Redakteuren besucht wird, sondern auch von Kunden und Interessenten. Beachtet man die hier dargestellten Regeln und geht bei der Auswahl der Sponsored Links und Meta-Tags geschickt vor, so steht dem Erfolg des Presseportals nichts mehr im Wege.

5.4 Internet versus Printmedien

5.4.1 Einführung

Zeitalter der Informationsflut

Im heutigen Zeitalter der Informationsflut erhält der Faktor Aktualität einen immer größeren Stellenwert. Schon seit vielen Jahren gibt es ein Sprichwort, das besagt: „Nichts ist so alt wie die Zeitung von gestern.“ Das Internet verschärft dieses Sprichwort eigentlich,

[100] Die einzelnen Akronyme sind im Anhang erläutert

denn nichts ist so alt wie die Zeitung von HEUTE, denn was da drin steht, stand GESTERN schon im Internet.

Nun ist obiges Sprichwort jedoch eigentlich für Tageszeitungen ausgelegt, die es in der IT-Branche ohnehin nicht gibt. Hier erscheinen die Printmedien im günstigsten Fall wöchentlich, die meisten monatlich und einige sogar nur alle zwei Monate. Also sollte man annehmen, dass das Internet künftig IT-Magazine und -Zeitschriften verdrängen wird.

Internet bewirkt keineswegs die Verdrängung von Printmedien

Wir werden in diesem Abschnitt die Vor- und Nachteile der Verwendung des Internets für die Pressearbeit denen der Nutzung von Printmedien gegenüberstellen. Dabei werden wir feststellen, dass das Internet keineswegs die Verdrängung von Printmedien bewirkt, vielmehr ist hier eine optimale Ergänzung zu sehen.

5.4.2
Vorteile des Internets

Erheblich aktueller

Es liegt auf der Hand, dass das Internet erheblich aktueller als jedes Printmedium ist. Allerdings muss man die entsprechenden Meldungen, die für einen interessant sind, auch erst mal im Internet finden. Hierzu verhelfen Suchmaschinen oder Presseportale von Newsprovidern. Im Folgenden wollen wir auf die Vorteile eingehen, die ein Unternehmen hat, wenn es das Internet für die Pressearbeit nutzt.

Geschwindigkeit

Zunächst ist hier die „Geschwindigkeit" zu erwähnen. Ein Artikel, der im Internet in welcher Form auch immer nachlesbar ist, kann einem Kunden oder Interessenten durch einfaches Versenden des zugehörigen Links in wenigen Sekunden verfügbar gemacht werden. Ein Artikel aus den Printmedien hingegen ist hier schon schwieriger zu verteilen.

Einsatz von Hyperlinks

Ein weiterer Vorteil liegt in der Möglichkeit mit Hyperlinks zu arbeiten. Dieser Vorteil ist von besonderer Bedeutung: In den Artikel können Links zur eigenen Homepage für weitere Informationen integriert werden, Produktanbieter können sogar einen Link zum kostenlosen Download einer Demoversion ihres in dem Artikel vorgestellten Produktes integrieren. Dies kann man zwar alles auch in einem Artikel, der in gedruckter Form erscheint, aber beim Internet findet kein Medienwechsel statt.

Das bedeutet, der Leser liest bereits den Artikel an seinem Arbeitsplatzrechner und muss nur noch auf den Link klicken. Bei einer Zeitschrift dagegen muss er diese erst weglegen, sich an seinen Rechner begeben, seinen Webbrowser aufrufen und den Link „händisch" dort eintippen. Ist gerade der Rechner nicht in der Nähe, sinkt die Wahrscheinlichkeit, dass der Leser dies später nachholt, signifikant. Durch einen Artikel im Internet ist also die Möglichkeit gegeben, den Leser schnell und mit großer Wahrscheinlichkeit auf die eigene Webseite zu locken.

Beliebiges Volumen steht bereit

Ein weiterer Vorteil in der Verwendung des Internets ist das Volumen, also der Umfang, den der Artikel haben kann. Während ein Printmedium hier meist sehr begrenzt ist, kann der Artikel im Internet beliebig lang sein. Somit können Internetartikel auch wesentlich besser ins Detail gehen.

Der größte Vorteil liegt in der Verteilung

Und letztendlich der größte Vorteil liegt in der Verteilung des Artikels – während sich diese bei einer Zeitschrift oder einem Magazin auf die Abonnenten und individuellen Käufer beschränkt, steht der Internetartikel jedem, der über einen Internetanschluss verfügt, zur Verfügung[101]. Er muss ihn nur finden ...

5.4.3 Vorteile von Printmedien

Zwar aktuell, aber nicht flexibel

So aktuell das Internet auch sein mag – es hat einen entscheidenden Nachteil: Man kann es nicht überallhin mitnehmen. Auch wenn diverse Hotspots an Flughäfen, Bahnhöfen und Hotels schon ein gehöriges Maß an Flexibilität schaffen, das Printmedium ist hier unschlagbar.

Ein weiterer Vorteil der Printmedien besteht im letzten Satz des vorherigen Abschnitts – „er muss ihn nur finden“! Das Internet hat nun mal kein Inhaltsverzeichnis, wie das bei einem Magazin oder einer Zeitschrift der Fall ist. Schon gar nicht ein Titelblatt, wo die fünf bis sechs wichtigsten Inhalte mit dicken Schlagzeilen aufgelistet werden. Mit IT-Magazinen und -Zeitschriften erreicht das Unternehmen zielgerecht genau die Leser, die sich für das Thema interessieren. Mit dem Internet werden zwar wesentlich mehr erreicht, jedoch ist die Abdeckung der eigentlichen Zielgruppe geringer, als dies bei einem spezialisierten IT-Magazin der Fall ist.

Murphy's Law gilt überall

Archivierung – ein weiterer Aspekt. IT-Magazine und -Zeitschriften werden oft archiviert, Internetartikel hingegen können plötzlich „verschwinden“. Auch wenn man sich unter Favoriten den Link, wo der Artikel steht, abspeichert, man weiß letztendlich nie, ob er zu einem bestimmten Zeitpunkt noch live geschaltet ist oder ob er vom Anbieter wieder vom Web heruntergenommen wurde. Meist ist er genau dann wieder weg, wenn man ihn noch mal lesen möchte, auch Murphy's Law genannt.

---

[101] Natürlich auch mit den damit verbundenen Streuverlusten

Ein weiterer Vorteil von Printmedien besteht nach wie vor darin, dass das Internet einen gewissen Aspekt der „Unpersönlichkeit" hat. Man kann hier nicht von Berührungsängsten sprechen (schließlich reden wir in diesem Buch von der IT-Branche, da wäre es wohl ziemlich peinlich, wenn diese Berührungsängste mit dem Internet hätte), vielmehr geht es darum, dass nach wie vor die gedruckte Form gegenüber dem Text am Bildschirm bevorzugt wird. So ist immer wieder festzustellen, dass E-Mails nicht online gelesen werden, sondern ausgedruckt werden und erst dann gelesen, gleiches gilt für Artikel im Internet. Man möchte halt immer noch gerne „etwas in der Hand halten".

Aspekt der „Unpersönlichkeit"

Auch das Auge (genauer gesagt das persönliche Wohlbefinden des Lesers bei der Betrachtung eines Artikels) spielt eine gewisse Rolle. So lassen sich Artikel in Printmedien wesentlich gefälliger gestalten, als dies bei Internetartikeln der Fall ist. Zumindest wenn letztere ausgedruckt werden, verlieren sie erheblich an Wirkung, was besonders das Bildmaterial betrifft. Dieses ist aus Performancegründen stark komprimiert und ausgedruckt nur noch schwer lesbar. Die visuellen und eventuelle Audioeffekte gehen beim Ausdruck nahezu vollständig verloren.

Printmedien springen mehr ins Auge

5.4.4 Fazit

Unsere eingangs getroffene Aussage, dass das Internet die IT-Magazine und -Zeitschriften nicht verdrängen wird (und kann), ist offensichtlich. Allerdings werden sich künftig beide Medien innerhalb der Pressearbeit etablieren (sofern nicht sowieso schon bei den meisten Unternehmen geschehen). Nutzt man die hier aufgezeigten Vorteile beider Medien, so hat man eine optimale Ausnutzung des Wirkungsgrades sowohl des Internets als auch der Printmedien.

Etablieren werden sich beide!

Aber auch die Verlage werden sich umstellen müssen, es stellt sich zu Recht die Frage, ob nicht die Interaktion zwischen Printmedium und Internetauftritt des Verlages erheblich verstärkt werden muss, um die offensichtlichen Synergien zu nutzen.

5.5 Zusammenfassung

In diesem Kapitel haben wir dargestellt, welche Bedeutung das Internet für die Pressearbeit hat. Ergebnis: Das Internet ist aus der Pressearbeit nicht mehr wegzudenken. Und das nicht nur wegen der Aktualität der Meldungen, sondern auch aus diversen weiteren

Das Internet ist aus der Pressearbeit nicht mehr wegzudenken!

Gründen. So hat sich das Internet für viele Unternehmen zum Vorabinformationsmedium entwickelt.

Presseportale stellen eine gute Möglichkeit für Unternehmen dar, ihre Informationen sowohl Journalisten und Redakteuren als auch Kunden und Interessenten zugänglich zu machen. Wir sind in diesem Kapitel auf die drei unterschiedlichen Portale, die derzeit im Internet verwendet werden, im Detail eingegangen. Ferner stellen Suchmaschinen (allen voran Google) ein hervorragendes Mittel dar, pressewirksam zu arbeiten.

Zusammenfassend bleibt festzuhalten, dass das Internet sich immer mehr zum Informationsmedium Nummer 1 entwickelt, es wird jedoch niemals die Printmedien verdrängen können, da es eben nicht überall erreichbar ist und viele Menschen immer noch gerne „etwas in der Hand haben".

6 Der Einsatz von Presseagenturen

6.1 Einführung

Erhöhte Präsenz durch den Einsatz einer Presseagentur

Fast alle Unternehmen der IT-Branche ab einer gewissen Größenordnung arbeiten derzeit mit Presseagenturen zusammen, weil sie sich dadurch eine erhöhte Präsenz in der Presse versprechen. Im nächsten Abschnitt werden wir auf die unterschiedlichen Gründe eingehen, die für den Einsatz einer Presseagentur sprechen. Es gibt auf der anderen Seite aber auch Unternehmen, die es bevorzugen, die Pressearbeit nicht aus der Hand zu geben und selbst vorzunehmen. Die unterschiedlichen Motivationen dafür werden im übernächsten Abschnitt behandelt.

Unterschiedliche Einsatzmöglichkeiten

Der Einsatz einer Presseagentur kann auf unterschiedliche Art und Weise wahrgenommen werden. Meist wird dies durch die beiden Faktoren „bereitgestelltes Budget“ und „Zielsetzung der Pressearbeit“ bestimmt. Aber auch die Flexibilität der Presseagentur selbst sowie die eigene Bereitschaft, in der Pressearbeit tätig zu werden, spielen hier eine entscheidende Rolle, wie wir im darauf folgenden Abschnitt darstellen werden.

Im Anschluss besprechen wir mögliche Verfahren, wie eine Presseagentur ausgewählt werden kann und welche Grundregeln hier zu beachten sind. Dabei kommen auch die häufigsten Fehler, die bei der Evaluierung der unterschiedlichen Agenturen passieren, zur Sprache.

Erste Schritte

Anschließend gehen wir detailliert auf die ersten Schritte ein, die bei der gemeinsamen Pressearbeit mit einer Agentur durchzuführen sind, da diese den Erfolg der künftigen Pressearbeit prägen. Hierbei werden sowohl initialisierende Maßnahmen als auch kontinuierliche Aufgaben besprochen. Auch das Thema „Moral[102] in

[102] Sofern vorhanden

der Pressearbeit" wird behandelt, speziell unter dem Gesichtspunkt der gezielt negativen Berichterstattung über Wettbewerber.

Zum Schluss behandeln wir zwei wesentliche Punkte innerhalb der Pressearbeit, die immer wieder vernachlässigt werden und daher in diesem Buch als separate Abschnitte dargestellt und diskutiert werden:

Zwei wesentliche Punkte

- Aufgaben und Zuständigkeiten sowohl von der Presseagentur als auch vom beauftragenden Unternehmen
- Die Kontaktpflege mit den Redakteuren und Journalisten

Häufiger Fehler in der Pressearbeit

Viel zu häufig wird hier der Fehler gemacht, dass Unternehmen eine Presseagentur beauftragen und damit glauben, sie seien ab sofort frei jeglicher Aufgaben und Zuständigkeiten, was die Pressearbeit betrifft. Wird nach diesem Ansatz verfahren, so ist die Pressearbeit von vornherein zum Scheitern verurteilt. Eine wirklich effektive Pressearbeit zeichnet sich dadurch aus, dass Presseagentur und beauftragendes Unternehmen Hand in Hand arbeiten und sozusagen von zwei Seiten die Presse angehen.

6.2 Gründe für die Nutzung einer Presseagentur

Wie bereits eingangs erwähnt, arbeiten die meisten Unternehmen in der IT-Branche mit einer Presseagentur zusammen. Es gibt unterschiedliche Gründe, die für den Einsatz einer Presseagentur sprechen:

Kerngeschäft einer Presseagentur

- Die Pressearbeit ist das Kerngeschäft einer Presseagentur, hingegen nicht das Kerngeschäft des beauftragenden Unternehmens. Daher ist davon auszugehen, dass eine Presseagentur produktiver und effektiver arbeitet, als das eine unternehmensinterne Abteilung machen würde.

Kosten

- Der Einsatz einer Presseagentur ist zwar mit nicht zu vernachlässigenden Kosten verbunden, besetzt man dieses Aufgabenfeld jedoch intern, so übersteigen die Personalkosten meist die Agenturkosten um ein Vielfaches.

Flexible Vertragsgestaltungsmöglichkeiten

- Der Vertrag mit einer Presseagentur kann derart flexibel gestaltet werden, dass das beauftragende Unternehmen jederzeit in der Lage ist, an der „Kostenschraube" zu drehen. Wir werden im übernächsten Abschnitt detailliert beschreiben, wie solche Verträge zu gestalten sind. Ein (oder mehrere) interne Mitarbeiter hingegen verursachen einen fixen Kostenblock, der sich in Krisenzeiten nur schwer reduzieren lässt.

- Einer Presseagentur kann man bei Erfolglosigkeit den Vertrag aufkündigen[103]. Hingegen ist ein Mitarbeiter, der erst mal die Probezeit überstanden hat, nur schwer wieder dem Arbeitsmarkt zuzuführen. Dies ist meist mit zusätzlichen Kosten verbunden, denen keinerlei Leistungserbringung gegenüber steht.

Kündigungsmöglichkeit

- Eine Presseagentur verfügt über die grundlegenden Basismaterialien wie Presseverteiler, Mediadaten, Kontakte zu Clippingagenturen usw. Ein Unternehmen, das die Pressearbeit selbstständig durchführen möchte, muss hier erst einmal Zeit und Geld in initialisierende Maßnahmen investieren. Dies wirkt sich natürlich auf die anfängliche Produktivität aus. Abbildung 36 vergleicht die beiden Produktivitätskurven der Pressearbeit mit und ohne Presseagentur.

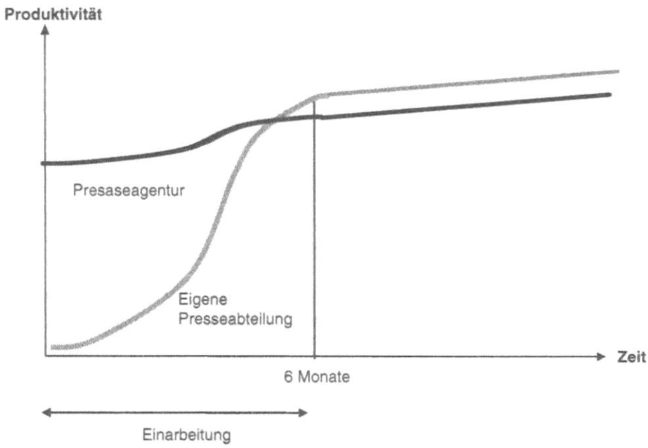

Abbildung 36: Vergleich der Produktivitätskurve in der Pressearbeit mit und ohne Agentur

- Durch den Wechsel einer Presseagentur kann auch relativ einfach die Strategie in der Pressearbeit den Marktgegebenheiten angepasst werden. Intern ist ein solcher Wechsel nur schwer möglich.
- Will man die Aktivitäten in der Pressearbeit verstärken, kann dies mit einer Presseagentur relativ einfach vorgenommen werden, intern hingegen müsste erst ein zusätzlicher Mitarbeiter eingestellt werden[104].

[103] Sofern dies im Vertragswerk so vorgesehen ist. Meist haben Verträge mit einer Presseagentur ein Laufzeit von mindestens einem Jahr, was auch durchaus seine Berechtigung hat. Man sollte also gewisse Ausstiegspunkte integrieren und diese mit Bedingungen verknüpfen.

[104] Hinzu kommt, dass die zusätzliche Einstellung eines neuen Mitarbeiters gleich einer erheblichen Verstärkung der Presseaktivitäten entsprechen würde, die vielleicht noch gar nicht so gewollt ist. Beim Einsatz einer Presseagentur dagegen kann dies schrittweise geschehen.

Weitere Gründe

Im weiteren Verlauf dieses Buches wird der Leser sicherlich noch mehr Gründe finden, die für den Einsatz einer Presseagentur sprechen; hier sollten nur die wichtigsten als Einführung in dieses Kapitel aufgelistet werden. Es gibt natürlich auch Gründe, die gegen den Einsatz einer Presseagentur sprechen, diese werden im nächsten Absatz dargestellt.

6.3 Gründe gegen die Nutzung einer Presseagentur

Hohes Investitionsvolumen

Der Einsatz einer Presseagentur ist nicht kostenlos, je nach Agentur hat man da schnell einen Betrag von 50.000 Euro[105] im Jahr zusammen. Daher überlegen sich insbesondere kleinere Unternehmen, ob sie diese Investition auf sich nehmen sollen oder lieber versuchen, zunächst die Pressearbeit intern von der Marketingabteilung wahrnehmen zu lassen.

Aber es sprechen auch noch – neben den monetären – andere Gründe dafür, die Pressearbeit intern vorzunehmen:

Umfangreiches Produktportfolio

- Manche Unternehmen haben ein so umfangreiches Produktportfolio (zum Beispiel IBM), dass eine Presseagentur schlichtweg überfordert wäre, dieses Portfolio abzudecken.
- Manche Unternehmen haben derart erklärungsbedürftige Produkte, dass eine Presseagentur bzw. der Kundenberater einer Presseagentur damit überfordert wäre, anspruchsvolle Artikel darüber zu schreiben.[106]

Dienstleistungsbranche funktioniert oft anders

- Besonders bei Unternehmen aus der Dienstleistungsbranche ist festzustellen, dass die Mitarbeiter selbstständig Artikel publizieren und auf diese Art und Weise ein breites Kontaktnetz zur Presse innerhalb des Unternehmens wächst. Hier ist es erforderlich, eine interne „Regulierungs- und Koordinierungsstelle" zu schaffen. Die Beauftragung einer Presseagentur ist dann oft nicht mehr notwendig.

---

[105] Hängt natürlich auch stark von der Flexibilität bzw. der Preisgestaltung der Agentur ab. Es ist durchaus auch möglich eine vernünftige Zusammenarbeit mit einer Presseagentur für ca. 2.000,00 Euro im Monat aufzubauen.

[106] Somit muss das Unternehmen die Artikel selber schreiben, hier könnte nun allenfalls eine Presseagentur damit beauftragt werden, diese Artikel entsprechend zu platzieren, also eine Beauftragung auf Projektbasis, auf die wir im weiteren Verlauf dieses Kapitels noch näher eingehen werden.

- Für manche Unternehmen ist die Pressearbeit von derart hoher Bedeutung, dass sie bewusst keine Presseagentur einsetzen, um nicht das Know-how außer Haus zu geben. Diese Unternehmen sind sich allerdings auch darüber im Klaren, dass die interne Lösung teurer ist als die externe Lösung mit einer Presseagentur.

Schlechte Erfahrungen mit Presseagenturen

Letztendlich sind für manche Unternehmen die im Vorfeld gewonnenen schlechten Erfahrungen mit Presseagenturen oft auch ein Grund, die Pressearbeit künftig selbst durchzuführen. Allenfalls für spezielle Projekte wird dann noch eine Presseagentur beauftragt. Im bisherigen Verlauf wurde davon ausgegangen, dass entweder eine Presseagentur beauftragt wird oder nicht, erst gegen Ende des Abschnitts haben wir das Thema „projektbezogene Beauftragung“ angesprochen. Im Folgenden wollen wir näher auf die mögliche Zusammenarbeit mit einer Presseagentur eingehen und betrachten die unterschiedlichen Nutzungsarten von Presseagenturen.

6.4 Unterschiedliche Nutzungsarten einer Presseagentur

6.4.1 Einführung

Flexibilität der Presseagentur erforderlich

Presseagenturen können auf unterschiedliche Art und Weise genutzt werden, in erster Linie hängt dies von der Flexibilität der Presseagentur selber ab. Wir werden in diesem Abschnitt zwei unterschiedliche Formen der Zusammenarbeit mit einer Presseagentur vorstellen:

- Die herkömmliche Art und Weise mittels eines so genannten Retainers
- Die projektbezogene Zusammenarbeit

Vor- und Nachteile beider Formen

Beide Formen haben ihre Vor- und Nachteile, auf die wir im Einzelnen noch eingehen werden. Es sei jedoch an dieser Stelle bereits erwähnt, dass eine projektbezogene Zusammenarbeit für das beauftragende Unternehmen insbesondere wegen der Transparenz der Kosten von Vorteil ist.

Im Anschluss werden wir noch einige Mischformen dieser beiden Arten der Zusammenarbeit zwischen Unternehmen und Presseagentur betrachten.

6.4.2
Herkömmliche Vorgehensweise mittels eines Retainers

6.4.2.1
Einführung

Blick in die Vergangenheit

In der Vergangenheit funktionierte die Zusammenarbeit mit einer Presseagentur meist wie folgt: Es wurde zwischen dem beauftragenden Unternehmen und der Presseagentur der Leistungsumfang festgelegt, der von der Presseagentur zu erfüllen war, diese hat dann intern eine Kalkulation vorgenommen und das Ergebnis war ein monatliches Agenturhonorar, das seitens des Unternehmens zu entrichten war – eben der so genannte Retainer. Die Laufzeit der Zusammenarbeit betrug mindestens ein Jahr, in der Regel wurden die Presseverträge für zwei Jahre abgeschlossen.

6.4.2.2
Typische Schwachstellen von Retainern

Schwachstellen dieser Vorgehensweise

Im ersten Moment klingt diese Vorgehensweise relativ vernünftig und verspricht eine gut kalkulierbare Größe innerhalb des Marketingbudgets zu werden. In Zeiten größerer Budgets war dies soweit auch von den meisten Unternehmen akzeptiert worden. Erst ein genauerer Blick auf dieses Prinzip offenbart die Schwachstellen dieser Vorgehensweise:

- Ein Jahr besteht aus 12 Monaten und in jedem dieser Monate liegen andere Bedingungen vor, die jeweils einen Einfluss auf die Pressearbeit haben. Einige davon sind im Vorfeld planbar, andere nicht. Diejenigen, die planbar sind, können bei der Definition des Leistungsumfangs berücksichtigt werden, die übrigen sind typische Kandidaten für Nachverhandlungen. Aufzuführen sind hier:

Kandidaten für Nachverhandlungen

  - Akquisitionen anderer Unternehmen und die damit verbundenen Verpflichtungen, die zugekauften Produkte oder Dienstleistungen mit zu vermarkten.
  - Neue Messen oder Kongresse, an denen das Unternehmen teilnehmen möchte.
  - Budgetkürzungen hinsichtlich der Mediaplanung
  - Erhaltene Großaufträge, die in der Presse angekündigt werden müssen
  - Unerwartete Personalwechsel
  - usw.

- Mit einem Retainer wird einer Agentur der Motivationsfaktor genommen – sie erhält immer das gleiche Honorar, unabhängig davon, ob sie erfolgreich ist oder nicht[107].

Motivationsfaktor verschwindet

- Durch den Retainer ist ein Unternehmen auf Gedeih und Verderb der Presseagentur ausgeliefert. Nur bei groben Verstößen lässt sich der Vertrag kündigen.
- Vollständig planbar ist ein solcher Retainer hinsichtlich der monatlich anfallenden Kosten nicht. Meist kommen noch zusätzliche Kosten hinzu wie:
  - Reisekosten für Mitarbeiter der Agentur und für Journalisten und Redakteure (zum Beispiel für die Teilnahme an einer Pressekonferenz)
  - Portokosten (für die Versendung der Pressemitteilungen, sofern diese nicht ausdrücklich im Retainer vereinbart sind)
  - Materialkosten, zum Beispiel für die Erstellung und Vervielfältigung von Fotos (zum Beispiel für Personalmeldungen, die als Pressemeldung mit einem entsprechenden Foto versendet werden)
  - Veranstaltungskosten (zum Beispiel Bewirtungskosten für Journalisten und Redakteure bei Pressekonferenzen oder die Buchung eines Presseraums auf einer Messe)
- usw.

Zusätzliche Kosten

Es ist also erkennbar, dass im Laufe der Zusammenarbeit das Thema „Anpassung des Retainers" auf irgendeine Art und Weise zur Sprache kommen wird. Denn eins haben derartige Retainer immer gemeinsam: Eine der beiden Seiten zieht den Kürzeren, entweder das beauftragende Unternehmen zahlt mehr, als es an Gegenleistung erhält oder die Presseagentur leistet mehr, als sie bezahlt bekommmt.

Anpassung des Retainers

6.4.2.3 Vorteile von Retainern

Natürlich haben solche Retainer nicht nur Nachteile, sondern auch gewisse Vorteile. Aufzuführen wären hier:

- Wie bereits erwähnt lässt sich ein Retainer gut ins Gesamtbudget einplanen, trotz der zusätzlich anfallenden Kostenfaktoren.

[107] Manche Unternehmen gehen daher dazu über, innerhalb des Retainers leistungsbezogene Komponenten zu integrieren; mehr dazu im weiteren Verlauf dieses Kapitels.

Kundenbetreuer

- Ab einer gewissen Budgetgröße (Retainergröße) wird dem beauftragenden Unternehmen seitens der Presseagentur ein Kundenbetreuer zugeordnet, der ausschließlich für dieses Unternehmen aktiv ist.
- Verträge mit Retainern sind bis zu einem gewissen Grad resistent gegen Budgetkürzungen. Was zuvor noch als Nachteil aufgeführt wurde (nämlich die Problematik, wieder einen Pressevertrag mit Retainer aufzulösen), stellt sich bei Budgetkürzungen aus Sicht des Marketings als Vorteil für die Pressearbeit heraus. Üblicherweise werden bei anstehenden Budgetkürzungen erst solche Aktivitäten eingestellt, die sich ohne Probleme aufkündigen lassen. Da dies bei einem Pressevertrag nicht so einfach möglich ist, werden diese zumindest in der ersten Runde der Budgetkürzungen noch „in Ruhe" gelassen.

Wettbewerbsklausel

- Der Retainer ist die einzige Möglichkeit, wie ein Unternehmen eine Presseagentur fest an sich binden kann, indem eine Wettbewerbsklausel in den Vertrag mit aufgenommen wird. Bei anderen Formen der Zusammenarbeit (projektbezogen oder erfolgsbezogen) ist dies wegen des nicht garantierbaren Mindestumsatzes für die Presseagentur ausgeschlossen[108].

Es bleibt jedoch festzuhalten, dass die Nachteile von Retainern die Vorteile überwiegen, worauf wir im weiteren Verlauf dieses Kapitels noch öfters zu sprechen kommen.

6.4.2.4
Kriterien zur Festlegung eines Retainers

Ein wichtiges Kriterium für das Funktionieren einer Zusammenarbeit auf Basis eines Retainers ist die im Vorfeld durchgeführte Definition des Leistungsumfangs. Im Folgenden soll eine kurze Auflistung gegeben werden, welche Aspekte dabei zu berücksichtigen sind:

Totzeiten berücksichtigen

- Es müssen die üblichen Totzeiten berücksichtigt werden. Da die meisten IT-Redaktionen ihren Sitz in München haben, ist der Monat August entweder als Planungsmonat einzuordnen oder als Urlaubsmonat für die Mitarbeiter der Presseagentur. Auch die zweite Dezemberhälfte sowie Anfang Januar ist nahezu beschäftigungslose Zeit, was den direkten Kontakt mit der Presse betrifft. Hier liegt jedoch der Schwerpunkt der Arbeiten auf der Analyse der jeweiligen Mediadaten, die zuvor erschienen sind.

---

[108] Wobei sich generell über Sinn und Unsinn von Wettbewerbsklauseln streiten lässt.

- Es sind typische Hochzeiten einzuplanen. Ein wichtiger Zeitpunkt der Pressearbeit ist nach wie vor der März wegen der CeBIT. Auch wenn die CeBIT derzeit über sinkende Aussteller- und Besucherzahlen klagt, die CeBIT-Ausgaben der meisten Zeitschriften sind nach wie vor die umfangreichsten und wichtigsten. Somit sind der Februar und der März die beiden Monate im Jahr, wo hinsichtlich der Pressearbeit am meisten Aufwände anfallen.

Hochzeiten einplanen

- Jedes Unternehmen besucht bestimmte Kongresse im Jahr, deren Termine meist lange vorher schon feststehen. Hier werden für die Presseagentur ebenfalls einige Arbeiten anfallen, so dass diese mit einzuplanen sind.

Viele Kongresse im Jahr

- Produkthäuser wissen schon sehr früh, wann das nächste Release fertig gestellt sein wird und offiziell gelauncht wird (üblicherweise zweimal im Jahr). Sie wissen ebenfalls, ob das nächste Release so wichtig sein wird, dass eine Redaktionstour oder Pressekonferenz vorgenommen werden soll und wann das sein wird. Die entsprechenden Aufwendungen müssen von der Presseagentur eingeplant werden.
- Meist liegen Erfahrungswerte hinsichtlich der Anzahl der jährlich versendeten Pressemeldungen vor. Diese sind eine wesentliche Grundlage für die Kalkulation des Retainers.

Erfahrungswerte hinsichtlich der Anzahl der jährlich versendeten Pressemeldungen

- Die künftigen Inhalte des Presseportals, das von der Agentur zu pflegen ist, stehen ebenfalls im Vorfeld weitgehend fest und der Aufwand zum Einpflegen und Warten dieser Inhalte kann ebenfalls im Voraus kalkuliert werden.
- usw.

6.4.3 Erfolgs- und projektbezogene Zusammenarbeit

6.4.3.1 Einführung

Immer mehr Unternehmen haben in den letzten zwei Jahren die Nachteile einer Zusammenarbeit mit einer Presseagentur auf Basis eines Retainers erkannt. Nachdem sich letztendlich der Retainer in Krisenzeiten, wenn eine flexible Budgethandhabung immer notwendiger wird, als schwierig zu handhaben erwiesen hat, wurden andere Formen der Zusammenarbeit notwendig. Daher bieten immer mehr Presseagenturen eine Zusammenarbeit auf Projektbasis an, die wesentlich mehr Flexibilität verspricht.

In Krisenzeiten sind Retainer besonders schwer handhabbar

6.4.3.2
Merkmale einer projektbezogenen Zusammenarbeit

Die projektbezogene Zusammenarbeit unterscheidet sich von der im Abschnitt zuvor beschriebenen Art der Zusammenarbeit wie folgt:

Nur noch geringe Pauschale

- Es existiert kein Retainer mehr, also keine pauschale monatliche Vergütung. Allenfalls eine geringe Pauschale für die Pflege des Presseportals sowie grundlegende adminstrative Tätigkeiten fällt an. Dieser Betrag liegt meist im dreistelligen Bereich.
- Es wird in Form eines Rahmenvertrages eine „Preisliste" für die Dienstleistungen der Presseagentur entworfen und von beiden Seiten abgezeichnet. Inhalte dieser Preisliste sind:

Inhalte der Preisliste

  - Die Kosten für das Erstellen und Versenden von Pressemitteilungen einschließlich Porto bzw. die Kosten für die Versendung einer bereits fertig gestellten Pressemeldung
  - Die Kosten für die Durchführung von Redaktionsbesuchen und Pressekonferenzen
  - Die Kosten für das Platzieren eines bereits fertigen Artikels
  - Die Kosten für das Schreiben und Platzieren eines Artikels
  - Die Kosten für die Betreuung einer Case Study oder Success Story
  - Die Kosten für den Clippingservice
  - Der Abrechnungsmodus für Online-Clippings
  - Die Reisekosten

Mindestumfang muss definiert werden

- Es wird ein Mindestumfang an in Anspruch zu nehmenden Leistungen seitens des beauftragenden Unternehmens festgelegt.
- Es wird ein einmaliges Initialisierungsprojekt gestartet. Mehr dazu ist dem nächsten Abschnitt zu entnehmen.

6.4.3.3
Das Initialisierungsprojekt

Aufwendungen sind oft unbekannt

Viele Unternehmen sind sich gar nicht bewusst, welche Möglichkeiten sie innerhalb der Pressearbeit haben – demzufolge sind sie sich ebenfalls auch nicht bewusst, welche Aufwendungen in der Pressearbeit stecken. Hier empfiehlt es sich, die Zusammenarbeit mit einer Presseagentur über ein Initialisierungsprojekt zu beginnen.

Erstellung eines Pressekonzeptes

Gegenstand des Initialisierungsprojektes ist die Erstellung eines Pressekonzeptes. Dieses umfasst die künftige Form der Zusammenarbeit zwischen der Presseagentur und dem Unternehmen. Das Initialisierungsprojekt ist vom Unternehmen abzunehmen und die Basis für die künftige Zusammenarbeit. Die folgenden Aspekte sind Inhalt des Initialisierungsprojektes:

- Auswahl der Zielmagazine der künftigen Pressearbeit (welche Magazine werden vom Zielpublikum der Kunden des Unternehmens gelesen?)

Auswahl der Zielmagazine

- Auswahl der zuständigen Journalisten und Redakteure, die bei den jeweiligen Zielmagazinen für die relevanten Themengebiete verantwortlich sind. Darin enthalten ist auch eine Charakterisierung der Journalisten und Redakteure, zum Beispiel in welcher Form sie betreut werden wollen (Mail oder Post usw.).

Auswahl der Ansprechpartner

- Analyse der Mediadaten der festgelegten Magazine zur Identifizierung von künftigen potentiellen Möglichkeiten zur Platzierung redaktioneller Beiträge.

Analyse der Mediadaten

- Festlegung der eigentlichen Ziele der Versendung von Pressemitteilungen und Definition des Aufbaus von Pressemitteilungen[109], insbesondere Header, Boilerplate[110], etc., Definition eines allgemeingültigen Templates sowie Festlegung der durchschnittlichen Frequenz der Versendung von Pressemitteilungen.

Festlegung der Ziele

- Festlegung eines (oder auch mehrerer) Ansprechpartners bei dem Unternehmen, der für Rückfragen sowohl von Journalisten und Redakteuren als auch von der Presseagentur zuständig ist.

Festlegung des Ansprechpartners im Unternehmen

- Festlegung der Inhalte des Presseportals, dabei werden sowohl die Inhalte des Portals der Agentur als auch des Unternehmens diskutiert.

Festlegung der Inhalte des Presseportals

- Aufbau eines Publikationskalenders mit den üblichen Terminen (Redaktionsschluss, Erstverkaufstag, Druckunterlagenschluss, etc.).

Die Erstellung dieses Pressekonzeptes muss von dem Unternehmen und der Presseagentur in Zusammenarbeit durchgeführt werden. Die künftige Pressearbeit wird dann auf Basis dieses Pressekonzeptes sowie der festgelegten Preisliste für die einzelnen Aktivitäten abgewickelt.

Ausstiegsklausel berücksichtigen

Die Erstellung dieses Pressekonzeptes zu Beginn einer Zusammenarbeit hat noch einen weiteren Vorteil. Erkennt das Unternehmen, dass die Pressearbeit nicht so zu laufen scheint, wie es sich das vorgestellt hat, so besteht hier immer noch eine Ausstiegsklausel. Diese sollte auf alle Fälle in dem Vertrag mit der Agentur verankert sein. Natürlich muss das Pressekonzept trotzdem be-

---

[109] Sofern dies noch nicht existiert oder geändert werden muss – es ist durchaus möglich, dass die bisherige Form der versendeten Pressemitteilungen so „schlecht" ist, dass sie geändert werden MUSS.

[110] Ein Boilerplate beschreibt am Ende einer Pressemeldung das Unternehmen als kurzes Firmenprofil.

zahlt werden, schließlich kann das Unternehmens dieses ja (wenn auch in geänderter Form) weiterverwenden. Dabei fällt auch ein deutlich höherer Projektpreis an, als wenn man die Zusammenarbeit mit der Agentur fortführt[111].

Konzepterstellung auch ohne weitere Zusammenarbeit möglich

Generell besteht auch die Möglichkeit, sich von einer Presseagentur ein solches Konzept erstellen zu lassen, wenn man nicht gewillt ist, die Pressearbeit extern an eine Agentur zu vergeben. In diesem Fall erarbeitet die Agentur zusammen mit dem Unternehmen eine Vorgehensweise, wie dieses selber die Pressearbeit vornehmen kann. Da die Presseagentur hier ihr gesamtes Know-how (und vor allem auch alle Kontakte) an das Unternehmen ausliefert, sind solche Konzepte ohne anschließende Fortführung der Zusammenarbeit nicht ganz billig. Weitere Informationen dazu sind der Webseite: www.guerilla-pr.de/pressekonzept.html zu entnehmen. Dort ist ebenfalls dargestellt, inwieweit eine Presseagentur genutzt werden kann, um eine Analyse der bisherigen Pressearbeit durchzuführen.

6.4.3.4 Vorteile einer projektbezogenen Zusammenarbeit

Die Vorteile einer solchen projektbezogenen Zusammenarbeit liegen auf der Hand:

Die Kosten im Griff

- Das Unternehmen kann die anfallenden Kosten für die Pressearbeit selber steuern, im Notfall auf wenige hundert Euro im Monat reduzieren.
- Die Kostenstruktur ist wesentlich transparenter als dies bei einem Retainer der Fall ist.
- Mit jedem neuen Projekt ist die Presseagentur motiviert (siehe Ausführungen weiter unten).
- Das Unternehmen ist in der Lage, bei anfallenden Budgetkürzungen die Pressearbeit trotzdem weiterzuführen, wenn auch auf einem geringeren Niveau. Bei dem Retainer gibt es meist nur ein „Ganz oder gar nicht".

Motivationsfaktor ist entscheidend

Ein ganz wichtiger weiterer Vorteil der projektbezogenen Zusammenarbeit im Vergleich zu der Vorgehensweise mittels Retainer ist der Motivationsfaktor. Drücken wir es mal so aus: Wenn eine Presseagentur, die einen Vertrag auf Retainerbasis mit einem Unternehmen hat, von diesem erfährt, dass in drei Monaten eine Redaktionstour geplant ist, bedeutet das zunächst einmal für die Presseagentur, dass Arbeit auf sie zukommt, ferner bedeutet es

[111] In der Regel 100% Aufschlag

aber noch - und das ist viel wichtiger - dass der Gewinn geschmälert wird! Denn würde das Unternehmen die Redaktionstour nicht durchführen, würde das Agenturhonorar nach wie vor das gleiche sein, die Aufwendungen (und somit Kosten) für die Redaktionstour würden nicht anfallen! Hingegen bedeutet bei einer Presseagentur, die auf Projektbasis mit einem Unternehmen zusammenarbeitet, die Durchführung einer Redaktionstour zusätzlichen Gewinn (oder zumindest Umsatz). Es liegt auf der Hand, welche der beiden Presseagenturen die Redaktionstour mit höherer Motivation - und damit auch erfolgreicher -abwickeln wird.

6.4.3.5
Nachteile einer projektbezogenen Zusammenarbeit

Natürlich hat die projektbezogene Zusammenarbeit auch Nachteile, ansonsten würde es die andere Form der Zusammenarbeit über Retainer nicht mehr geben:

- Manche Unternehmen bevorzugen eine feste Größe innerhalb ihrer Budgetplanung, hier ist dann die projektbezogene Pressearbeit ungeeignet. *Feste Größe bevorzugt*
- Wenn eine Presseagentur sehr erfolgreich ist, können zum Beispiel die Kosten für die Anzahl der veröffentlichten Artikel in die Höhe schnellen[112].
- In der Regel lässt sich eine Presseagentur, die eine projektbezogene Zusammenarbeit vornimmt, nicht auf eine Wettbewerbsklausel ein. Dazu ist der garantierte Mindestumsatz zu gering, um einen ganzen Bereich als potentielle Kunden auszuschließen.

6.4.4
Andere Formen der Zusammenarbeit mit einer Presseagentur

Mischformen als Kompromiss

Neben den beiden hier dargestellten Formen der Zusammenarbeit zwischen einem Unternehmen und einer Presseagentur gibt es noch verschiedene Mischformen. Diese Mischformen stellen im Prinzip einen Kompromiss für diejenigen Presseagenturen dar,

[112] Es stellt sich natürlich die Frage, ob dies wirklich ein Nachteil ist - allenfalls für das Budget, aber bestimmt nicht für das Unternehmen. Man kann dieser Situation aber auch vorbeugen, indem man hier eine Deckelung vornimmt. Wir raten jedoch dringend davon ab, da dadurch eigentlich die Motivation der Presseagentur in Mitleidenschaft gezogen wird.

denen die alleinige Abwicklung auf Projektbezug zu risikoreich ist, und denjenigen Unternehmen, die sich auf einen Retainer nicht einlassen wollen. Typisches Kennzeichen solcher Mischformen ist ein etwas höheres Agenturhonorar (jedoch immer noch deutlich niedriger als ein Retainer) und eine maximale monatliche Obergrenze, was einer Deckelung entspricht.

Zusammenarbeit auf Erfolgsbasis

Es gibt aber noch eine weitere Form der Zusammenarbeit: Die Zusammenarbeit auf Erfolgsbasis. Diese ist jedoch für die Presseagentur sehr kritisch, da sie unter Umständen keinerlei Gewinn erzielt. Das Prinzip liegt dabei wie folgt:

- Wie auch bei der projektbezogenen Zusammenarbeit wird zunächst ein Pressekonzept erstellt. Dieses wird ebenfalls vom beauftragenden Unternehmen bezahlt.

Jedes Clipping zählt

- Für Pressemeldungen bezahlt das beauftragende Unternehmen lediglich die Portogebühren und eine Pauschale für Papier, Toner, Briefumschläge etc. Die eigentliche Entlohnung der Presseagentur erfolgt dann anhand der jeweiligen Clippings[113].
- Für Artikel wird erst nach Abdruck in einem Magazin ein Projektpreis bezahlt.
- Die Pflege des Presseportals wird nach Aufwand abgerechnet.
- Case Studies und Success Stories werden erst nach Abdruck abgerechnet.
- Besprechungen und Beratungstage werden anhand einer Tagespauschale abgerechnet.

Risiko liegt bei der Presseagentur

Es liegt auf der Hand, dass bei einer solchen Vorgehensweise das Risiko einzig und alleine bei der Presseagentur liegt. Daher ist die Preisgestaltung für abgedruckte Pressemitteilungen und Artikel bzw. Case Studies oder Success Stories entsprechend hoch angesiedelt. Ansonsten wäre das Risiko auch nicht gerechtfertigt. Hier ist eine Deckelung nicht vorgesehen, das bedeutet, dass eine erfolgreiche Presseagentur hier durchaus sehr viel Geld verdienen kann. In diesem Fall liegt natürlich auch ein gewisses Risiko beim beauftragenden Unternehmen.

Keine Wettbewerbsklausel

Auch bei dieser Form der Zusammenarbeit ist eine Wettbewerbsklausel nicht vorgesehen, da kein garantierter Mindestumsatz für die Presseagentur abzusehen ist.

[113] Dabei ist es jedoch Bedingung, dass das Unternehmen auf eigene Kosten eine Clippingagentur beauftragt. Die gefundenen Clippings werden dann sowohl an das Unternehmen als auch an die Presseagentur gesendet.

6.4.5 Fazit

In diesem Abschnitt haben wir unterschiedliche Formen der Zusammenarbeit zwischen einem Unternehmen und einer Presseagentur besprochen:

- Die herkömmliche Form mittels Retainer
- Die projektbezogene Form
- Mischformen zwischen diesen beiden Varianten
- Die erfolgsbezogene Zusammenarbeit

Individuelle Verträge

Letztendlich wird jeder Vertrag, der zwischen einer Presseagentur und einem Unternehmen geschlossen wird, individuell verhandelt und er wird Elemente aus den unterschiedlichen Formen enthalten. Dieser Abschnitt sollte sowohl für Presseagenturen eine Anregung sein, ihr Angebotsportfolio zu überdenken, als auch für Unternehmen als Hilfestellung zur Orientierung dienen, welche Möglichkeiten sie derzeit haben.

6.5 Die Auswahl einer Agentur

6.5.1 Einführung

Auf dem Markt existieren eine Vielzahl von Presseagenturen, von denen sich auch einige auf die IT-Branche spezialisiert haben. Hier die richtige Agentur ausfindig zu machen, die eine optimale Unterstützung für das Unternehmen darstellt, ist eine echte Herausforderung, vor allem wenn man sich zum ersten Mal mit dieser Thematik beschäftigt.

Mit diesem Abschnitt wollen wir dem Leser einige Anregungen und Tipps geben, worauf bei der Auswahl einer entsprechenden Agentur geachtet werden muss. Im Einzelnen werden die folgenden Punkte besprochen:

Wichtige Punkte

- Vertragsaspekte – welche Inhalte sollte der Vertrag mit einer Presseagentur haben und wo sind häufig Grauzonen?
- Betrachtung des bisherigen Kundenportfolios einer Presseagentur.
- Betrachtung des Kundenberaters, der für das Unternehmen zuständig sein wird.

- Wettbewerbsaspekte allgemein – hat die Presseagentur schon für einen Wettbewerber gearbeitet oder tut sie es aktuell?
- Sonstige Kriterien, die bei der Auswahl einer Presseagentur zu beachten sind.

6.5.2 Vertragsaspekte

Langfristige Zusammenarbeit

Die Zusammenarbeit mit einer Presseagentur ist immer langfristig zu sehen. Dies ist alleine schon durch die lange Zeit begründet, die es in Anspruch nimmt, einen Artikel zu platzieren[114]. Generell gilt hier die folgende Regel:

Der Erfolg einer Presseagentur ist frühestens nach einem halben Jahr offensichtlich, daher sollten die Verträge mit Presseagenturen eine Laufzeit von mindestens einem Jahr haben.

Berücksichtigt man diese Regel *nicht*, können die folgenden Situationen eintreten:

Mögliche Situationen

- Eine der wichtigsten Voraussetzungen für die erfolgreiche Pressearbeit bzw. deren Aufbau ist Geduld. Wird eine Agentur durch einen Vertrag mit sehr kurzer Laufzeit unter Druck gesetzt, sind Schnellschüsse, die letztendlich kontraproduktiv sind, vorprogrammiert.
- Das beauftragende Unternehmen läuft in einen Teufelskreis – wie will es die Presseagentur messen, wenn nach einem Zeitraum von 3 Monaten noch keine verwertbaren Ergebnisse vorliegen? Feuern und in das gleiche Problem bei der nächsten Agentur hineinlaufen? Hier gibt es sinnvollere Methoden, auf die weiter unten eingegangen wird.
- Bei einer zu knappen Laufzeit weiß die Agentur von vornherein, dass sie den Kunden nach Ablauf verlieren wird. Also wird sie sich nur in einem Mindestmaß um den Kunden kümmern, um ihn nicht vorzeitig zu verlieren. Wirklicher Verlierer bei dieser Vorgehensweise ist eindeutig der Kunde und nicht die Agentur.

Auf der anderen Seite gibt es eine weitere goldene Regel im Marketing, die nicht nur Presseagenturen, sondern Agenturen allgemein betrifft:

---

[114] Siehe auch die Ausführungen in Kapitel 2.

- Die durchschnittliche Halbwertzeit, in der eine Agentur einem Unternehmen einen maximalen Nutzen bringt, beträgt mindestens 3, aber maximal 5 Jahre.

Halbwertzeiten von Agenturen

Die Begründung für diese Regel liegt in der Kreativität - irgendwann ist die einfach nicht mehr vorhanden - unabhängig davon, wie erfolgreich die Agentur bisher war. Der Wechsel des Kundenberaters kann die 5 Jahre vielleicht noch um ein oder zwei Jahre verlängern, aber spätestens dann ist definitiv der Punkt erreicht, wo sich das Unternehmen von der Agentur trennen sollte - alleine um frischen Wind in die Pressearbeit zu bringen.

Abbildung 37 visualisiert die Kreativitätskurve von Agenturen (sowohl Presseagenturen als auch anderen Agenturen) im Marketing:

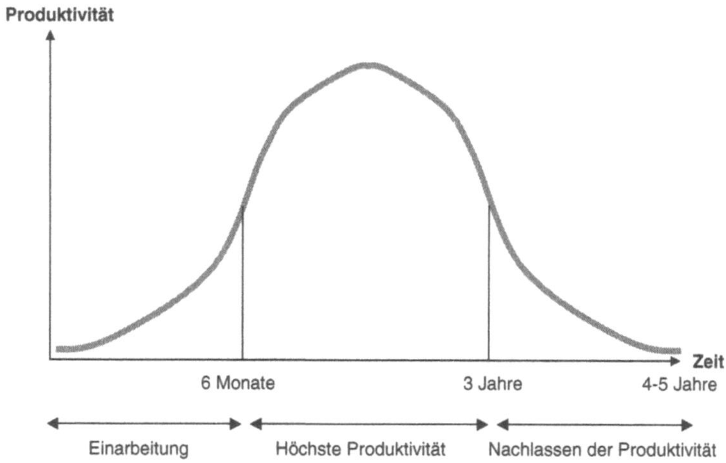

Abbildung 37: Die Kreativitätskurve von Agenturen im Marketing

Die Frage, die sich jetzt stellt, lautet: Über welchen Zeitraum sollte ein Vertrag mit einer Presseagentur geschlossen werden, so dass beide Seiten einerseits zufrieden und andererseits in der Lage sind, eine vernünftige Arbeit abzuliefern? Die Presseagentur wird darauf hinarbeiten, einen zweijährigen Vertrag zu bekommen, das Unternehmen auf einen einjährigen Vertrag. Das beste zu erzielende Ergebnis sieht wie folgt aus:

Man einigt sich in der Mitte und legt für beide Seiten Ausstiegspunkte fest, die allerdings sehr genau definiert sein müssen, um eventuellen Rechtsstreitigkeiten von Anfang an aus dem Weg zu gehen.

Ausstiegspunkte festlegen

Welche Ausstiegspunkte sind sinnvoll? Wo spielt die Agentur mit oder wo fühlt sie sich übervorteilt? Was bringt dem Unternehmen am meisten? Alles Fragen, auf die die folgenden Punkte Antwort geben:

- Man sollte sich gegenseitig darüber einig sein, dass der Erfolg der Pressearbeit anhand der schon erwähnten Clippingliste gemessen wird. Damit hat man zumindest eine Grundlage geschaffen. Die Nachweispflicht der Clippings liegt bei der Agentur, nicht beim Unternehmen.

Vergleich zwischen beauftragten und erfolgreich abgeschlossenen Projekten

- Wurde eine Zusammenarbeit auf Projektbasis beschlossen, lässt sich der Erfolg der Presseagentur relativ einfach messen. Man vergleicht die beauftragten Projekte mit den erfolgreich abgeschlossenen Projekten. Hier ist allerdings zu bemerken, dass wenn zum Beispiel ein Unternehmen die Platzierung eines Artikels beauftragt hat und die Agentur diesen in dem gewünschten Magazin nicht zum Abdruck bekam, ja auch kein Geldfluss stattgefunden hat. Zudem kann der Artikel noch einem anderen Magazin angeboten werden. Hat hingegen eine Presseagentur eine Pressemeldung nicht versendet, liegt ein grober Verstoß vor. Es ist also zu differenzieren, welche Projekte aus welchen Gründen nicht abgearbeitet wurden. Hat man dies bereits im Vorfeld getan, tut man sich innerhalb der Vertragslaufzeit erheblich leichter. Auf Basis dieser Differenzierung können im gegenseitigen Einverständnis die Ausstiegspunkte festgelegt werden, wobei kein Ausstiegspunkt innerhalb der ersten sechs Monate liegen sollte.
- Hat ein Unternehmen sich für eine Zusammenarbeit auf Honorarbasis entschieden, kann ähnlich vorgegangen werden. Allerdings muss auch immer betrachtet werden, welche Projekte noch am Laufen sind, bzw. welche Projekte sich aus welchen Gründen auch immer verschoben haben. Hier sind die Ausstiegspunkte nicht so eindeutig formulierbar wie im Fall einer Zusammenarbeit auf Projektbasis.

Chance zur Nachbesserung

- Im Idealfall werden Ausstiegspunkte mit einer Chance zur Nachbesserung versehen. Dies könnte sich so gestalten: Wenn in den nächsten 2 Monaten kein Artikel mit konkretem Bezug zum Unternehmen in den folgenden Magazinen (entsprechende Auflistung) erscheint, wird die Zusammenarbeit aufgelöst, ohne dass weitere Kosten anfallen. Dann hat die Presseagentur wenigstens noch die Chance ihre Qualität unter Beweis zu stellen.

Bei der Auswahl der Presseagentur ist also darauf zu achten, inwieweit die Agentur bereit ist, solche Ausstiegspunkte in den Vertrag mit aufzunehmen. Diese Ausstiegspunkte sind nicht nur für das Unternehmen hilfreich, auch die Agentur profitiert letztendlich davon, schließlich bringt es nichts, ständig mit einem nörgelnden und unzufriedenen Kunden zusammenzuarbeiten.

6.5.3
Das Kundenportfolio der Presseagentur

Blick auf das Presseportal der Agentur hilft weiter

Die Auswahl einer Presseagentur sollte sich auch immer daran orientieren, wie das derzeitige Kundenportfolio der Agentur sich gestaltet. Hier hilft ein erster Blick auf das Presseportal der Agentur weiter: Sind hier nur Kunden aufgeführt, deren Geschäftsfeld in einem anderen Bereich liegt - zum Beispiel wenn ein Produkthaus feststellt, dass die Agentur nur Dienstleistungskunden aufführt oder umgekehrt - so ist Vorsicht geboten.

Auch die Größe der jeweiligen Kunden ist von Bedeutung, da hier ein ausgeglichenes Verhältnis von vergleichbaren Unternehmen existieren muss.

Referenzlisten

Viele Agenturen verfügen auch über Referenzlisten; hier sollte sich jedes Unternehmen, das eine Presseagentur beauftragen möchte, nicht davor scheuen, mit diesen Referenzen Kontakt aufzunehmen und sowohl nach Stärken als auch nach Schwächen der Presseagentur nachzufragen. Noch aussagekräftiger sind jedoch Rückfragen bei Kunden der Presseagentur, die nicht auf der Referenzliste stehen.

6.5.4
Dreh- und Angelpunkt: Der Kundenberater

Bereits zu Anfang des Kapitels wurde schon auf den/die Kundenberater der Presseagentur eingegangen, die dem Unternehmen zugeteilt werden. Generell gilt: Das Unternehmen muss diesen/diese nicht akzeptieren! Es sollte bereits vor der Vertragsunterzeichnung der Kundenberater vereinbart werden, um böse Überraschungen zu vermeiden.

Das Unternehmen sollte den Kundenberater einer sehr genauen Prüfung unterziehen, schließlich stellt dieser die offizielle Schnittstelle zwischen Unternehmen und Presse dar. Genau genommen ist die Qualifikation des Kundenberaters wichtiger als die der Presseagentur. Die folgenden Punkte sind zu überprüfen:

Zu überprüfende Punkte

- Hat der Kundenberater zumindest im Ansatz ein technisches Verständnis davon, was er demnächst an Journalisten und Redakteure „verkaufen“ will?
- Welche Erfahrung hat der Kundenberater - ist er neu im Unternehmen oder arbeitet er schon länger mit den entsprechenden Journalisten und Redakteuren zusammen? Kam sein bisheriger Kunde ebenfalls aus der Branche?

- Hat der Kundenberater ein entsprechendes Auftreten, das dem Image des Unternehmens entspricht? Eine Start-Up-Firma hat da sicherlich andere Anforderungen als zum Beispiel Unternehmen wie HP oder IBM.
- Stimmt die Chemie zwischen Kundenberater und Marketing Manager oder (sofern im Unternehmen installiert) Pressesprecher? Wenn nicht, ist dies ein sofortiges Ausschlusskriterium, da diese sehr eng miteinander arbeiten müssen.
- Im Idealfall ist der Kundenberater auch zuständig für die gegebenenfalls anfallende Übersetzung von Pressemitteilungen. Das ist die intensivste und produktivste Einarbeitungsmöglichkeit für einen Kundenberater.
- usw.

Schlüsselentscheidung bei der Auswahl

Die genaue Betrachtung des für das Unternehmen zuständigen Kundenberaters stellt eine Schlüsselentscheidung bei der Auswahl einer Presseagentur dar.

6.5.5 Wettbewerbsaspekte

Wettbewerbsklausel ist oft obligatorisch

Viele Unternehmen sind der Meinung, dass ein und dieselbe Presseagentur nicht für zwei Wettbewerber tätig sein kann. Die entsprechende Wettbewerbsklausel ist oft obligatorisch[115]. Es gibt jedoch eine Reihe von Gründen, die dafür sprechen, dass eine Presseagentur für mehrere Wettbewerber gleichzeitig tätig ist, so zum Beispiel die Tatsache, dass dadurch die Akzeptanz bei den Journalisten und Redakteuren für Fach- und Methodenartikel wesentlich größer ist, weil die Agentur dann nicht immer nur ein und dasselbe Unternehmen nennt. Häufig verargumentieren Unternehmen die Wettbewerbsklausel damit, dass sie sagen: Die Presseagentur erfährt interne Geheimnisse! Betrachtet man diese Situation genauer, so stellt sich natürlich die Frage, was für Geheimnisse erfährt denn eine Presseagentur? Letztendlich ist es ihr Auftrag Dinge, die sie vom Unternehmen mitgeteilt bekommt, an die Öffentlichkeit zu bringen und nicht Träger von Geheimnissen zu sein.

Viele Unternehmen bevorzugen es sogar, wenn die Presseagentur in der Vergangenheit mal für einen Wettbewerber tätig war! In

[115] Es sei denn, man hat eine projektbezogene oder erfolgsbezogene Zusammenarbeit vereinbart. In diesem Fall ist die Wettbewerbsklausel nicht im Vertrag integriert.

diesem Fall kann das Unternehmen erheblich davon profitieren, denn:

Verschiedene Vorteile

- die Presseagentur kennt sich dann schon mit der Thematik aus und muss nicht erst aufwändig eingearbeitet werden,
- die Presseagentur kennt die Keyplayer unter den Journalisten und Redakteuren – die zur Erstellung der Kundendatenbank benötigte Zeit (und damit auch Kosten) verringert sich signifikant,
- die Presseagentur hat die Kinderkrankheiten in diesem Umfeld bereits hinter sich (ein ganz wichtiger Punkt!),
- mit den entsprechenden Referenzen (Clippinglisten zum Beispiel) kann sofort überprüft werden, wie erfolgreich sich die Agentur in diesem Bereich bisher bewegt hat.

heißer Kandidat

Aus dieser Aufzählung wird offensichtlich, dass eine Presseagentur, die im Vorfeld für einen Wettbewerber des Unternehmens gearbeitet hat, ein ganz heißer Kandidat ist. Ganz entscheidend ist, ob das Unternehmen denselben Kundenberater zugesichert bekommt, der im Vorfeld den Wettbewerber betreut hat.

6.5.6 Weitere Kriterien, die bei der Auswahl einer Presseagentur zu berücksichtigen sind

Neben den bisher aufgeführten Kriterien sind noch eine Reihe weiterer Kriterien von Bedeutung, die bei der Auswahl einer Presseagentur zu berücksichtigen sind. Im Einzelnen wären hier aufzuführen:

Presseportal

- Verfügt die Agentur über ein Presseportal, wo das Unternehmen diverse Materialien zum Download bereitlegen kann (siehe auch vorheriges Kapitel)?
- Versendet die Agentur regelmäßig E-Mail-Newsletters an die Journalisten und Redakteure?
- Wie verhält sich die Agentur bzw. der Vertreter der Agentur, um den Auftrag des Unternehmens zu gewinnen? Ein wichtiger Aspekt, denn genauso, wie er seine Dienstleistungen dem Unternehmen zu verkaufen versucht, wird er dann den Redakteuren die Presseinhalte versuchen zu verkaufen. Ist er extrem aufdringlich oder ist er nur hartnäckig? Solche Aspekte sind zu berücksichtigen.

Lokalisierung der Presseagentur

- Wo ist die Presseagentur lokalisiert? Auch in Zeiten von WWW und E-Mail – der persönliche Kontakt zu Journalisten und Redakteuren ist nach wie vor wichtig. Daher sollte die Presseagentur auch ihren Sitz da haben, wo die meisten IT-Magazine angesiedelt sind, und das ist momentan München. Also sollte zumindest der Kundenberater in München in einer Niederlassung sitzen.
- Arbeitet die Agentur mit freien Journalisten zusammen? Dies ist ein wichtiger Aspekt für die Platzierung von Artikeln, die nicht vom Unternehmen kommen sollen/dürfen.
- usw.

Es existieren noch eine Reihe weiterer individueller Kriterien, die bei der Auswahl einer Agentur zu beachten sind. Da diese die jeweils aktuelle Situation des Unternehmens in seinem eigenen Umfeld betreffen, können sie hier nicht beschrieben werden. Sie haben keine Allgemeingültigkeit und würden nur verwirren. Wichtig ist, dass man berücksichtigt, dass das individuelle Umfeld des Unternehmens eine Rolle bei der Auswahl der Agentur spielt.

Mindestens drei Agenturen in die engere Wahl nehmen

Alle aufgeführten Kriterien sind zu gewichten und auf dieser Basis kann dann eine Auswahl der Presseagentur stattfinden. Es sollten dabei mindestens drei Agenturen in die engere Wahl gezogen werden, aus denen dann der geeignete Kandidat selektiert wird. Diese letzte Selektion wird erfahrungsgemäß oft aus dem Bauch heraus getroffen, was jedoch nicht schlecht sein muss.

6.5.7 Typische Fehler bei der Auswahl einer Presseagentur

6.5.7.1 Sich vom umfangreichen Presseverteiler einer Presseagentur blenden lassen

Nicht die Größe entscheidet

Bei der Auswahl einer Presseagentur wird eine Vielzahl typischer Fehler begangen, die hier im Folgenden näher dargestellt werden sollen. Der schwerwiegendste Fehler besteht in der typischen Frage: „Wie groß ist denn Ihr Presseverteiler?“ Völliger Blödsinn – denn die Antwort sagt absolut nichts über die Qualität der Presseagentur aus. Schließlich habe wir bereits am Anfang dieses Buches dargestellt, wie man sich in relativ kurzer Zeit mit ein wenig Aufwand einen umfangreichen Presseverteiler erstellen kann.

Die Frage sollte hier vielmehr lauten: „Wie gut kennen Sie die Redakteure innerhalb Ihres Presseverteilers?“ Hier trennt sich dann ziemlich schnell die Spreu vom Weizen. Leider wird diese Frage aber viel zu selten gestellt. Vielmehr lassen sich die meisten

Unternehmen von Angaben wie: „Unser Presseverteiler beinhaltet ca. 300 Kontakte!" blenden.

Die Realität bei solchen Angaben sieht dann leider meist wie folgt aus:

Schnelles Zusammenschrumpfen bei genauem Hinsehen

- Circa die Hälfte der Kontakte steht nur in der Exceldatei, weil sie schon immer darin stand, das soll heißen, sie sind völlig veraltet. Ein Beispiel: Frau Versteegen als eine Autorin dieses Buches war jahrelang Chefredakteurin von zwei IT-Zeitschriften. Vor knapp drei Jahren wurden diese Magazine eingestellt. Noch heute kommen TÄGLICH bis zu 5 Pressemitteilungen von Presseagenturen per Post und ca. 10 E-Mails von Presseagenturen an. Dies sagt eine Menge über die Qualität der Presseverteiler von diesen Presseagenturen aus.
- Von der verbleibenden Hälfte ist wiederum die Hälfte der Redakteure und Journalisten für das beauftragende Unternehmen völlig uninteressant, weil ihr Themengebiet nicht mit dem Angebotsportfolio des Unternehmens übereinstimmt.
- Somit ist die ach so umfangreiche Liste bereits auf ein Viertel reduziert worden; nimmt man jetzt noch die Redakteure und Journalisten aus der Liste heraus, zu denen die Presseagentur keinen persönlichen Kontakt zu hat, so wird das Ganze schon wesentlich übersichtlicher.

6.5.7.2 Äpfel mit Birnen vergleichen

Referenzen sind oft trügerisch

Neben der Falscheinschätzung der Bedeutung eines umfangreichen Presseverteilers ist der nächstgrößte Fehler, der bei der Auswahl einer Presseagentur begangen wird, dass man sich von den angegebenen Referenzen der Agentur blenden lässt.

Vorweg so viel zum Thema Referenzen: Ein Referenzgeber muss generell damit einverstanden sein, wenn er als Referenz aufgeführt wird. Schließlich muss er ja damit rechnen, dass potentielle Neukunden bei ihm nachfragen. Doch wen sucht sicht eine Agentur als Referenz aus? Natürlich nur die Kunden, die auch nur Gutes berichten werden. Also erübrigt sich fast schon der Anruf.[116]

[116] Natürlich macht der Anruf unter dem Aspekt Sinn, dass man einiges über die Arbeits- und Vorgehensweise der Presseagentur erfahren möchte, um festzustellen, ob die Gegebenheiten im eigenen Hause passen.

Rahmenbedingungen beachten

Bei der Betrachtung der Referenzen ist primär darauf zu achten, dass die Rahmenbedingungen bei der Referenz mit den im eigenen Unternehmen existierenden Rahmenbedingungen vergleichbar sind. Im Einzelnen bedeutet dies:

Angebotsportfolio

- Ist das Angebotsportfolio der Referenz vergleichbar mit dem Angebotsportfolio des eigenen Unternehmens oder wird hier ein Dienstleistungsanbieter mit einem Produkthaus verglichen?

Bekanntheitsgrad

- Ist der Bekanntheitsgrad der Referenz ungefähr gleich zu setzen mit dem Bekanntheitsgrad des eigenen Unternehmens oder wird hier ein kleines mittelständisches (eventuell sogar nur regional aktives) Unternehmen mit einem Weltkonzern verglichen, der in aller Munde ist[117]?

Budget

- Ist das bereitgestellte Budget für die Pressearbeit des Referenzkunden vergleichbar mit dem Budget, das das Unternehmen bereit ist zu investieren, oder liegen hier erhebliche Differenzen vor?

Thematik

- Ist die Thematik des Referenzkunden vergleichbar mit der eigenen oder wird hier ein absolutes Hypethema, das ständig in der Presse auftaucht, mit einer Nischenlösung verglichen?

Mitarbeiteranzahl

- Wie viele Mitarbeiter beim Referenzkunden sind im Bereich Pressearbeit tätig und wie viele werden es beim eigenen Unternehmen sein? Wird hier eine Abteilung mit einer One-Man-Show gleichgesetzt?

6.5.7.3 Leistungen und Kosten richtig bewerten

Es gibt unzählige Möglichkeiten, wie mit einer Presseagentur ein entsprechender Vertrag geschlossen werden kann, wir haben einige dieser Möglichkeiten ja bereits vorgestellt. Knackpunkt ist immer wieder derselbe: Welche Leistungen werden zu welchen Kosten erbracht?

Problematik der versteckten Kosten

Leider hat sich hier mittlerweile gezeigt, dass „versteckte Kosten“ immer häufiger auftreten, sei es in Form von zusätzlich berechneten Materialkosten (Porto, Briefumschläge, Kopierpapier, etc.) oder sogar Dienstleistungen, die im Vertrag nicht aufgeführt wurden, da sie eigentlich als selbstverständlich gelten (wie zum Beispiel die Auswertung der Clippingliste – manche Agenturen nehmen hier lediglich eine Weiterreichung der von der Clipping-

[117] Presseagenturen, die es gewohnt sind, renommierte und allseits bekannte Unternehmen in der Presse zu vertreten, tun sich bei Kleinunternehmen sehr schwer und umgekehrt.

agentur erhaltenen Clippingkopien vor, was natürlich nicht besonders produktiv ist).

Angebotsvergleich gewissenhaft vornehmen

Daher ist bei einem Angebotsvergleich mehrerer Presseagenturen sehr genau vorzugehen und vor allem auf versteckte Kosten zu achten. Diese haben sich schon oft als Budgetkiller erwiesen. Im Idealfall weiß ein Unternehmen bereits im Vorfeld, wo es welche Unterstützungsleistungen einer Presseagentur in Anspruch nehmen möchte und formuliert diese Leistungen in Form eines Ausschreibungskataloges. In diesem Fall sind dann die eintreffenden Angebote wesentlich besser miteinander vergleichbar. Entsprechende Unterstützungsleistungen bei der Erstellung eines solchen Ausschreibungskataloges sind der Webseite www.guerilla-pr.de/ausschreibung.html zu entnehmen.

6.5.8 Fazit

Kundenberater ist entscheidend

Die Zusammenarbeit mit einer Presseagentur bzw. die Auswahl einer Presseagentur hängt von vielen Faktoren ab, der wichtigste ist dabei der dem Unternehmen bereitgestellte Kundenberater. Aber auch die Vertragskonditionen sowie die sonstigen Kunden der Presseagentur spielen ein Rolle.

Bei der Vertragsgestaltung ist besonders auf versteckte Kosten zu achten. Wenn genügend Vorwissen im Unternehmen vorhanden ist, sollte man in Form einer Ausschreibung versuchen, die erwarteten Leistungen bereits vorzuformulieren. Dann sind die Angebote wesentlich besser miteinander vergleichbar.

6.6 Erste Schritte mit einer Presseagentur

6.6.1 Einführung

Hat man nach einer gründlichen Evaluierung eine geeignete Presseagentur gefunden, sind die Grundregeln festzulegen, wie künftig eine Zusammenarbeit mit der Agentur auszusehen hat. Diese behandeln wir im nächsten Abschnitt.

Verteilung von Aufgaben und Zuständigkeiten

Im anschließenden Abschnitt gehen wir darauf ein, wie basierend auf diesen Grundregeln Aufgaben und Zuständigkeiten verteilt werden, was dabei zu beachten ist und welche Fehler hier immer wieder gemacht werden.

Ein weiterer Aspekt der Zusammenarbeit mit einer Presseagentur ist der gezielte Einsatz einer negativen Berichterstattung. Diese ist moralisch eigentlich zu verurteilen, wird aber immer wieder gerne zum Einsatz gebracht, daher beschreiben wir hier, was dabei zu beachten ist.

6.6.2 Die Grundregeln

6.6.2.1 Einführung

Definition eines Regelwerks

Hat man sich dazu entschlossen, die künftige Pressearbeit zusammen mit einer Presseagentur wahrzunehmen und eine passende Agentur gefunden, sind die wichtigsten Voraussetzungen geschaffen. Der erste Schritt besteht nun darin, sich ein gewisses Regelwerk aufzustellen, wie künftig gemeinsam eine erfolgreiche Pressearbeit durchzuführen ist. In diesem Abschnitt gehen wir auf die folgenden Punkte ein:

- Das Pressekonzept
- Zu erstellende und zu pflegende Produkte (Presseverteiler, Clippingliste, Publikationskalender, Mediadaten)
- Das Berichtswesen
- Der Abrechnungsmodus

6.6.2.2 Das Pressekonzept

Wir haben bereits zuvor in Abschnitt 6.4.3.3 das Initialisierungsprojekt zu Beginn der Pressearbeit angesprochen und das daraus resultierende Pressekonzept kurz vorgestellt. Im Wesentlichen wurden dort auch bereits alle relevanten Inhalte besprochen, wir wollen uns daher auf die Aspekte beschränken, die für die ersten Schritte mit einer Presseagentur notwendig sind.

Vage Zielvorstellungen helfen nicht weiter

Zunächst muss die Zielsetzung der Pressearbeit festgelegt werden. Viele Unternehmen begehen den Fehler, dass sie mit der Pressearbeit beginnen, ohne sich vorher überhaupt über die Ziele, die sie damit verfolgen, im Klaren zu sein (unabhängig davon, ob mit oder ohne Presseagentur). Vage Zielvorstellungen wie:

- wir wollen auch in der Wirtschaftspresse vertreten sein,
- wir wollen häufiger in der Presse vertreten sein,

- wir wollen einen persönlichen Kontakt zu Journalisten und Redakteuren haben,

sind unscharf formuliert, nicht messbar und taugen daher nichts. Die formulierten Ziele müssen messbar sein, ansonsten kann auch nicht der Erfolg der Pressearbeit (oder eben der Erfolg der Agentur) gemessen werden. Richtig formulierte Ziele sehen wie folgt aus:

Ziele müssen messbar sein

- Wir wollen mindestens 26 Clippings im Jahr haben, also alle zwei Wochen eins.
- Wir wollen Kontakt zur Redaktion der *Computerwoche* und der *iX* aufbauen und jeweils ein persönliches Gespräch mit einem der für uns zuständigen Redakteure haben.
- Wir wollen in den nächsten 12 Monaten mindestens zwei Fachartikel, eine Success Story und einen Produkttest veröffentlichen.
- usw.

Konkrete Vorstellungen

Sind die Ziele in dieser Art formuliert, kann man damit beginnen die *Wege zum Ziel* zu definieren. Es reicht nicht aus, einfach nur Ziele zu definieren und dann mit der Pressearbeit wild draufloszulegen getreu dem Motto: „Irgendwie werden wir unser Ziel schon erreichen."

Wege zum Ziel definieren

Die Definition der Wege zum Ziel wird normalerweise über einen Actionplan vorgenommen, der gemeinsam zwischen Agentur und Unternehmen erstellt wird. Ergebnis des Actionplans ist unter anderem die Festlegung der zu erstellenden und zu pflegenden Produkte, auf die im nächsten Abschnitt eingegangen wird. Ferner wird eine konkrete Zuordnung vorgenommen, wer für was verantwortlich ist. Auch darauf werden wir im Verlaufe dieses Kapitels noch gesondert eingehen. Es ist keineswegs nur die Aufgabe der Presseagentur hier aktiv zu werden. Zum Schluss wird noch das Berichtswesen definiert, das im übernächsten Abschnitt thematisiert wird.

Erstellen eines Actionplans

6.6.2.3
Zu erstellende und zu pflegende Produkte

Wir haben in diesem Buch bereits die elementaren Hilfsmittel der Pressearbeit angesprochen. Diese werden nun individuell für die Zusammenarbeit zwischen Presseagentur und Unternehmen erstellt. Im Einzelnen geht es dabei um:

- Die Clippingliste; festgelegt wird, welche Attribute für das Unternehmen von Bedeutung sind, welche Clipping-Agentur beauftragt wird und in welchen Abständen ein Update jeweils vor-

Clippingliste

genommen wird. Ferner werden bereist zu Anfang der Pressearbeit feste Termine vereinbart, wann die gemeinsame Auswertung der Clippingliste im Laufe der Zusammenarbeit vorgenommen wird. Damit hat die Presseagentur auch Meilensteine gesetzt bekommen, anhand derer sie gemessen wird.

Presseverteiler

- Der Presseverteiler wird hier zunächst nur begonnnen. Es ist die Aufgabe der Agentur diesen innerhalb der nächsten Tage und Wochen anhand der Bedürfnisse des beauftragenden Unternehmens zu vervollständigen.

Publikationskalender

- Der Publikationskalender wird initialisiert. Erster Input sind die relevanten Mediadaten. Ferner werden bereits feststehende Termine von Roadshows, neuen Produktreleases, Pressemitteilungen usw. aufgesetzt.

Pressemeldungen

- Die Templates für Pressemeldungen werden bei Bedarf angepasst oder auch neu erstellt.

Presseportal

- Das Presseportal wird eingerichtet (sowohl das der Agentur als auch das des Unternehmens). Dazu wird zunächst in einer Art Bestandsliste aufgenommen, welche Materialien bereits zur Verfügung stehen, um sofort auf das Portal gesetzt werden zu können, im Anschluss werden die künftig auf das Portal zu setzenden Inhalte festgelegt.

6.6.2.4 Das Berichtswesen

Ein wichtiges Element der Zusammenarbeit zwischen einer Presseagentur und einem Unternehmen ist ein koordiniertes, abgesprochenes, standardisiertes und regelmäßiges Berichtswesen. Dazu sind im Pressekonzept die folgenden Eckdaten festzulegen:

Relevante Eckdaten

- Wie oft und wann werden regelmäßig Pressemeetings zwischen Agentur und Unternehmen durchgeführt?
- Was ist von der Presseagentur für solche Meetings im Vorfeld vorzubereiten?
- Was soll das Ergebnis eines solchen Meetings sein?
- Wer soll an den Meetings teilnehmen?

Ein unvorbereitetes Meeting mit den falschen Personen zum falschen Zeitpunkt ist kontraproduktiv. Daher sind diese Eckdaten zu berücksichtigen. Im Idealfall wird gemeinsam als Bestandteil des Pressekonzeptes eine Art Template vorbereitet, das von der Agentur in Form von monatlichen Statusberichten abgeliefert wird. Die Templates setzen sich aus den folgenden Bereichen zusammen:

- Abgeschlossene Projekte (hier handelt es sich um eine kurze Beschreibung, welches Projekt erfolgreich oder auch nicht erfolgreich abgeschlossen wurde)[118].
- Aktuell laufende Projekte - damit erhält das Unternehmen eine gute Übersicht, was die Presseagentur gerade macht.
- Erschienene Artikel, Kurznotizen, Veranstaltungshinweise usw. (Sollte in Form der Clippingliste erstellt werden).
- In Kürze erscheinende Artikel, soweit diese sich bereits in Druck befinden, also nicht mehr durch unerwartete Ereignisse widerrufen werden können.
- Aktuelle Probleme – ein ganz wichtiger Teil des Statusberichtes: Wo tut sich die Presseagentur gerade schwer (zum Beispiel beim Platzieren eines bestimmten Artikels)?
- Vereinbarte Termine, zum Beispiel für Redaktionsbesuche oder Produktvorstellungen.
- Offene Punkte, kann man auch als „Sonstiges" bezeichnen, also Raum, um ungeklärte Dinge zu besprechen.

Bestandteile von Templates

6.6.2.5
Der Abrechnungsmodus

Presseagenturen, die auf Basis eines Retainers arbeiten, haben hinsichtlich des Abrechnungsmodus eine monatliche Zahlungsweise vorgesehen. Hingegen ändert sich bei anderen Vorgehensweisen entsprechend auch der Abrechnungsmodus. Hier kann ebenfalls eine monatliche Zahlungsweise mit dem Kunden vereinbart werden, die wie folgt aussieht:

Idealerweise wird eine monatliche Zahlungsweise vereinbart

- Das Grundhonorar wird im Voraus berechnet.
- Artikel werden in dem Monat berechnet, in dem sie erschienen sind (dies gilt auch für alle anderen Clippings).
- Pressemitteilungen werden in dem Monat berechnet, wo sie versendet worden sind.
- Pressetermine (Redaktionstour oder Pressekonferenz) werden zu 50% in dem Monat berechnet, in dem die Termine von den Journalisten zugesagt wurden und zu 50% in dem Monat, in dem die Redaktionstour beendet wurde bzw. die Pressekonferenz stattgefunden hat.

---

[118] Besonders wichtig, wenn zwischen der Presseagentur und dem Unternehmen eine projektbezogene oder erfolgsbezogene Zusammenarbeit vereinbart wurde.

Abrechnung nach erbrachter Leistung

Im Prinzip findet also ein Abrechnungsmodus nach erbrachter Leistung statt. Lediglich beim Agenturhonorar geht das Unternehmen in Vorleistung, was aber auch Sinn macht, da ansonsten die Presseagentur mit allen anderen Aufwendungen (Arbeitszeit, Porto, Reisekosten etc.) in Vorleistung geht. Als Zahlungsziel sollten 10 Werktage vereinbart werden.

6.6.2.6 Fazit

Wichtige Voraussetzungen

Die in diesem Kapitel vorgestellten Grundregeln der Zusammenarbeit mit einer Presseagentur sind die Voraussetzung für eine erfolgreiche Pressearbeit. Eng damit verbunden ist die klare Festlegung der im nächsten Abschnitt besprochenen Aufgaben und Zuständigkeiten.

6.6.3 Gezielte negative Berichterstattung

6.6.3.1 Einführung

Negative Berichterstattung mag kein Unternehmen – ganz im Gegensatz zu vielen Magazinen, die sich in Krisenzeiten gerne der Marktlage anpassen und eine negative Berichterstattung getreu dem Motto „Pleiten, Pech und Pannen" bevorzugen.

Vier verschiedene Varianten der negativen Berichterstattung

Generell sind vier verschiedene Varianten der negativen Berichterstattung möglich, auf die wir in diesem Abschnitt näher eingehen wollen:

- Es erscheint ein negativer Artikel, der von der Redaktion selber recherchiert und verfasst wurde.
- Es erscheint ein Produktvergleich in einem IT-Magazin, in dem das Produkt schlecht abschneidet.
- Es erscheint ein negativer Artikel, der von einem unzufriedenen Kunden verfasst wurde.
- Es erscheint ein negativer Artikel, der von der Presseagentur eines Wettbewerbers platziert wurde.

Auswirkungen sind immer die gleichen

Im Endeffekt sind die Auswirkungen immer die gleichen: Es bleibt ein negativer Schatten auf dem Produkt oder der Dienstleistung des Unternehmens hängen.

6.6.3.2
Negative Berichterstattung durch eine Redaktion

Bestimmtes Ereignis als Ursache

Die negative Berichterstattung durch eine Redaktion hat meist ein bestimmtes Ereignis als Ursache. In den letzten Monaten waren dies meist die Quartalsergebnisse, die die einzelnen Unternehmen gezwungenermaßen bekannt geben mussten.

Diese waren ein gefundenes Fressen für viele IT-Magazine. Man hatte wieder Material, um auf ein Unternehmen draufzuhauen, dem es ohnehin doch wohl schlecht genug ging. Aber eine derartige Berichterstattung hatte auch sein Gutes: Andere Unternehmen fühlten sich nicht so alleine mit ihren schlechten Ergebnissen.

Weniger lustig war dann die Berichterstattung über Massenentlassungen, da hier persönliche Schicksale Gegenstand der Presse waren. Es ist noch mal ein Unterschied, ob ein Unternehmen seine Aktionäre verärgert oder die wirtschaftliche Grundlage seiner Arbeitnehmer ruiniert.

Fachlich negative Berichterstattung

Die fachlich negative Berichterstattung durch Redakteure ist meist mit gescheiterten Projekten in Verbindung zu setzen. Diese richtet weit größeren Schaden an als die wirtschaftlich negative Berichterstattung. So hat ein Artikel über ein gescheitertes Projekt, weil die Beratungsleistung von Unternehmen x oder das Produkt y von Unternehmen z eingesetzt wurde, unmittelbare Konsequenzen auf die Auftragsvergabe anderer Kunden und Interessenten.

6.6.3.3
Negative Berichterstattung durch einen Produktvergleich

Die negative Berichterstattung durch einen Produktvergleich ist unterschiedlich zu bewerten. Wichtig ist:

Von wem stammt der Vergleich?

- Von wem stammt der Vergleich – wurde er von einem Unternehmen erstellt, das ganz bestimmte individuelle Anforderungen hatte, die sonst nicht üblich sind und hat das Produkt nur deshalb schlecht abgeschnitten, weil es diese Anforderungen nicht erfüllt? Oder – was schwerwiegender wäre – handelt es sich um eine neutrale Studie eines Analysten wie OVUM oder Yphise?

Kommentiert oder nicht?

- Gibt der Artikel neutral die Ergebnisse des Vergleichs wieder oder kommentiert er die Ergebnisse? Als Vergleichssieger ist es sinnvoll die eigene Presseagentur damit zu beauftragen, einen bzw. mehrere Artikel zu dem Vergleich zu platzieren. Ein kleiner Seitenhieb auf den Wettbewerb gehört dabei mittlerweile durchaus zum Normalfall.

- Stammt der Vergleich vielleicht sogar nur aus einer konkreten Evaluierungssituation eines Wettbewerbers, wo er gewonnen und das eigene Produkt besonders schlecht abgeschnitten hat und die Presseagentur des Wettbewerbers gute Arbeit geleistet hat, weil sie diesen „Vergleich" platziert bekommen hat?

Werden Äpfel mit Birnen verglichen?

- Wird das eigene Produkt überhaupt den üblichen und vergleichbaren Wettbewerbsprodukten gegenübergestellt oder werden hier Äpfel mit Birnen verglichen?

6.6.3.4 Negative Berichterstattung durch einen Kunden

Die negative Berichterstattung durch einen Kunden ist so ziemlich das Schlimmste, was einem Unternehmen passieren kann, denn einem Kunden glaubt man immer. Dies soll anhand eines Beispiels verdeutlicht werden. Rational Rose ist ein CASE-Tool, das über viele Jahre das Aushängeschild des Toolherstellers Rational Software war und sich zum Marktführer etabliert hatte. Doch plötzlich erschien Ende 2000 in der *iX* ein Artikel eines Kunden von Rational Software mit dem Titel: „Keine rosigen Zeiten – Erfahrungen mit Roundtrip Engineering in Rational Rose" [Wege2001]. In diesem Artikel wurde das Produkt gnadenlos und vernichtend dargestellt. Die Auswirkungen des Artikels waren entsprechend:

Auswirkungen des Artikels

- Obwohl in dem Artikel eine veraltete Version von Rational Rose beschrieben wurde, wurde die Funktionalität des Produktes in künftigen Evaluationen kritischer unter die Lupe genommen und sehr oft wurde dieser Artikel referenziert.
- Das Vertriebsteam von Rational Software wurde von vielen Kunden und Interessenten auf diesen Artikel angesprochen, und sei es nur, um den Preis zu drücken.
- Die Wettbewerber von Rational Software fertigten Kopien von diesem Artikel an und verteilten diese fleißig an Kunden und Interessenten.

Glaubwürdigkeitsskala

Besonders schwerwiegend war hier die Tatsache, dass der Artikel von einem Kunden geschrieben war, also jemandem, der das Produkt nicht nur für einen Artikel getestet, sondern es konkret in der Praxis eingesetzt hatte. Der Autor steht damit in der „Glaubwürdigkeitsskala" ganz oben. Und das ist unabhängig davon, ob er Recht hat oder nicht! Der Kunde lügt nie.[119]

---

[119] Und selbst wenn er hoffnungslos übertrieben hätte, dann wird schon irgendetwas dran sein!

6.6.3.5
Negative Berichterstattung durch eine Presseagentur

Zweifelhafte und unseriöse Methode

Die negative Berichterstattung durch eine Presseagentur gehört zu den zweifelhaften und unseriösen Methoden innerhalb der Pressearbeit. Sie ist aber Bestandteil der Pressearbeit und soll daher in diesem Buch auch behandelt werden, auch wenn wir uns als Autoren davon deutlich distanzieren!

Die Vorgehensweise ist denkbar einfach: Unternehmen A steht in starkem Wettbewerb zu Unternehmen B, also beauftragt Unternehmen A seine Presseagentur, einen Artikel zu platzieren, in dem die Produkte von Unternehmen B „verrissen" werden.

Gezielte Vorgehensweise

Wie geht nun eine Presseagentur vor, wenn sie einen derartigen Artikel platzieren möchte? Eins ist klar, sie wird wohl kaum dem Magazin den Artikel selber anbieten, da sonst zu offensichtlich ist, zu welchem Zweck das Magazin eingespannt werden soll. Hier ist eine subtilere Vorgehensweise notwendig, zum Beispiel durch konkrete Beauftragung einer dritten Person. Dabei kann es sich um einen (käuflichen) freien Journalisten, einen unzufriedenen Kunden des anderen Unternehmens (sofern man von diesem Kenntnis hat) oder um eine andere Person, die weder mit der Presseagentur noch mit dem beauftragenden Unternehmen in irgendeiner Form in Verbindung steht, handeln. Ist ein solcher „Autor" gefunden, ist schon mal ein wichtiger Schritt getan.

Zielmagazin bewusst kontaktieren

Der nächste Schritt besteht jetzt darin, den Artikel dem entsprechenden Zielmagazin „schmackhaft" zu machen. Zu unterscheiden ist hierbei, ob die Presseagentur beauftragt wurde, den Artikel „irgendwo" oder in einem bestimmten Magazin zu platzieren. Letzteres erschwert natürlich das Vorhaben gewaltig. Die Art und Weise, wie ein Artikel einer Redaktion schmackhaft gemacht wird, wurde ja bereits in Kapitel 2 dieses Buches behandelt. Wichtig dabei ist, dass die Agentur hier in keiner Weise auftauchen darf, sämtliche Kommunikation und Vereinbarungen müssen über den gefundenen Autor abgewickelt werden.

Die eigentliche Erstellung des Artikels erfordert einigen Koordinierungsaufwand, letztendlich sind neben der Zeitschrift, in der der Artikel erscheinen soll und deren individueller Schreibstil möglichst nahe getroffen werden soll, drei Parteien daran beteiligt:

- Der gefundene Autor selbst[120]

[120] Nur in ganz wenigen Fällen ist ein Autor dazu bereit einfach seinen Namen für einen beliebigen Artikel herzugeben, besonders wenn Schwierigkeiten zu erwarten sind, die im Extremfall sogar mit einer Klage enden können.

Drei beteiligte Parteien

- Die Presseagentur
- Das beauftragende Unternehmen

Der fertig gestellte Artikel durchläuft nun die internen Prozesse des Magazins, in dem er erscheinen soll. Zumindest auf einen Schwall von Rückfragen sollte man sich einrichten, die Wahrscheinlichkeit, dass der Artikel sogar abgelehnt wird, ist ebenfalls sehr hoch.

Was ist generell zu beachten?

Was ist generell zu beachten? Alles was hinsichtlich des Wettbewerbproduktes in irgendeiner Form negativ dargestellt wird, sollte entweder durch andere Literaturquellen belegt oder – sofern das dem Stil des Magazins eher entspricht – durch Zitate untermauert werden, für die man eine schriftliche Freigabe vom Zitatgeber hat. Nur im Notfall sollte man auf eigene Erfahrungen mit dem Werkzeug zurückgreifen, insbesondere was Abstürze betrifft, da diese stark von der Systemumgebung abhängen. Generell sollten nur Abstürze aufgeführt werden, die eindeutig reproduzierbar sind. Diese aber dann mit aller Deutlichkeit!

Halbwegs seriöser Charakter

Um dem Artikel einen halbwegs seriösen Charakter zu geben, verzichte man auf Kommentierungen der Form: „Wie bei Hersteller x üblich, ist die Dokumentation fehlerhaft und unvollständig" oder „wie nicht anders zu erwarten, stürzte das System alle 5 Minuten ab". Solche Formulierungen sind ein typisches Indiz für eine negative Grundeinstellung gegenüber dem Produkt und/oder Hersteller, so dass hier der Redakteur, der den Artikel redigiert, sofort misstrauisch wird. Auch der Leser wird den Artikel dann anders bewerten, als wenn solche Kommentare ausbleiben.

6.6.3.6 Konsequenzen einer negativen Berichterstattung

Schaden entsteht mmer

Negative Berichterstattung ist für kein Unternehmen eine erfreuliche Situation. Die Auswirkungen sind bei jeder der hier vorgestellten vier Varianten immer derart, dass das betroffene Unternehmen einen Schaden davonträgt.

Es wurde bereits dargestellt, dass die Auswirkungen eines negativen Anwenderberichtes von größter Tragweite sind, aber auch die anderen drei Arten der negativen Berichterstattung können schwerwiegende Konsequenzen für ein Unternehmen haben, wenn nicht entsprechend reagiert wird (siehe nächster Abschnitt).

6.6.3.7
Tipps zum Umgang mit einer negativen Berichterstattung

Es muss reagiert werden

Wir sind ja bereits im Verlauf dieses Abschnitts auf einige Tipps eingegangen, generell gilt: Das Unternehmen MUSS reagieren, und zwar sowohl intern als auch extern. Dazu stehen eine Reihe von Möglichkeiten zur Verfügung, die wir hier vorstellen möchten:

- *Leserbrief* Der Leserbrief: Jeder – unabhängig davon, ob Einzelperson oder Unternehmen – kann einen Leserbrief verfassen. Je nach „Schwere" der negativen Berichterstattung kann man dies auch konkret mit der Zeitschrift, in der der negative Artikel erschienen ist, vereinbaren.
- *Richtigstellung* Die Richtigstellung: Sind in der negativen Berichterstattung offensichtliche Fehler enthalten und klar erkennbar, dass hier der journalistischen Sorgfaltspflicht nicht nachgekommen wurde, so kann über den juristischen Weg eine Richtigstellung an der gleichen Stelle in der gleichen Aufmachung eingeklagt werden.[121]
- *Redaktionsbesuch* Der Redaktionsbesuch: Unserer Meinung nach handelt es sich dabei um die sinnvollste Art auf die meisten Fälle der negativen Berichterstattung zu reagieren, da diese auch oft aus Unwissenheit entsteht. Ist einmal eine persönliche Bindung zwischen Redakteur und Unternehmen aufgebaut, so ist die Wahrscheinlichkeit einer erneuten negativen Berichterstattung schon deutlich geringer.
- *Kundeninformation* Die Kundeninformation: Wurden in einem Artikel bewusst das Unternehmen oder Produkte des Unternehmens in einem schlechten Licht dargestellt und entspricht der Artikel eindeutig und nachweisbar nicht den Tatsachen, sollte neben der Richtigstellung auch eine Kundeninformation seitens des Unternehmens vorgenommen werden. Allerdings handelt es sich auch hierbei um eine heikle Sache. Mit Sicherheit hat nur ein Bruchteil der Kunden den Artikel gelesen, durch die Kundeninformation werden jedoch ALLE Kunden auf diesen Artikel aufmerksam (oder sogar neugierig). Auch hier ist also wieder abzuwägen zwischen neu verursachtem Schaden und Nutzen der Aktion. Auch die Kosten einer Kundeninformation sind nicht zu vernachlässigen.

---

[121] Es sei jedoch erwähnt, dass man sich hier offen mit der Presse (oder zumindest mit dem entsprechenden Magazin) anlegt. Ferner ist es erwiesen, dass solche Richtigstellungen den entstandenen Schaden nicht ausgleichen können, es ist sogar teilweise der Fall, dass gerade durch die Richtigstellung ein Eindruck entsteht wie: „Es wird schon was dran gewesen sein."

Sprachregelung

- Die Vorgabe einer internen Sprachregelung: Hierbei handelt es sich um eine der wichtigsten Maßnahmen. Vom Marketing (speziell von der Presseabteilung) sind an alle Mitarbeiter, die in irgendeiner Form in Kundenkontakt stehen – und hier insbesondere an die Vertriebsmitarbeiter – Richtlinien zu verteilen, wie sie sich zu verhalten haben, wenn sie vom Kunden auf die negative Berichterstattung angesprochen werden.

6.6.3.8 Fazit

Verharmlosungsstrategien sind tödlich

Eine negative Berichterstattung kann unterschiedliche Auswirkungen haben, ferner sind die vier angesprochenen Typen der negativen Berichterstattung zu unterscheiden. Generell gilt, dass auf eine negative Berichterstattung seitens des Unternehmens sofort reagiert werden muss, wobei die Betonung auf reagiert und nicht auf überreagiert liegt. Die Einstellung: „Wer liest das schon" oder „Na ja – so schlecht schneiden wir auch nicht ab" – also typische Verharmlosungsstrategien – sind hier fehl am Platz.

6.7 Erwartungshaltungen an eine Presseagentur

6.7.1 Einführung

Erwartungshaltungen sind oft völlig überzogen

Es ist heutzutage immer häufiger festzustellen, dass die Erwartungshaltungen an eine Presseagentur völlig überzogen sind. Dafür gibt es unterschiedliche Gründe, die wir in diesem Abschnitt untersuchen wollen. Erschwerend kommt hinzu, dass mit der Beauftragung einer Presseagentur häufig die Situation eintritt, dass zunächst die Pressearbeit in Mitleidenschaft gezogen wird, da sehr oft versäumt wird, eine klare Abgrenzung zwischen Aufgaben und Zuständigkeiten zwischen Agentur und Unternehmen vorzunehmen. Häufig passiert dann genau das, was nicht passieren sollte: Keiner fühlt sich zuständig und macht etwas!

Klare Trennung der Verantwortungsbereiche

Daher soll in den anschließenden beiden Abschnitten ein klare Trennung der Verantwortungsbereiche der Presseagentur und des Unternehmens, das eine Presseagentur beauftragt hat, dargestellt werden. Zuvor gehen wir noch darauf ein, welche Erwartungshaltungen gerechtfertigt sind und welche es nicht sind. Natürlich kann dies hier nur aus einer abstrakten Sicht vorgenommen werden, da die Erwartungshaltungen von einer Vielzahl individueller Aspekte abhängig sind.

Wir unterscheiden im Folgenden zwischen Aufgaben und Zuständigkeiten einer Presseagentur und des beauftragenden Unternehmens. Unter Aufgaben verstehen wir dabei „agierende" Tätigkeiten und unter Zuständigkeiten „reagierende" Tätigkeiten. Beispiel: Wenn eine Anfrage seitens einer Redaktion eintrifft, muss entweder von der Presseagentur oder dem Unternehmen reagiert werden, es liegt also eine Zuständigkeit vor. Wenn hingegen ein Artikel zu einem bestimmten Thema veröffentlicht werden soll, liegt eine agierende Tätigkeit vor, es handelt sich jetzt um eine Aufgabe. *Aufgaben und Zuständigkeiten*

6.7.2 Gründe für eine überzogene Erwartungshaltung an eine Presseagentur

Wie bereits eingangs dargestellt existieren eine Reihe von Gründen für eine überzogene Erwartungshaltung an eine Presseagentur. Interessanterweise liegt der wesentliche Grund in der beauftragten Agentur selbst! Um den Auftrag zu erhalten hat der Vertriebsmitarbeiter der Agentur den Kunden meist das tollste Szenario ausgemalt, angefangen von einem Interview in der *Wirtschaftswoche* bis hin zur Abbildung des Geschäftsführers auf dem Titelblatt des *Focus* oder *Spiegel*. Man kann also feststellen, dass zu hohe Erwartungshaltungen erstmals von der Agentur im Vorfeld der Beauftragung geweckt wurden.

Falscher Vergleich Aber auch bei den beauftragenden Unternehmen selber ist die Erwartungshaltung bereits sehr hoch. Viel zu oft wird der Fehler begangen, dass man sich mit einem anderen Unternehmen (eventuell sogar einem Wettbewerber) vergleicht, das derzeit in der Presse sehr stark vertreten ist und denkt: „Wenn wir auch die Presseagentur dieses Unternehmens beauftragen, dann schaffen wir die gleiche Recognition Rate." Doch wird das mit an Sicherheit grenzender Wahrscheinlichkeit nicht so sein, und zwar aus folgenden Gründen:

- *Jeder fängt klein an* Das Unternehmen, mit dem man sich hier vergleicht, war auch nicht vom ersten Tag nach der Beauftragung einer Presseagentur in den Schlagzeilen. Dies ist ein langer und mühsamer Weg – wie gesagt, es heißt Presse***arbeit*** und nicht Presse***magie***!
- *Hype oder nicht?* Die „Message", die das Unternehmen hat (oft auch als Vision bezeichnet), ist meistens eine andere – vielleicht sogar eine, die derzeit einen so genannten Hype darstellt.

- Die Anzahl und Qualität der Mitarbeiter, die innerhalb des Unternehmens für die Pressearbeit verantwortlich sind, kann variieren. So ist es häufig der Fall, dass Mitarbeiter zum Beispiel eines Consulting Hauses selbstständig mit der ein oder anderen Redaktion eines IT-Magazins Kontakt haben und Artikel vereinbaren. Dies geschieht natürlich in Einklang mit der Presseabteilung und der Presseagentur, ist aber eine sehr wertvolle Bereicherung der Pressearbeit, die nicht jedem Unternehmen zur Verfügung steht (siehe auch nächster Abschnitt).

Publikationsverbot

- Auch die Kunden des Unternehmens spielen eine Rolle, so ist der ein oder andere Kunde (wie schon im Aufzählungspunkt zuvor der Mitarbeiter) gerne bereit, einen Artikel zu schreiben. Die Presseagentur kann hier unterstützend wirken. Andere Kunden (besonders im militärischen Umfeld) haben quasi Publikationsverbot!
- Gleiches gilt auch für die Partner eines Unternehmens. So haben es Produkthäuser viel einfacher in der Presse genannt zu werden, als dies bei Dienstleistungsanbietern der Fall ist.

Eine Reihe von Faktoren

Man sieht also, dass eine Reihe von Faktoren den Erfolg der Pressearbeit prägen, auf die die Agentur nur einen sehr geringen Einfluss hat. Wenn man schon einen Vergleich mit der Pressepräsenz eines anderen Unternehmens anstellt, so muss man auch berücksichtigen, ob die gleichen Bedingungen gegeben sind. Die beste Presseagentur kann keine sofortige umfangreiche Berichterstattung erreichen, wenn:

- das Produkt, über das berichtet werden soll, in Deutschland noch nicht im Einsatz ist, quasi keine Anwenderberichte möglich sind;
- es sich bei der angebotenen Dienstleistung des beauftragenden Unternehmens um eine Standarddienstleistung handelt, über die es sich einfach nicht lohnt zu berichten (zum Beispiel Schulungen im Microsoft-Umfeld);

Wen interessiert das Produkt überhaupt?

- das beauftragende Unternehmen ein Produkt anbietet, das derart spezialisiert ist, dass es nur einen Bruchteil der Leserschaft der IT-Magazine interessiert;
- das Unternehmen neu auf dem Markt ist und erst mal bekannt gemacht werden muss (samt Angebotsportfolio);
- das Unternehmen im Wettbewerb zu einem De-Facto-Standard wie zum Beispiel SAP oder WinWord steht.

In solchen Fällen ist ein anderer Schwerpunkt innerhalb der Pressearbeit zu setzen, nämlich die Sensibilisierung der Presse für die Themen des Unternehmens unter Nutzung zusätzlicher Redaktionsthemen, die in den bereits angesprochenen Mediadaten der Magazine aufgelistet sind. Es wird also zunächst einmal das Knowhow des Unternehmens unter Beweis gestellt, also dass es sich mit bestimmten Themen auskennt.

Sensibilisierung der Presse

Ein weiterer wichtiger Faktor, der die zu hohen Erwartungshaltungen verursacht, ist schlichtweg die Unkenntnis von Unternehmen, welchen Zeitraum es in Anspruch nimmt, bis ein Artikel sich über die unterschiedlichen Stadien:

Unkenntnis

- Geplant
- Beauftragt
- Geschrieben
- Angenommen
- Redigiert
- Freigegeben
- Gedruckt
- Erschienen

durchgekämpft hat. Und das wichtigste Stadium ist hier noch gar nicht aufgeführt: gelesen! Als Argumentationshilfe für Presseagenturen sei hier auf Kapitel 2 verwiesen, wo eine detaillierte Auflistung dieser unterschiedlichen Stadien einschließlich ihres Zeitbedarfs enthalten ist.

Argumentationshilfe

Dieser Abschnitt soll jedoch keineswegs ein Freibrief für Presseagenturen sein, in den ersten Monaten erst mal die Arbeit einzustellen, da ja „sowieso nichts passieren kann". Daher beschäftigen wir uns im folgenden Kapitel mit den Aufgaben und Zuständigkeiten der Presseagentur, die auch bereits am ersten Tag nach der Beauftragung anfallen.

6.7.3 Aufgaben und Zuständigkeiten der Presseagentur

6.7.3.1 Einführung

Wir haben bereits nahezu alle Aspekte der Zuständigkeiten und Aufgaben innerhalb der Pressearbeit erläutert. In diesem Abschnitt wollen wir eine Auflistung vornehmen, was alles in den Verantwortungsbereich einer Presseagentur fällt bzw. fallen könnte! Letzt-

Letztendlich ist es immer Verhandlungssache

endlich ist es immer Verhandlungssache bzw. Art und Weise der Vertragsgestaltung, wer welche Aufgaben wahrnimmt. Für die folgenden Beschreibungen gilt: Es wird hier noch nicht aufgeführt, ob die Presseagentur oder das Unternehmen (siehe Abschnitt 6.7.4) *alleine* oder ob beide *gemeinsam* verantwortlich sind und wie dies dann am besten abgewickelt wird. Dies wird Gegenstand von Abschnitt 6.7.6 sein.

Ferner lassen wir das Thema Betreuung von Journalisten und Redakteuren vorerst außen vor, da wir uns mit diesem wichtigen Punkt in Abschnitt 6.8 gesondert beschäftigen wollen. Da dies jetzt vielleicht für den einen oder anderen Leser verwirrend klingen mag, möchten wir an dieser Stelle eine kurze Beschreibung der nächsten Abschnitte geben:

Presseagentur im Blickpunkt

- Dieser Abschnitt geht auf alle möglichen Aufgaben und Zuständigkeiten einer Presseagentur ein. Dabei werden auch solche Aufgaben und Zuständigkeiten aufgelistet, die gemeinsam mit dem Unternehmen durchgeführt werden können oder sogar müssen.

Unternehmen im Blickpunkt

- Abschnitt 6.7.4 nimmt genau die gleiche Beschreibung diesmal für das beauftragende Unternehmen vor, auch hier werden solche Aufgaben und Zuständigkeiten aufgelistet, die gemeinsam mit der Presseagentur durchgeführt werden können oder sogar müssen

Mitarbeitermotivation

- Abschnitt 6.7.5 gibt einen kurzen Exkurs, wie Unternehmen ihre Mitarbeiter zur Beteiligung an der Pressearbeit motivieren können.

Zuständigkeiten und Aktivitäten

- Erst in Abschnitt 6.7.6 gehen wir dann auf die Zuständigkeiten und Aktivitäten ein, die gemeinsam von Unternehmen und Presseagentur durchgeführt werden. Dabei geben wir jeweils eine kurze Anleitung, wie diese gemeinsam vorgenommen werden könnten.

Pflege und Betreuung

- Abschnitt 6.8 nimmt dann eine gesonderte Betrachtung der Pflege und Betreuung von Journalisten und Redakteuren vor, da diese besonders wichtig ist.

6.7.3.2 Aufgaben und Zuständigkeiten zu Beginn der Zusammenarbeit

Zu den wesentlichen Aufgaben und Zuständigkeiten einer Presseagentur zu Beginn der Zusammenarbeit gehört die eigentliche Initialisierung der Pressearbeit. Im Einzelnen umfasst das die folgenden Tätigkeiten, die bereits alle im Verlauf dieses Buches erklärt wurden und daher hier nur kurz aufgelistet werden:

- Aufgabe: Erstellen oder Anpassung eines individuellen Presseverteilers für das Unternehmen
- Aufgabe: Analyse und Auswertung der Mediadaten
- Aufgabe: Bekanntmachung des neuen Kunden innerhalb der Kontaktdatenbank und Versenden eines Antwortfaxes.
- Aufgabe: Erstellen und Initialisieren des Publikationskalenders.
- Aufgabe: Einrichtung des Presseportals auf der eigenen Webseite
- Aufgabe: Beauftragung einer Clipping-Agentur und Festlegung der Suchbegriffe
- Aufgabe: Einrichten entsprechender E-Mail-Adressen
- Aufgabe: Erstellung und Abstimmung eines Templates für das Berichtswesen
- Aufgabe: Erstellung von Templates für Artikelangebote, Pressemitteilungen usw.
- Zuständigkeit: Auswerten der von den Redaktionen eintreffenden Antwortfaxe

Aufgaben und Zuständigkeiten

Alle diese Aufgaben und Zuständigkeiten fallen in den Bereich der Erstellung des Pressekonzeptes. Die meisten dieser Aufgaben werden also gemeinsam mit dem beauftragenden Unternehmen durchgeführt; mehr dazu später.

Erstellung des Pressekonzeptes im Vordergrund

6.7.3.3 Aufgaben und Zuständigkeiten im Laufe der nächsten Monate

Im Laufe der nächsten Monate – also nach Abschluss der Initialisierungsphase – ändern sich die Aufgaben und Zuständigkeiten der Pressearbeit geringfügig. Auch hier verzichten wir auf eine lange Erläuterung, die bereits in den Kapiteln zuvor stattgefunden hat, und beschränken uns auf die reine Auflistung der Aufgaben und Zuständigkeiten:

Änderungen im Zuständigkeitsbereich

- Zuständigkeit: Auswertung der Clippingliste
- Zuständigkeit: Weiterleitung oder auch Beantwortung von Redaktionsanfragen
- Aufgabe: Erstellen von Artikelangeboten bzw. Platzieren von Artikeln
- Aufgabe und Zuständigkeit: Pflege des Publikationskalenders
- Aufgabe: Berichtswesen
- Aufgabe: Suche und Betreuung von freien Journalisten

- Aufgabe: Betreuung von Kunden, die bereit sind, eine Case Study oder Success Story zu schreiben
- Aufgabe: Pflege des eigenen Presseportals (zum Beispiel neue Inhalte integrieren oder abgelaufene Inhalte entfernen)
- Aufgabe: Überarbeiten und Versenden von Pressemitteilungen
- Aufgabe: Wahrnehmung regelmäßiger Meetings mit der Presseagentur
- Aufgabe: Analyse und Auswertung der monatlichen/quartalsmäßig versendeten Mediadaten

Und vieles mehr

Hier ließen sich noch diverse Kleinigkeiten auflisten, die ebenfalls zu den Aufgaben und Zuständigkeiten einer Presseagentur gehören, wir wollen aber an dieser Stelle darauf verzichten.

6.7.4 Aufgaben und Zuständigkeiten des Unternehmens

6.7.4.1 *Aufgaben und Zuständigkeiten zu Beginn der Zusammenarbeit*

Zu den Aufgaben und Zuständigkeiten eines Unternehmens zu Beginn der Zusammenarbeit mit einer Presseagentur gehören:

Abnahme des Pressekonzeptes

- Zuständigkeit: Abnahme des Pressekonzeptes mit allen relevanten Inhalten (die meisten davon sind unter den Aufgaben und Zuständigkeiten der Presseagentur zu Beginn der Pressearbeit aufgeführt)

Abstimmung mit Mediaabteilung

- Aufgabe: Abstimmung mit der hausinternen Mediaabteilung, in welchen Magazinen und Zeitschriften Anzeigen oder Anzeigenkampagnen geplant bzw. bereits gebucht sind und Übertragung der zugehörigen Termine in den Publikationskalender

Presseportal im Blickpunkt

- Aufgabe: Festlegung der Inhalte der Presseportale (eigenes und das der Agentur)
- Aufgabe: Bereitstellung der notwendigen Materialien für das Presseportal der Presseagentur
- Aufgabe: Erstellung oder Änderung des eigenen Presseportals
- Aufgabe: Finden von eigenen Mitarbeitern, die in der Lage (und bereit) sind, Artikel zu schreiben
- Aufgabe: Weiterleitung aller presserelevanten Termine an die Presseagentur
- Aufgabe: Festlegung eines Ansprechpartners für die Presseagentur

Die meisten Aufgaben und Zuständigkeiten liegen sicherlich hier in dem ersten Punkt, der Abnahme des Pressekonzeptes, worauf wir im Abschnitt 6.7.6 eingehen werden.

Abnahme des Pressekonzeptes hat Priorität

6.7.4.2
Aufgaben und Zuständigkeiten während der Zusammenarbeit

Während der Zusammenarbeit mit einer Presseagentur fallen für ein Unternehmen die folgenden Aufgaben und Zuständigkeiten an:

- Aufgabe: Suchen von Kunden, die bereit sind, eine Case Study oder Success Story zu schreiben (diese Aufgabe obliegt meist den Vertriebsmitarbeitern, die in direktem Kundenkontakt stehen - nicht den Marketing- oder Pressemitarbeitern des Unternehmens)
- Aufgabe: Lieferung neuer Inhalte für das Presseportal der Agentur
- Aufgabe: Pflege des eigenen Presseportals

Pflege des eigenen Presseportals

- Zuständigkeit: Freigeben von Artikeln oder sonstigen redaktionellen Inhalten, die veröffentlicht werden sollen. Diese können sowohl von der Presseagentur direkt oder von freien Journalisten, die von der Agentur beauftragt wurden, kommen
- Aufgabe: Erstellen von Pressemitteilungen und rechtzeitige Koordinierung mit der Presseagentur
- Aufgabe: Wahrnehmung regelmäßiger Meetings mit der Presseagentur
- Zuständigkeit: Beantwortung von Journalistenrückfragen, die von der Presseagentur nicht abgearbeitet werden konnten

Beantwortung von Journalisten-rückfragen

- Zuständigkeit: Rechtzeitige Überweisung der Rechnungen der Presseagentur[122]

[122] Eigentlich ist es überflüssig, diesen Punkt zu erwähnen. Es mag dem Leser auch vielleicht komisch vorkommen, doch wir haben uns etwas dabei gedacht: Nichts ist motivationshemmender für eine Agentur, als wenn offen stehende Rechnungen nicht bezahlt werden; damit ist jetzt kein Verzug von ein paar Tagen, sondern Wochen gemeint. Spätestens wenn die dritte Rechnung in Folge nicht bezahlt ist, empfehlen wir jeder Agentur auch, die Arbeiten mit sofortiger Wirkung einzustellen. Leider ist es heutzutage an der Tagesordnung, dass Agenturen (oder auch andere Lieferanten) sich mit einem immer größer werdenden Zahlungsverzug auseinandersetzen müssen. Dass sich dies auf die Motivation auswirkt, dürfte einleuchtend sein. Daher möchten wir an dieser Stelle nochmals explizit auf die Notwendigkeit einer pünktlichen Bezahlung hinweisen.

Belohnungssysteme

Ein weiterer Punkt, der im Zuständigkeitsbereich des Unternehmens liegt, ist die Motivation der eigenen Mitarbeiter zu publizieren und die Entwicklung eines entsprechenden Belohnungssystems. Darauf wollen wir kurz in dem folgenden Exkurs eingehen.

6.7.5
Exkurs: Die eigenen Mitarbeiter zur Pressearbeit motivieren

6.7.5.1
Einführung

Die eigenen Mitarbeiter nutzen

Viele Unternehmen (hier ganz besonders im Dienstleistungssektor) sind in der glücklichen Lage, dass sie über Mitarbeiter verfügen, die sich gerne journalistisch betätigen – also Artikel schreiben. Es gehört zu den wesentlichen Aufgaben eines Unternehmens innerhalb der Pressearbeit, dies zu fördern oder – sofern noch nicht vorhanden – zu entwickeln. Schließlich handelt es sich hier um die beste und zugleich kostengünstigste Werbung, die man haben kann. Im Folgenden wollen wir ein Regelwerk zur Entlohnung vorstellen, das sich in der Praxis bewährt hat, und dieses anhand eines Beispiels erläutern.

6.7.5.2
Regelwerk zur Entlohnung

Motivationsfaktor Geld

Geld war schon immer ein Motivationsfaktor, warum ihn also nicht auch dazu verwenden, Mitarbeiter zum selbstständigen Publizieren von Artikeln zu bewegen. Mittlerweile haben sich so genannte Belohnungssysteme in vielen Unternehmen etablieren können. Das Prinzip ist denkbar einfach: Jeder Mitarbeiter, der sich journalistisch betätigt, erhält einen Betrag X als besondere Vergütung. Dabei sind jedoch einige Regeln zu beachten, die im Folgenden kurz besprochen werden sollen:

Nur was veröffentlicht wurde, wird bezahlt

- Bezahlt wird ein redaktioneller Beitrag nur, wenn er auch wirklich veröffentlicht wurde. Das klingt zwar im ersten Moment sehr hart, ist aber der einzig sinnvolle Weg. Nur wenn ein Artikel auch wirklich erscheint, hat der Mitarbeiter einen Anspruch auf eine Belohnung. Wir haben im Verlauf dieses Buches bereits dargestellt, aus welchen unterschiedlichen Gründen Artikel, die eigentlich schon beauftragt waren, dann doch nicht erscheinen. Sicherlich sind da auch einige Gründe vorhanden, die der Mitarbeiter nicht zu vertreten hat, aber letztendlich liegt dies im „unternehmerischen Risiko" des Mitarbeiters.

- Bevor ein Artikel (oder eine andere Art eines redaktionellen Beitrags) dem Belohnungssystem unterworfen wird, muss er im Vorfeld mit dem Marketing bzw. der Presseabteilung vereinbart sein. Hier sollte man jedoch extrem großzügig verfahren, denn es kann gar nicht genug Präsenz in der Presse erfolgen. Es gibt nur im Extremfall Gründe, warum ein Artikel nicht erscheinen darf (zum Beispiel wenn der Artikel ein Thema behandelt, das einer gewissen Geheimhaltungsstufe unterliegt oder wenn in dem Artikel Dinge aufgeführt oder erläutert werden, die dem Wettbewerb nicht bekannt werden dürfen). Wie bereits erwähnt ist es erforderlich, dass sowohl das Marketing (Pressebereich) als auch die Presseagentur von dem Erscheinen des Artikels in Kenntnis gesetzt werden, um ihn im Publikationskalender einzutragen und rechtzeitig seine Verwendung als Sales Vehicle zu planen.

Darf der Artikel erscheinen?

- Bevor der Artikel bei der Redaktion eingereicht wird, sollte er von den Presseverantwortlichen gelesen (und freigegeben) werden. Auch hier gilt: Um den Mitarbeiter nicht zu frustrieren sind hier nur grobe Dinge zu beanstanden, wie zum Beispiel:
  - Wenn der Artikel fachlich falsche Dinge beschreibt.[123]
  - Wenn das Unternehmen oder Kunden des Unternehmens in dem Artikel schlecht dargestellt werden.
  - Wenn ein Thema behandelt wird, von dessen Existenz der Wettbewerb zu dem geplanten Erscheinungsdatum noch nichts wissen darf.
  - Wenn eine Produktversion in dem Artikel beschrieben wird, von der bereits zum Erscheinungsdatum das neue Release mit wesentlichen neuen Features erschienen sein wird.
  - usw.

Gegenlesen erforderlich

Aktualität ist wichtig

- Es ist vom Unternehmen eine Rangfolge der Wertigkeit der Zielorgane zu erstellen. Diese hängt ausschließlich davon ab, welche Magazine von den Kunden des Unternehmens gelesen werden. So ist zum Beispiel ein Artikel im *Manager Magazin* auf den ersten Blick sicherlich extrem wertvoll, wenn das Unternehmen jedoch ausschließlich Entwickler zu seinem Kundenfeld zählt, ist der Artikel für das Unternehmen selbst nicht mehr so wertvoll, da das *Manager Magazin* nicht zum bevorzugten Informationsmedium von Entwicklern zählt. In dieser Wertigkeitsliste werden die einzelnen Magazine einsortiert und mit ei-

Rangfolge der Wertigkeit

[123] Es sei hier angemerkt, dass dies in der Regeln von der Marketing- / Presseabteilung ohnehin nicht eigenständig festgestellt werden kann, sondern nur mit technischer Unterstützung. Man bekommt jedoch ein Gespür dafür, ob der Artikel korrekt ist oder nicht.

nem Faktor x versehen. Dieser Faktor beschreibt den Preis pro abgedruckte Seite (ohne Werbeinhalte[124]) bezogen auf das Magazin. Dabei muss darauf geachtet werden, wie viele Zeichen eine Seite beinhaltet; so ist zum Beispiel der Aufwand zur Erstellung einer Seite in der *Computerwoche* wesentlich höher als im *IT Fokus,* schon alleine wegen des unterschiedlichen Formats (DIN A3 versus DIN A4), aber auch wegen der Aufmachung (Einsatz von mehr gestalterischen Elementen wie Bildern, Fotos oder Screenshots[125]). Wichtig dabei ist, dass diese Wertigkeitsliste allgemein zugänglich ist (zum Beispiel im Intranet des Unternehmens veröffentlicht wird) und in einem Bemerkungsfeld die Begründung für den Faktor aufgeführt wird, um eventuelle Diskussionen im Keim zu ersticken. Diese Wertigkeitsliste wird dann zur Entlohnung des Artikels herangezogen, indem die veröffentlichte Seitenzahl mit dem zuvor festgelegten Faktor multipliziert wird.

Mitarbeiterautorenübersicht

- Von der Presseabteilung ist eine „Mitarbeiterautorenübersicht" zu führen. Hier werden alle Mitarbeiter aufgelistet, die sich journalistisch betätigen, und mit den folgenden Attributen erfasst:
  - Anzahl der bisher für das Unternehmen geschriebenen redaktionellen Beiträge
  - Bevorzugte Magazine bzw. Kontakte zu Journalisten
  - Bevorzugtes Thema
  - Produktkenntnisse (falls es sich um ein Produkthaus handelt)
  - Fachkenntnisse (falls es sich um einen Dienstleistungsanbieter handelt)
  - usw.
- Die Auszahlung erfolgt im Regelfall mit der nächsten Gehaltsabrechnung und nicht gesondert wegen des buchhalterischen Aufwands.

Presseagentur informieren

Die entsprechenden Mitarbeiter sollten auch der Presseagentur bekannt sein und in Kontakt mit dieser stehen. So lassen sich manchmal kurzfristig Artikel platzieren (zum Beispiel auf Anfrage einer Redaktion).

Sicherlich wird jedes Unternehmen hier sein eigenes Regelwerk aufstellen; diese hier vorgenommene Auflistung kann dabei als anzupassende Orientierungshilfe genutzt werden.

---

[124] Wenn zum Beispiel eine Anzeige innerhalb des Artikels abgedruckt wird, so wird diese anteilmäßig abgezogen.

[125] So wird beispielsweise im *IT Fokus* oft bereits die erste Seite des Beitrags als grafischer Aufmacher für den Artikel genutzt.

6.7.5.3
Beispiel

Umsetzung der Regeln

Bei der Umsetzung dieser Regeln (insbesondere bei der Wertigkeitsliste) kann die Presseagentur dem Unternehmen hilfreich zur Seite stehen, sofern sie hier bereits entsprechende Erfahrungen in anderen Unternehmen gesammelt hat. Tabelle 6 zeigt einen Ausschnitt einer Wertigkeitsliste, die im Jahr 2001 von Guerilla-PR für einen Kunden angefertigt wurde. Es ist dabei zu beachten, dass die im Bemerkungsfeld eingetragenen Hinweise hinsichtlich des „Informationsmediums" speziell auf die Kunden des beauftragenden Unternehmens ausgerichtet wurden[126], sie sagten nichts über die allgemeine Art des Magazins aus:

Magazin	Faktor	Bemerkung
...	...	...
Computerwoche	500,00	DINA 3, bevorzugtes Informationsmedium, hohe Auflage
iX	300,00	Bevorzugtes Informationsmedium, hohe Auflage
ObjektSpektrum	200,00	Gutes Informationsmedium, mittlere Auflage
JavaSpektrum	150,00	Mittleres Informationsmedium, mittlere Auflage
IT Management	100,00	Verteilung nach Zufallsprinzip, geringe Auflage
IT Fokus	100,00	Verteilung nach Zufallsprinzip, geringe Auflage
Der Entwickler	150,00	hohe Auflage, mittleres Informationsmedium
Java Magazin	200,00	Gutes Informationsmedium, hohe Auflage
ct	50,00	Kein Informationsmedium, sehr hohe Auflage
IT Director	50,00	Kein Informationsmedium, mittlere Auflage
Informationweek	50,00	Kein Informationsmedium, hohe Auflage
...	...	...

Tabelle 6: Auszug aus einer Wertigkeitsliste für einen speziellen Kunden

Beliebig erweiterbar

Die in Tabelle 6 dargestellte Tabelle lässt sich noch beliebig erweitern. So können hier die Kontaktpersonen bei den jeweiligen Magazinen mit aufgenommen werden, Links zum Publikationskalen-

[126] Diese wurden im Vorfeld über eine Kundenbefragung ermittelt.

der und Presseverteiler integriert werden usw. Es sei jedoch bemerkt, dass die These „Keep it simple" sich hier bewährt, ferner macht es auch nicht immer Sinn, allen Mitarbeitern Detailinformationen über die IT-Landschaft zu geben, besonders dann, wenn kritische Daten gespeichert werden.

6.7.5.4 Pressearbeit mit Büchern

Beispiel Rational Software

Eine weitere Möglichkeit seine Mitarbeiter zur Pressearbeit zu motivieren besteht darin, ihnen gewisse Freiräume zum Schreiben von Büchern zu gestatten. So hat zum Beispiel das Unternehmen Rational Software sich besonders dadurch hervorgetan, dass etliche Mitarbeiter Bücher über die angebotenen Produkte sowie die Methodik, auf der diese Produkte basierten, geschrieben haben. Letztendlich hat dies mit dazu geführt, dass sich das ein oder andere Produkt des Unternehmens zu einem De-Facto-Standard hat etablieren können und eigentlich bessere Produkte anderer Hersteller ins Hintertreffen gerieten, weil sie einfach nicht so bekannt waren, wie zum Beispiel ein Rational Rose[127].

6.7.6 Gemeinsame Aufgaben und Zuständigkeiten

In der Gemeinsamkeit liegt die Überzeugungskraft

Anhand der jeweiligen Aufgaben und Zuständigkeiten, die in den Abschnitten zuvor aufgelistet wurden, ist nicht auf einen Blick erkennbar, wer bei gemeinsam durchzuführenden Aktivitäten für was in welchem Umfang verantwortlich ist. Manche Aktivitäten lassen sich sehr konkret zuordnen, andere hingegen lassen sehr viel Spielraum zu. Da diese sich zu einem „Show Stopper" entwickeln können, wollen wir sie hier nochmals explizit aufführen. Dabei können wir nicht im genauen Umfang beschreiben, wer jetzt wann was genau macht, da dies einerseits im Vorfeld zwischen Unternehmen und Presseagentur verhandelt werden muss und andererseits von Unternehmen zu Unternehmen unterschiedlich ist. Daher gilt diese Auflistung nur als Orientierungshilfe:

Pressekonzept

- Das Pressekonzept wurde bereits besprochen, es ist die erste Form der Zusammenarbeit. Üblicherweise wird dieses von der Agentur vor Ort beim Kunden erstellt, da hier ein ständiger Dia-

[127] Dies ist wieder ein Beweis dafür, dass gerade in der IT-Branche nicht immer das beste Produkt Marktführer sein muss, sondern eher das Produkt, das am besten vermarktet wird. Und Pressearbeit ist schließlich auch ein Bereich des Marketings.

log erforderlich ist. Somit sind von beiden Seiten hier die entsprechend notwendigen Zeiten einzuplanen.

- Die Erstellung der Templates sollte wie folgt vorgenommen werden. Zunächst müssen seitens des Unternehmens die eventuell bereits vorhandenen Templates samt dem einzuhaltenden CI an die Agentur versendet werden, die dann daraufhin angepasst werden. Nach maximal 2 Korrekturphasen sollten sie freigegeben werden. *Templates*
- Bei der Auswertung der Mediadaten kann die Presseagentur gleich unter Beweis stellen, wie gut sie das Angebotsportfolio des neuen Kunden verstanden hat. Daher sollte die Vorgehensweise so aussehen, dass zunächst die Presseagentur alleine die entsprechenden Vorschläge für die Platzierung von Artikeln ausarbeitet. Aber auch das Unternehmen kann von der Kreativität der Presseagentur profitieren, Artikel zu einem Themenschwerpunkt anzubieten, auf den sich das Unternehmen ansonsten nicht konzentriert hätte. Also sollte auch das Unternehmen eine derartige Liste parallel (und vor allem ohne Absprache bzw. Rückkopplung mit der Agentur) erstellen. Erst nach Fertigstellung dieser beiden Listen potentieller Artikel sollte ein gemeinsames Meeting stattfinden, bei dem dann anhand der Mediadaten ein Abgleich vorgenommen wird und am Ende des Meetings die folgenden Punkte festgelegt werden: *Mediadaten*
  - Welche Magazine für das erste Jahr der Zusammenarbeit angegangen werden sollen (jetzt nur auf Basis der Mediadaten, also unabhängig von den im Pressekonzept festgelegten Zielmedien. Durch diese Festlegung wird unter Umständen die im Pressekonzept festgelegte Liste an anzugehenden Magazine und Zeitschriften erweitert, jedoch nicht verkürzt!) *Künftige Magazine*
  - Für welche Themenschwerpunkte zusätzlich zu den bisher feststehenden Artikelangebote eingereicht werden.
  - Welche der Artikelvorschläge der Presseagentur eingereicht werden sollen. *Artikelvorschläge*
  - Welche der Artikelvorschläge des Unternehmens eingereicht werden sollen.
  - Wer welchen Artikelvorschlag einreicht![128]
  - Bis wann was von dieser Aufstellung erledigt sein muss.

---

[128] Mehr dazu später. Es ist entscheidend, dass nicht nur die Presseagentur, sondern auch das Unternehmen selber Artikelvorschläge einreicht!

Gestaltung des Presseportals

- Die Gestaltung des Presseportals ist ein weiterer gemeinsam auszuarbeitender Aspekt, sofern hier nicht schon im Pressekonzept die wesentlichen Inhalte festgelegt wurden. Generell gilt, dass es zwei Einflussfaktoren gibt, die auf alle Fälle berücksichtigt werden müssen:
  - Auf der einen Seite muss das Look & Feel des Unternehmensauftritts innerhalb des Presseportals der Presseagentur dem entsprechen, wie auch die anderen Kunden dort vertreten sind. Somit herrscht zumindest gestalterisch hier kaum Freiraum.
  - Auf der anderen Seite muss bei dem unternehmenseigenen Presseportal zumindest das CI des Unternehmens berücksichtigt werden. Ansonsten bestehen hier wesentlich mehr Freiräume.

- Für die Versendung von Pressemitteilungen muss ein Vorgehensmodell entwickelt werden. Dieses kann anhand einer Grafik, die mit Rollen und Terminen versehen ist, vorgenommen werden. Generell sind dabei die folgenden Aspekte zu berücksichtigen:

Wer schreibt die Pressemeldung federführend?

  - Wer schreibt die Pressemeldung federführend? Hier sind in der Praxis wieder unterschiedliche Varianten anzutreffen. So kann es sich zum Beispiel bei internationalen Unternehmen, die ihren Hauptsitz im Ausland haben, lediglich um eine Übersetzung der Pressemitteilung ins Deutsche mit anschließender Freigabe durch das Unternehmen handeln. Hier sind dann nur wenige Tage anzusetzen.
  - Eine andere Möglichkeit ist darin zu sehen, wenn das Unternehmen eine Meldung verfassen möchte, zum Beispiel über einen gewonnen Auftrag oder neuen Kunden. Dann sind schon wesentlich mehr Abstimmungsprozesse vorhanden und die Erstellung der Meldung nimmt mehr Zeit in Anspruch.
  - Die einfachste Variante besteht darin, wenn das Unternehmen eine Pressemeldung selber schreibt und der Agentur lediglich zur Versendung überlässt.

Zeitliche Eckdaten

  - Als zeitliche Eckdaten, die für eine Agentur anzusetzen sind, haben sich die folgenden Zeitspannen bewährt:
    - Übersetzung einer Pressemitteilung: 2 Tage,
    - Versenden einer fertigen Mitteilung: 1 Tag,
    - Erstellen eines ersten Entwurfs einer Pressemitteilung: 3 Tage.
  - Aber auch das Unternehmen muss gewisse Fristen beachten: Die Freigabe sollte nicht länger als 2 Tage dauern und die ei-

genständige Erstellung einer Pressemeldung nicht länger als 3 Tage[129].

- Ein ähnliches Vorgehensmodell kann auch für die Erstellung von Artikeln, Success Stories und ähnlichen redaktionellen Beiträgen vorgesehen werden. Es sei jedoch darauf hingewiesen, dass je mehr Parteien involviert sind, die Planbarkeit umso unschärfer wird.

Vorgehensmodell adaptierbar

6.7.7 Fazit

In diesem Abschnitt haben wir die Zuständigkeiten und Aktivitäten, die in der Pressearbeit anfallen, dem beauftragenden Unternehmen und der Presseagentur zugeordnet. Dies kann jedoch nur als Orientierung dienen, da sich in der Praxis die individuellen Gegebenheiten bei jedem Unternehmen anders gestalten und fast jede einzelne Aufgabe oder Zuständigkeit hinsichtlich der Verantwortung übertragen werden kann. Dabei haben wir den wichtigsten Punkt zunächst außen vor gelassen: Wer kümmert sich um die Redakteure und Journalisten? Dies soll Gegenstand eines eigenen Abschnitts sein.

Hauptsächlich Orientierungshilfe

6.8 Kontaktpflege mit Redakteuren und Journalisten

6.8.1 Einführung

Eine kontinuierliche Pflege der Kontakte zu den wichtigen Journalisten und Redakteuren gehört zu den grundlegenden Aufgaben einer Presseagentur. Aber auch das beauftragende Unternehmen wird hier in die Pflicht genommen. Die alleinige Beauftragung einer Presseagentur ist kein Freibrief dafür, sich nun nicht mehr um Redakteure und Journalisten kümmern zu müssen. In diesem Abschnitt gehen wir darauf ein, welche Aufgaben dabei wem zufallen. Wir haben diesem kritischen Bereich der Pressearbeit bewusst ein eigenes Kapitel gewidmet, da er sehr häufig vernachlässigt wird, obwohl er eigentlich die Grundlage für eine erfolgreiche Pressearbeit darstellt.

Kontinuierliche Kontaktpflege gehört zu den wichtigsten Aufgaben

---

[129] Unter der Voraussetzung, dass kein Abstimmungsbedarf mit einer weiteren Partei wie zum Beispiel einem Kunden notwendig ist.

Vernachlässigt ein Unternehmen die Pflege der Journalisten und Redakteure, so werden die folgenden Situationen eintreten:

Zu erwartende Probleme

- Das Unternehmen verliert zunehmend den Kontakt zur Presse und begibt sich somit völlig in die Hände der Presseagentur. Wird die Zusammenarbeit mit der Agentur aus welchen Gründen auch immer aufgekündigt, steht das Unternehmen bei Null da.
- Die Journalisten und Redakteure werden sich auf die Dauer nur noch an die Presseagentur wenden, das Unternehmen bleibt außen vor. Wechselt die Presseagentur zu einem Wettbewerber des Unternehmens, so kann man sich vorstellen, über welches Unternehmen die Presse künftig berichtet.

Imageverlust

- Die Journalisten und Redakteure werden niemals das Unternehmen als Know-how-Träger akzeptieren, wenn kein persönlicher und kontinuierlicher Kontakt existiert.

Es lassen sich sicherlich noch mehr Gründe aufzählen, warum ein Unternehmen, auch wenn es mit einer Presseagentur zusammenarbeitet, nach wie vor die Kontakte zu Journalisten und Redakteuren pflegen muss, aber allein diese drei Aspekte sind schon ausreichend Grund genug.

6.8.2 Erstellen des Presseverteilers

Gegenseitiges Kennenlernen

Die Presseagentur ist zu Beginn der Zusammenarbeit dafür verantwortlich, dass ein detaillierter Presseverteiler erstellt und gepflegt wird – im Idealfall verknüpft mit dem Publikationskalender. Dabei werden automatisch Schlüsselkandidaten identifiziert, die für das Unternehmen von Bedeutung sind. Erste Aufgabe der Presseagentur ist es nun, Vertreter des Unternehmens mit diesen Journalisten und Redakteuren in Verbindung zu bringen, sofern sie sich noch nicht kennen.

Wer kennt wen?

Das Unternehmen ist natürlich ebenfalls bei der Erstellung des Presseverteilers beteiligt. So müssen eigene (bereits existierende) Kontakte integriert und die Zeitschriften und Magazine, die von den Kunden des Unternehmens hauptsächlich gelesen werden, ergänzt werden. Sollte die Presseagentur hier die entsprechenden Journalisten und Redakteure noch nicht kennen, ist genauso zu verfahren, wie das zuvor der Fall war. Jetzt muss das Unternehmen die Vertreter der Presseagentur mit den Journalisten und Redakteuren bekannt machen.

6.8.3
Platzierung redaktioneller Inhalte

Hand in Hand

Neben den in den Abschnitten zuvor aufgeführten gemeinsamen Aufgaben und Zuständigkeiten existieren eine Reihe weiterer Aktivitäten, die von Presseagentur und beauftragenden Unternehmen gemeinsam durchgeführt werden müssen. Allen voran ist hier die Platzierung von Artikeln zu erwähnen. Dies ist eine typische Situation, wo Unternehmen und Presseagentur Hand in Hand arbeiten müssen. Dabei ist nicht die eigentliche Erstellung des Artikels oder einer Success Story gemeint, die haben wir bereits behandelt und sie soll hier außen vor gelassen werden – wir konzentrieren uns hier ausschließlich auf den Aspekt der Platzierung.

Von zwei Seiten angehen

Optimal ist es, den zuständigen Redakteur von zwei Seiten anzugehen. Dies soll anhand eines Beispiels erläutert werden. Angenommen, ein Magazin hat in einer der kommenden Ausgaben den Schwerpunkt „Anforderungsmanagement" und unser Unternehmen bietet hierzu auf dem Markt ein entsprechendes Produkt an. Dann ist wie folgt vorzugehen:

Vorgehensmodell zur Artikelplatzierung

- Das Unternehmen nimmt Kontakt mit dem Redakteur auf und bietet einen Artikel an, der die Grundlagen des Anforderugsmanagements darstellt und betont dabei, dass der Artikel völlig produktneutral gehalten sein wird[130].
- Parallel dazu bietet die Presseagentur dem Redakteur einen Artikel an, in dem eine Marktübersicht der zur Verfügung stehenden Werkzeuge im Bereich Anforderungsmanagement gegeben wird.
- Parallel dazu können die Presseagentur und das Unternehmen selbst in Kontakt mit einem renommierten Kunden treten und diesen dazu zu bewegen versuchen, dem Redakteur einen Anwenderbericht: Anforderungsmanagement in der Praxis anzubieten. Dabei sollte die Kontaktaufnahme vom Kunden selber kommen.

Die Wahrscheinlichkeit des Erfolgs wird größer

Es ist natürlich sehr unwahrscheinlich, dass der Redakteur alle drei Artikel beauftragt, die Wahrscheinlichkeit, dass zumindest ein Artikel genommen wird, ist jedoch sehr groß. Welcher das sein wird, hängt natürlich vom Stil des Magazins bzw. von dem bereits beim Redakteur vorhandenen Artikelmaterial ab – hat er zum Beispiel schon einen Grundlagenartikel oder will er den lieber selber schreiben, so wird er hier sicherlich keinen Auftrag erteilen.

---

[130] Ausschlusskriterium, ansonsten ist die Wahrscheinlichkeit, dass der Artikel von einer seriösen Zeitschrift angenommen wird, gleich Null!

Die Koordinierung muss stimmen

Wichtig ist, dass alle hier beschriebenen Aktivitäten wohl koordiniert sind. Nichts ist peinlicher, als wenn Presseagentur und Unternehmen ein und denselben Artikel anbieten, schließlich weiß der Redakteur in der Regel, für wen die Presseagentur arbeitet. Dafür erhält er ja die Pressemitteilungen von der Agentur.

6.8.4 Wahrnehmung von Terminen

Gemeinsames Planen

Ein ebenfalls sehr wichtiger Punkt innerhalb der Pressearbeit ist die Veranstaltung von Redaktionsbesuchen und Pressekonferenzen. Hier ist ein gemeinsames Planen und anschließendes Auftreten von Unternehmen und Presseagentur Pflicht! Auch dies wollen wir anhand eines Beispiels erläutern, wir bleiben bei obigem Unternehmen und gehen davon aus, dass dieses eine Redaktionstour veranstalten möchte, um eine neue Version seines Werkzeuges der Presse vorzustellen. Nun ist wie folgt zu verfahren:

Vorgehensmodell

- Die Presseagentur stimmt mit dem Unternehmen die zu kontaktierenden Journalisten der ersten Phase ab. Je nachdem, wer wen am besten kennt, wird begonnen.
- Nach jeder Zusage findet ein Abgleich statt.
- Bei jeder Absage findet ein Abgleich statt.
- Hat die Presseagentur eine Absage erhalten, aus der erkennbar ist, dass der Redakteur mit dem Thema nicht so richtig vertraut ist, kann das Unternehmen hier nachhaken, ansonsten ist eine Absage zu akzeptieren!
- Wie bei der Pressekonferenz oder dem Redaktionsbesuch selber vorzugehen ist, wurde bereist am Anfang dieses Buches dargestellt, Stichwort: Gegenseitiges Vorstellen, Einleitung, Verabschiedung, Abstimmung der weiteren Schritte und vieles mehr.

6.8.5 Zusammenfassung

Die Betreuung von Redakteuren und Journalisten ist von derart großer Bedeutung, dass sie sowohl im Verantwortungsbereich der Presseagentur, als auch in dem des beauftragenden Unternehmens liegt. Dabei ist es wichtig, dass eine entsprechende Koordinierung vorgenommen wird. Für die Koordinierung ist im Zweifelsfall immer die Presseagentur verantwortlich, da sie hier über wesentlich mehr Erfahrung verfügt.

6.9
Fazit

Einsatz einer Presseagentur ist sinnvoll

In diesem Kapitel haben wir aufgezeigt, dass der Einsatz einer Presseagentur durchaus sinnvoll ist. Es ist jedoch ratsam, hier eine projektbezogene Zusammenarbeit anzustreben; besonders der Motivationsfaktor verspricht hier eine effektivere Nutzungsmöglichkeit der Presseagentur. Aber auch die Arbeit mit einem Retainer kann durchaus effektiv sein.

Ferner wurde dargestellt, dass die unterschiedlichen Aufgaben und Zuständigkeiten genau verteilt sein müssen und das Unternehmen keineswegs von künftigen Pressearbeiten befreit ist, will es nicht den lebenswichtigen Kontakt zu den Journalisten und Redakteuren verlieren.

7 Guerilla-PR

7.1 Einführung

Herkunft aus Amerika

Der Begriff des Guerilla-Marketing stammt, wie sollte es auch anders sein, aus dem Amerikanischen. Oft wird der Fehler begangen, dass angenommen wird, dass Guerilla-Marketing nur für kleinere Unternehmen geeignet sei. Dies ist jedoch ein Irrglaube, wie dieses Kapitel aufzeigen wird.

Eine plastische Gegenüberstellung zwischen Guerilla-Marketing und herkömmlichem Marketing ist [Levi2000] zu entnehmen:

- Herkömmliches Marketing richtet sich an Märkte. Es werden Werbespots geschaltet, Kongresse oder Events gesponsert und ganzseitige Anzeigen in klassischen IT-Magazinen geschaltet. Alles in der Hoffnung, die potenziellen Interessenten zu beeinflussen.
- Guerilla-Marketing richtet sich an Individuen, also direkt an den Kunden selbst. Es sollen Produkte oder Dienstleistungen an bestimmte Personen verkauft werden – Kunde für Kunde. Das Guerilla-Marketing ist persönlich, maßgeschneidert und sehr werbewirksam.

Niedrige Rücklaufquote

- Herkömmliches Marketing ist mit einer Rücklaufquote von 2% bei einem Direktmailing mehr als zufrieden. Herkömmliches Marketing benutzt für solche Mailings die gesamte zur Verfügung stehende Datenbank.

Hohe Rücklaufquote

- Guerilla-Marketing steuert eine Rücklaufquote von 15% an. Die Direktmailings sind personalisiert und auf eine bestimmte Zielgruppe ausgerichtet, die Briefumschläge sind von Hand beschriftet und mit Sondermarken versehen.

- Herkömmliches Marketing budgetiert nach Quartalen und stellt eine Aktivität sofort ein, wenn sie nicht den gewünschten Erfolg bringt.

Langfristig ausgerichtet

- Guerilla-Marketing ist geduldig. Es wird das ganze Jahr im Zusammenhang betrachtet und die erforderliche Zeit investiert, um Kunden separat zu kontaktieren.
- Herkömmliches Marketing geht immer auf Nummer Sicher. Das zu tun, was vorher bereits erfolgreich war, ist die bevorzugte Strategie.
- Guerilla-Marketing ist innovativ, jede neue und erfolgversprechende Idee wird umgesetzt.

7.2 Allgemeines zu Guerilla-Marketing-Techniken

7.2.1 Ziele des Guerilla-Marketings

Hoher Effekt bei geringen Kosten

Das wesentliche Ziel von Guerilla-Marketing besteht darin, mit möglichst geringen Kosten einen möglichst großen Effekt zu erzielen. Das klingt erst mal gut und sollte eigentlich der Grundsatz jedes Marketingansatzes sein. So ist es aber definitiv nicht, da um Kosten gering zu halten oder sie zu reduzieren gewisse Maßnahmen notwendig sind, die im folgenden besprochen werden.

Guerilla-Marketing zeichnet sich durch einen hohen Grad an Personalisierung aus, es wird also der Kunde bzw. Interessent direkt mit einem Thema angesprochen, das nicht allgemein gehalten, sondern auf ihn zugeschnitten ist.

Ferner ist Guerilla-Marketing dadurch geprägt, dass keine Möglichkeit ausgelassen wird, in irgendeiner Form Werbung zu betreiben. Dabei steht meist der Kostenaspekt im Vordergrund – man versucht die Kosten so gering wie möglich, aber die Wirkung so groß wie möglich zu halten.

Geringe Streuverluste

Die Streuverluste der einzelnen Techniken des Guerilla-Marketing sind demzufolge sehr gering, auf der anderen Seite ist die Neukundengewinnung durch Guerilla-Techniken deutlich niedriger, als dies bei der Marketingstrategie der Leadsgenerierung der Fall ist, weil die meisten Guerilla-Techniken sich an Bestandskunden richten.

7.2.2 Beispiel für klassisches Guerilla-Marketing

Das klassische Beispiel für Guerilla-Marketing sind die Mailings, die nach diesem Prinzip verfasst werden. Herkömmliche Mailings zeichnen sich durch die folgenden Eigenschaften aus:

Eigenschaften herkömmlicher Mailings

- Sie richten sich an eine extrem große Zielgruppe
- Sie werden über einen portogünstigen Weg versendet
- Sie sind mit einer mehr oder weniger allgemeingültigen, die breite Masse ansprechenden Botschaft versehen
- Sie haben eine Rücklaufquote von maximal 2%
- Sie sind extrem teuer (Porto)

Demgegenüber differenziert sich ein Mailing, das nach dem Prinzip des Guerilla-Marketings verfasst wird, wie folgt:

Unterschiede bei Guerilla-Mailings

- Die Adressaten des Mailings sind eine im Vorfeld klar definierte Zielgruppe, die über eine Vielzahl von Gemeinsamkeiten verfügt. Die Anzahl ist auf keinen Fall größer als 100.
- Der Inhalt des Mailings wird ganz klar auf diese Zielgruppe abgestimmt, die Rücklaufquote kann dadurch im Idealfall bis zu 15% betragen.
- Das Schreiben endet immer mit einer Aufforderung zur Tat, also entweder eine Webseite besuchen, jemanden anrufen, eine Veranstaltung besuchen usw.
- Jedes einzelne Schreiben ist handschriftlich unterschrieben.
- Die Briefumschläge werden mit Sondermarken beklebt (im Idealfall wird sogar der Adressat per Hand auf den Umschlag geschrieben).

Guerilla-Mailings sind wesentlich erfolgreicher

Es liegt auf der Hand, dass Guerilla-Mailings wesentlich erfolgreicher (und aufwändiger) sind als herkömmliche Mailings. Nun stellt sich die Frage, warum werden dann überhaupt noch herkömmliche Mailings durchgeführt? Hier gibt es eine Reihe von nachvollziehbaren Gründen:

- Guerilla-Mailings richten sich an eine bekannte Zielgruppe, herkömmliche Mailings richten sich auch an Adressaten, die weniger bekannt sind (oder überhaupt nicht, wenn man zum Beispiel Adressen hinzugekauft hat). Die Wahrscheinlichkeit, dass man Neukunden mit einem herkömmlichen Mailing gewinnt, ist also wesentlich höher.

- Je mehr Vertriebsmitarbeiter ein Unternehmen beschäftigt, um so größer wird die Kontaktbasis, so dass irgendwann ein Guerilla-Mailing ad absurdum geführt wird.

Große Zielgruppe

- Wendet sich das Mailing an eine größere Zielgruppe (oder gar an den Endverbraucher), so sind Guerilla-Mailings unbrauchbar, da der Aufwand in keinem Verhältnis zum Nutzen steht. Es sei denn, man engt hier den Adressatenkreis auf eine ganz bestimmte Zielgruppe mit ganz bestimmten Merkmalen ein.

7.2.3 Das Besondere an Guerilla-Techniken

Eine der effektivsten Guerilla-Techniken betreffen die so genannten „Werbegeschenke" oder auf Neudeutsch: Giveaways! Hier ist der Guerilla-Experte besonders kreativ. Anstatt einer Massenbestellung von tausenden langweiliger Kulis, Tassen oder ähnlich einfallslosen Präsenten wird beim Guerilla-Marketing individuell vorgegangen. Dies soll anhand eines Beispiels erläutert werden.

Klassisches Beispiel

Dem IT-Leiter eines großen Konzerns (es war dem Marketing bekannt, dass er einen dreijährigen Sohn hat) wurde als Weihnachtsgeschenk ein Legobaukasten geschenkt. Dies war eine wirkliche Hilfe für den IT-Manager, der sich im Jahresendgeschäft nur schwer Zeit nehmen konnte, um Geschenke zu kaufen. Der Erfolg ließ nicht lange auf sich warten, kurz darauf konnte ein Großauftrag mit dem Konzern abgeschlossen werden. Ermöglicht wurde dieses spezielle Geschenk natürlich auch dadurch, dass bei den vielen Vertriebsgesprächen der Vertriebsmitarbeiter auch private Themen angesprochen und so in Erfahrung gebracht hatte, dass der IT-Leiter einen dreijährigen Sohn hatte.

Maximales Gesamtgewicht beim Porto ausnutzen

Eine weitere beliebte Guerilla-Technik ist, das maximale Gesamtgewicht beim Porto auszunutzen. Was heißt das? Einfaches Beispiel: Ein Unternehmen sendet eine 1-seitige Rechnung an einen Kunden – portotechnisch gesehen wäre also noch Platz für zwei weitere Seiten! Warum also nicht zwei zusätzliche Seiten beilegen? Möglicher Inhalt könnte sein:

Möglicher Inhalt zusätzlicher Beilagen

- Werbung für ergänzende Dienstleistungen, wie zum Beispiel Schulungen oder spezielle Trainings.
- Kombiangebot – zugegebenermaßen sehr gefährlich, aber die Idee sieht wie folgt aus: Die erste Seite enthält die Rechnung, auf den beiden weiteren Seiten wird ein zusätzlicher Rabatt eingeräumt, wenn mit der Bestellung eine weitere Bestellung (zum Beispiel eines weiteren Produktes oder einer ergänzenden Dienstleistung) vorgenommen wird.

- Hinweis auf eine wichtige Veranstaltung, wie zum Beispiel eine Anwenderkonferenz oder eine Kongressteilnahme.
- usw.

Ständig neue Ideen

Hier sind der Phantasie keine Grenzen gesetzt. Gute Guerilla-Arbeit zeichnet sich besonders dadurch aus, dass ständig neue Ideen entwickelt werden.

7.3 Adaption der Guerilla-Techniken in die Pressearbeit

7.3.1 Einführung

Erfolge in die Pressearbeit übernehmen

Die im Abschnitt zuvor beschriebenen Vorteile der Guerilla-Techniken sind offensichtlich, daher liegt es nahe, diese Vorteile – und damit auch die Erfolge – in die Pressearbeit zu übertragen. Schließlich werden auch in der Pressearbeit Mailings verfasst (eben an Journalisten und Redakteure), Werbegeschenke werden ebenso verteilt, genauso wie manche Guerilla-Technik sinnvoll beim Erstellen von Case Studies oder Success Stories ist.

7.3.2 Guerilla-Techniken bei der Versendung von Pressemitteilungen

7.3.2.1 Die konventionelle Vorgehensweise

Bisherige Art und Weise der Versendung von Pressemeldungen

Im bisherigen Verlauf dieses Buches haben wir dargestellt, was bei der Versendung von Pressemeldungen zu beachten ist. Etwas lapidar formuliert, sieht das Ganze so aus: Man erstelle sich einen möglichst umfangreichen Presseverteiler und sende jede Pressemeldung an diesen. Die meisten Presseagenturen verfahren nach diesem Prinzip und versenden die Pressemeldung wie folgt:

- Die Meldung ist maschinell kuvertiert in einem weißen Billigumschlag.
- Ein Anschreiben wird nicht beigefügt.
- Auf dem Umschlag klebt ein Etikett (meist schief) mit den Kontaktdaten des Empfängers.
- Anstatt einer Briefmarke befindet sich ein Rollstempel auf dem Umschlag, der die Massenaussendung noch mal deutlich unterstreicht.

7.3.2.2
Kritik an der konventionellen Vorgehensweise

Aus Sicht von Guerilla-PR werden durch die oben beschriebene Vorgehensweise die folgenden Fehler begangen:

Unpersönlich

- Die unpersönliche Versendung der Pressemitteilung springt dem Redakteur oder Journalisten geradezu ins Auge.
- Die Meldung wird, völlig unabhängig vom Inhalt, wahllos an den gesamten Verteiler gesendet. Es wird also nicht berücksichtigt, ob den Redakteur die Meldung überhaupt interessiert.

Unauffällig

- Die Meldung fällt nicht im Geringsten auf unter den anderen ca. 50 Pressemeldungen, die tagtäglich bei einem Redakteur oder Journalisten eintreffen.

7.3.2.3
Vorgehensweise mit Guerilla-Techniken

Aufgrund der oben aufgeführten Kritikpunkte ist die Wahrscheinlichkeit sehr hoch, dass die Pressemitteilung entweder untergeht oder bewusst nicht weiter beachtet wird. Daher nutzt Guerilla-PR hier einen anderen, personalisierten Ansatz, der sich wie folgt gestaltet:

Hochwertiges Briefpapier

- Die Pressemitteilungen werden auf dem Briefpapier des Kunden ausgedruckt, sofern der Kunde dieses zur Verfügung stellt. Für viele Unternehmen ist das Briefpapier eine Art Aushängeschild des Unternehmens, neben den üblichen Angaben für Adresse, Bankverbindungen, Geschäftsführer, Handelsregistereintrag usw. wird bei der Entwicklung des Corporate Identity viel Wert darauf gelegt, dass derjenige, der das Briefpapier in die Hand nimmt, einen guten Eindruck gewinnt und sich angesprochen fühlt. Warum also nicht dieses Briefpapier nutzen, um das auch bei Journalisten und Redakteuren zu erreichen? Es ist unglaublich, aber einige Unternehmen sparen an dieser völlig falschen Stelle und lassen es zu, dass die Pressemeldungen schlicht kopiert werden. Allein die Hemmschwelle, im Vergleich zu einem hochwertigen Briefpapier eine simple Kopie wegzuschmeißen, ist wesentlich geringer.

- Gleiches gilt für die Briefumschläge – Guerilla-Techniken sehen hier ein Kuvert vor, das sich sofort von der Masse der anderen eintreffenden Pressemitteilungen abhebt[131]. Ferner wird auf den Briefumschlag eine Sondermarke geklebt, was ein weiteres signifikantes Differenzierungsmerkmal darstellt und eine persönliche Note vermittelt.

Auffällige Briefumschläge und Sondermarken

- Die individuelle Note wird noch durch ein persönliches Anschreiben ergänzt. Auch wenn es sich hier nur um einen Serienbrief handelt, so hinterlässt das Anschreiben doch einen besseren Eindruck als eine lieblos einkuvertierte Pressemeldung.
- Warum nicht gleich einen Artikel anbieten? Natürlich nicht jedem, aber das Anschreiben kann ja für einige Redakteure, bei denen man weiß, dass sie sich besonders für dieses Thema interessieren, individuell erstellt werden. Ein Artikelangebot – so neutral wie irgend möglich gehalten – hat da immer Platz. Sicherlich ist die Wahrscheinlichkeit nicht groß, dass man hier auch gleich einen Artikelauftrag erhält, sie ist aber allemal größer, als wenn man gar nichts macht!

Mit Artikelangebot

7.3.2.4 Nachteile der Guerilla-Techniken

Erheblicher Aufwand

Natürlich haben diese Guerilla-Techniken nicht nur Vorteile, sonst würde sie ja jeder zum Einsatz bringen. So ist die oben dargestellte Handhabung von Pressemitteilungen erheblich aufwändiger, als das bei der herkömmlichen Vorgehensweise der Fall ist. Und Aufwand bedeutet nun mal auch Kosten!

Distanz versus Personalisierung

Ferner schrecken viele Unternehmen vor der angesprochenen Personalisierung noch zurück – sie wollen bewusst eine gewisse Distanz wahren, sehen darin einen professionelleren Ansatz. Guerilla-PR wird manchmal auch als „Stammtischgeschäft" bezeichnet, da sie bewusst Wert darauf legt, im Laufe der Zusammenarbeit einen persönlich/privaten Kontakt aufzubauen. Das ist eine Philosophie hinter der man nun mal steht oder nicht!

Falsche Vorurteile

Ein weiterer Nachteil von Guerilla-Techniken besteht darin, dass sie immer noch den Touch haben, nur für kleine Unternehmen, die an den Endverbraucher gehen, geeignet zu sein. Erst ganz langsam beschäftigen sich auch größere Unternehmen damit. Bis

[131] In der Literatur über Guerilla-Techniken ist häufig zu lesen, dass die Farbe Rot hier bevorzugt wird, davon können wir jedoch nur abraten, da diese Farbe bekanntermaßen eher Aggressionen weckt. Um sich von schlichten weißen Kuverts abzuheben stehen genügend andere Farben mit positiven Effekten zur Verfügung.

zur durchgängigen Akzeptanz ist hier noch ein langer Weg. Deutschland ist nun mal ein Land, wo jeder bestrebt ist das zu machen, was alle machen. Leider mit dem Nachteil, dass man dann auch nicht besser da steht, als dies alle tun! Und in Zeiten von Krisen ist das kein erstrebenswertes Ziel.

7.3.3 Guerilla-Techniken bei der Erstellung von Case Studies und Success Stories

Nutzen des Personalisierungsgrades

In diesem Buch wurde bereits darauf hingewiesen, dass die Erstellung von Case Studies und Success Stories zu den wichtigsten Aufgaben in der Pressearbeit eines Unternehmens gehört. Gerade hier ist der Einsatz von Guerilla-Techniken besonders geeignet. Das hat die folgenden Gründe:

- Guerilla-Techniken sind immer personalisiert, eine Success Story oder Case Study spiegelt den persönlichen Erfolg eines Unternehmens wider und muss daher ebenfalls auf eine personalisierte Art und Weise durchgeführt werden. Damit sind die wesentlichen Grundvoraussetzungen von vornherein vorhanden. Bei der Success Story steht ebenso wie bei der Case Study in erster Linie der Ansprechpartner auf Kundenseite im Vordergrund – er wird dort zitiert und abgebildet. Guerilla-PR ist diese persönliche individuelle Behandlung in Fleisch und Blut übergegangen, während herkömmliche Presseagenturen sich hier eher schwer tun.
- Guerilla-Techniken versuchen bei allem was sie tun immer mehrere Vorteile zu finden und umzusetzen. Dies ist besonders bei einer Case Study und Success Story von Bedeutung, da mit Hilfe von Guerilla-Techniken hier die folgenden Aspekte zugleich behandelt werden:

Mehrfache Verwendung

  - Guerilla-PR sieht in einer Case Study oder einer Success Story immer die zweifache Verwendung – einmal die Platzierung in der Presse und auf der anderen Seite auch die Bereitstellung des Ergebnisses als zusätzliches Marketingmaterial.
  - Der Knackpunkt zum Erfolg einer Case Study oder Success Story ist immer der Grand der Zusammenarbeit mit dem Ansprechpartner auf Kundenseite. Hier greifen die persönlichen Ansätze der Guerilla-Techniken, es wird von Anfang an versucht, dem Ansprechpartner zu verdeutlichen, welche Vorteile er davon hat, wenn er sich bei der Erstellung der Story engagiert.

- Da Guerilla-Techniken immer auch unter dem Aspekt der Kostenminimierung durchgeführt werden, ist dies auch bei Success Stories der Fall. So macht es durchaus Sinn, die Kosten zu teilen, wenn beispielsweise zwei Partnerunternehmen in einem Projekt erfolgreich für einen Kunden tätig waren.

Kostenminimierung

7.3.4 Zusammenfassung

Auch in der Pressearbeit lassen sich Techniken des Guerilla-Marketings anwenden. Hier hat sich bereits der Begriff Guerilla-PR etablieren können. Die folgenden Techniken sind Bestandteile einer guten Guerilla-Pressearbeit:

Bestandteile einer guten Guerilla - Pressearbeit

- Die Pressemitteilungen werden elektronisch per E-Mail versendet anstatt auf dem teuren Postweg.
- Einmal im Monat wird ein eigener Newsletter per E-Mail an alle Journalisten und Redakteure - aber auch an alle Kunden - versendet.
- Nur an einen relativ kleinen Verteiler (ca. 5 bis 10 IT-Magazine) werden die Pressemeldungen per Post versendet.
- Die persönliche Kontaktaufnahme zu den wichtigsten Redakteuren und Journalisten ist das zentrale Element der Guerilla, - Pressearbeit.

Kontaktaufnahme ist das zentrale Element

- Es wird ein informatives Presseportal bereitgestellt, mit zahlreichen Möglichkeiten zum Download.
- Die Kerngeschäfte des Unternehmens werden in sämtlichen Suchmaschinen platziert. Bei den wichtigsten Suchmaschinen sowie den wichtigsten Begriffen wird dabei auch mit so genannten „sponsored links" gearbeitet.
- Jeder Pressemitteilung wird ein Artikelangebot beigefügt.
- Jede Veröffentlichung wird kopiert und an die Kunden und Interessenten versendet, für die diese Meldung von Bedeutung ist.

7.4 Fazit

Konsequente Erweiterung des Guerilla-Marketings

Guerilla-PR ist eine konsequente Erweiterung des Guerilla-Marketings, übertragen auf die Pressearbeit. Doch geht Guerilla-PR weit über den Einsatz des Internets als Hilfsmittel hinaus. Guerilla-PR lebt von ständig neuen Ideen und einem hohen Personalisierungsgrad.

Derzeit machen sich noch nicht viele Unternehmen Guerilla-Techniken zu Nutze, hier muss ein schleichender Übergang von der konventionellen Pressearbeit hin zur Guerilla-PR stattfinden. Guerilla-PR kann Kosten sparen, erfordert jedoch auch einigen Aufwand, der bei der herkömmlichen Pressearbeit nicht anfällt (zum Beispiel beim Versenden von personalisierten Pressemeldungen).

Eine ausführliche Beschreibung von Guerilla-Marketing sowie den einzelnen Techniken ist den Werken [Levi1998], [LeHo2000] und [Verst2003] zu entnehmen.

Die Autoren

Herausgeber

Gerhard Versteegen
Säntisstr. 27
81825 München

Tel. 089/420 17 638
Fax 089/420 17 639

E-Mail: g.versteegen@guerilla-pr.de
Web: www.guerilla-pr.de

Diplom-Informatiker Gerhard Versteegen hat in seiner beruflichen Laufbahn bei unterschiedlichen Unternehmen in verschiedenen Management-Positionen gearbeitet. Nach seinem Informatik-Studium war er zunächst mit der Projektleitung größerer Softwareentwicklungsprojekte betraut, bevor er die Leitung eines Kompetenzzentrums für objektorientierte Technologien übernahm.

Danach war er Marketing Manager bei Rational Software und verantwortlich für den Bereich Deutschland, Österreich und Schweiz. Seit Mai 2001 ist er Geschäftsführer der HLMC und von Guerilla-PR in München. Seit 12 Jahren ist Herr Versteegen Autor von mehr als 100 Fachartikeln und Produkttests in über 20 Fachzeitschriften und IT-Magazinen.

Co-Autorin

Cornelia Versteegen
Säntisstr. 27
81825 München

Tel. 089/420 17 638
Fax 089/420 17 639

E-Mail: c.versteegen@hlmc.de
Web: www.hlmc.de

High Level Marketing Consulting
HLMC

Cornelia Versteegen war mehrere Jahre Chefredakteurin der Zeitschriften CxO und SW Development. Sie ist Autorin mehrerer Fachstudien und Artikel im IT-Bereich.

Frau Versteegen begann ihre Karriere als Beraterin bei der I-ABG, wo sie 17 Jahre für unterschiedliche Kunden tätig war. Sie hat sich vor allem auf die Themenbereiche Dokumentenmanagement und Workflow Management spezialisiert.

Seit 2 Jahren leitet sie gemeinsam mit ihrem Mann die Presseagentur Guerilla-PR und die Marketingagentur HLMC.

Co-Autor

Andreas Esslinger
Basler Straße 65
D - 79100 Freiburg

Tel.: 0761/400 73-0
Fax: 0761/400 73-73

E-Mail: Andreas.Esslinger@io-software.com
Web: www.io-software.com

Andreas Esslinger ist Diplom-Betriebswirt und machte seine ersten Erfahrungen im Marketing bei einem großen Marketingartikler der Konsumgüterbranche. Danach hat er als Kundenberater bei verschiedenen Werbeagenturen unter anderem zahlreiche IT-Firmen beraten. Seit 1999 ist er Marketing-Manager bei der Interactive Objects Software GmbH, einem innovativen Software- und Beratungsunternehmen, und kümmert sich dort um die internationalen Marketingaktivitäten.

Glossar

Advertorial	Mischung aus Anzeige und Fachartikel; ein Advertorial ist ein von einem Unternehmen bezahlter Fachartikel, der vom Verlag als solcher auch gekennzeichnet ist.
Anzeigenschluss	Letzter Termin, an dem eine Anzeige gebucht oder eine bereits gebuchte Anzeige wieder storniert werden kann.
Case Study	Eine Case Study gehört zu den wichtigsten Instrumenten der Pressearbeit. Sie beschreibt aus Kundensicht, warum der Kunde sich für die Dienstleistung oder das Produkt eines Unternehmens entschieden hat.
Clippingliste	Die Clippingliste ist eine Auflistung aller redaktionellen Erwähnungen, die über ein Unternehmen in der Presse erschienen sind. Die Auswertung der Clippingliste spiegelt den Erfolg der Pressearbeit wider und wird normalerweise einmal je Quartal durchgeführt.
Clipping-Agentur	Eine Clipping-Agentur erfasst nach Vorgabe eines Unternehmens alle redaktionellen Erwähnungen dieses Unternehmens anhand von bestimmten Stichwörtern in der Presse.
Druckunterlagenschluss	Bezeichnet den Termin, an dem spätestens alle Unterlagen für eine Anzeige oder einen Artikel (hier nur Bildmaterial, kein Text mehr, siehe auch „Redaktionsschluss") beim Verlag oder bei der

	Druckerei des Verlages eingereicht sein müssen.
Presseagentur	Eine Presseagentur hilft einem Unternehmen, die Präsenz in der Presse zu erhöhen und entlastet das Marketing bei Aufgaben hinsichtlich der Pressearbeit.
Presseportal	Ein Presseportal stellt einen umfangreichen Webauftritt dar, von dem Journalisten und Redakteure sich Bild- und Textmaterial downloaden können.
Pressemitteilung	Eine Pressemitteilung ist eine Mitteilung an die Presse über ein relevantes Ereignis im Unternehmen; dies können strukturelle Veränderungen, neue Produkte oder Produktversionen oder neue Aufträge sein.
Pressesprecher	Mitarbeiter eines Unternehmens (meist im Marketing angesiedelt), der das Unternehmen gegenüber der Presse vertritt.
Presseverteiler	Der Presseverteiler beinhaltet alle Adressen und Kontaktdaten von freien Journalisten und Redakteuren, die für ein Unternehmen von Bedeutung sind. Er wird hauptsächlich zur Versendung von Pressemitteilungen genutzt.
Publikationskalender	Der Publikationskalender stellt das wichtigste Kommunikationshilfsmittel innerhalb der Pressearbeit dar – und zwar sowohl intern als auch extern, zum Beispiel mit einer Presseagentur. Die Erstellung und Pflege ist relativ aufwändig, da alle die Pressearbeit betreffenden Termine und Aktivitäten dort eingetragen und gepflegt werden müssen.
Redaktionsschluss	Bezeichnet den Termin, an dem spätestens ein Artikel in fertiger Form beim Redakteur oder Verlag eingereicht sein muss.

Success Story

Eine Success Story ist ein vom Kunden verfasster Anwenderbericht, in dem dieser beschreibt, wie er erfolgreich ein Produkt eines Produktherstellers eingesetzt hat oder erfolgreich die Dienstleistung eines Consulting-Hauses in Anspruch genommen hat. Im Vordergrund steht dabei das jeweilige Projekt – nicht das Produkt oder die Dienstleistung.

Akronyme

CeBIT	Centrum der Büro- und Informationstechnik
CI	Corporate Identity
CPC	Cost Per Click
CMS	Content Management System
CRM	Customer Relationship Management
DPI	Dots Per Inch
DUS	Druckunterlagenschluss
EPS	Encapsulated Postscript
GIF	Graphic Interchange Format
HLMC	High Level Marketing Consulting
IT	Informationstechnologie
J2EE	Java 2 Enterprise Edition
LAC	Leseranalyse Computerpresse
PDF	Portable Document Format
PR	Public Relations
RoI	Return on Investment
TIFF	Tagged Image File Format
TCO	Total Cost of Ownership
VIS	Vertriebsinformationssystem
WLAN	Wireless Local Area Network
XML	Extensible Markup Language
ZEW	Zentrum für Europäische Wirtschaftsforschung

Abbildungsverzeichnis

Literaturverzeichnis

[Braun2002] Braunschweig, Stefan: Riskante Geschäfte. In Werben & Verkaufen, Ausgabe 47 22. November 2002. Europa-Fachpresse-Verlag

[Hort1999] Hortz, Frank: Guerilla-PR – Wirksame Öffentlichkeitsarbeit im Internet. Smart Books Publishing 1999

[Levi1998] Levinson, Jay Conrad: Guerilla Werbung – Ein Leitfaden für kleine und mittlere Unternehmen. Heyne Campus 1998

[Levi2000] Levinson, Jay Conrad: Die 100 besten Guerilla-Marketing-Ideen. Campus Verlag 2000

[LeGo2000] Levinson, Jay Conrad; Godin, Steve: Das Guerilla-Marketing Handbuch – Werbung und Verkauf von A bis Z. Heyne Campus 2000

[MedS2000] http://www.newsaktuell.de/de/download/ms2000-d.pdf

[Verst2003] Versteegen, Gerhard (Hrsg.): „Marketing in der IT-Branche“, Springer-Verlag, 2003

[Wege2001] Wegener, Hans: „Keine rosigen Zeiten – Erfahrungen mit Roundtrip Engineering in Rational Rose“, iX 1/01, Seite 86

[Yphise2003] Yphise: “Application Change Management Software Report”, Paris, Frankreich 2003

Index

Druck: Strauss Offsetdruck, Mörlenbach
Verarbeitung: Schäffer, Grünstadt

MIX
Papier aus verantwortungsvollen Quellen
Paper from responsible sources
FSC® C105338

If you have any concerns about our products,
you can contact us on
ProductSafety@springernature.com

In case Publisher is established outside the EU,
the EU authorized representative is:
Springer Nature Customer Service Center GmbH
Europaplatz 3, 69115 Heidelberg, Germany

Printed by Libri Plureos GmbH
in Hamburg, Germany